이탈리아 문화의 이해

이 저서는 한국외국어대학교 지식출판원의
연구도서개발지원사업의 지원을 받은 것임.

Italia
이탈리아
문화의 이해
김시홍 · 강순행 · 이소영 · 정란기 · 최병진
HU:iNE

이탈리아 문화의 이해

초판 인쇄 2016년 5월 25일
초판 발행 2016년 6월 2일

지은이 김시홍 · 강순행 · 이소영 · 정란기 · 최병진

발행인 김인철
총괄 · 기획 장지호 Director, University Press
편집장 신선호 Executive Knowledge Contents Creator
도서편집 김민정 Contents Creator
진수연 Contents Creator
전자책편집 최인우 Chief e-Contents Creator
마케팅 곽용창 Chief Marketing Creator
재무관리 권미경 Chief Managing Creator
김은혜 Managing Creator
발행처 한국외국어대학교 지식출판원
02450 서울특별시 동대문구 이문로 107
전화 02)2173-2493~7
팩스 02)2173-3363
홈페이지 http://press.hufs.ac.kr
전자우편 press@hufs.ac.kr
출판등록 제6-6호(1969. 4. 30)
디자인 · 편집 (주)이환디앤비 02)2254-4301
인쇄 · 제본 (주)에스제이씨성전 031)955-8800

ISBN 979-11-5901-090-3 93920 정가 17,000원

*잘못된 책은 교환하여 드립니다.

HU:NE은 한국외국어대학교 지식출판원의 어학도서, 사회과학도서, 지역학 도서 Sub Brand이다. 한국외대의 영문명인 HUFS, 현명한 국제전문가 양성(International +Intelligent)의 의미를 담고 있으며, 휴인(携引)의 뜻인 '이끌다, 끌고 나가다'라는 의미처럼 출판계를 이끄는 리더로서, 혁신의 이미지를 담고 있다.

머리말

이탈리아는 역사와 문화의 대국이다. 매년 오천만이 넘는 사람들이 이탈리아를 방문하며 이들은 문화유산과 이탈리아인들의 생활양식에 무한한 관심과 애정을 보이고 있다. 15세기 이후 유럽 중심의 세계사가 만들어졌다고 볼 때 유럽사의 중심에는 이탈리아와 로마의 역사가 핵심을 차지한다.

이탈리아는 다양한 얼굴로 우리에게 다가온다. 한편으로 아름다운 자연환경, 찬란한 문화유산, 건강한 식당 그리고 인간적인 모습의 이탈리아인들을 통해 긍정적 이미지를 갖게 되지만, 다른 한편으로는 느린 행정과 지역주의가 강하게 현시되고 있는 나라이기도 하다. 그러나 이러한 이중적 모습은 역설적으로 이탈리아를 더욱 매력 있는 나라로 만드는 요소이기도 하다.

이 책은 이탈리아와 이탈리아 문화에 대한 학제간 그리고 다학문적 접근으로 작성되었다. 사회학, 문학, 언어학, 박물관학 그리고 영화학을 전공한 필진은 각자의 분야에서 핵심적인 내용들을 중심으로 이탈리아를 소개하고자 했다. 이는 이탈리아학의 측면에서 새로운 시도이며 앞으로 더욱 활성화되어야 하는 분야라고 본다.

이 책을 통해 이탈리아에 대한 그간의 오해를 줄이고 올바른 이해가 증진되는 계기가 되었으면 좋겠다. 편집과정에서 도움을 준 조성윤 박사에게 감사함을 표한다.

저자를 대표하여
김시홍

차례

Chapter 1. 이탈리아와 이탈리아 문화 _ 9
by 김시홍

Chapter 2. 문화와 예술의 언어, 이탈리아어 개관 _ 29
by 강순행

Chapter 3. 문학과 이탈리아 _ 63
by 이소영

Chapter 4. 이탈리아의 문화 정체성: 유산의 탄생 _ 123
by 최병진

Chapter 5. 네오리얼리즘과 이탈리아 영화의 오늘 _ 161
by 정란기

Chapter 6. 이탈리아의 정치와 경제 _ 201
by 김시홍

Chapter 7. 이탈리아의 사회와 문화 _ 233
by 김시홍

제1장 이탈리아와 이탈리아 문화

by 김시홍

이탈리아는 역사와 문화의 대국으로 알려져 있다. 제국 로마는 그 자체로 끊임없는 연구의 주제이며 사실상 근대를 주도한 유럽의 역사는 상당부분 로마의 유산에서 비롯되었다고 볼 수 있다. 그러나 학계에서는 이탈리아사를 연구할 때 로마사를 별도로 취급하는 경향이 있다. 이는 로마의 역사가 위대하고 그 연구 분야가 방대하다는 측면도 있지만 제국의 멸망 이후 1,400년 간 분열의 모습을 보여준 이탈리아 반도의 상황을 고려하는 이유에서다.[1)]

실제로 이탈리아어나 이탈리아학을 가르치는 학과에서는 르네상스 이후 근·현대 이탈리아에 연구와 교수 분야가 집중되는 모습을 보인다. 도시국가의 발전과 지중해 무역의 강자였던 이탈리아는 그러나 신대륙의 발견 과정에서 소외되며 이후 유럽의 중심에서 멀어지는 결과를 낳게 된다. 19세기 이탈리아의 통일 운동은 반외세·반봉건이라는 이중의 과제를 극복하는 과정에서 달성된 것이었다. 17-8세기 이탈리아는 분열된 상태로 스페인, 프랑스 그리고 오스트리아의 영향 하에 있었는데 이들 외세를 반도로부터 몰아내는 작업은 외교를 통해 민족의 개념을 구축하면서 서서히 진행되었다.

따라서 이러한 이탈리아의 역사는 오늘날까지도 복합적인 양상을 보여주는 원인이 되었다. 북부의 토리노 중심으로 통일과정이 진행되면서 남부는 소외되었으며 그 결과 오늘날까지도 남부가 중북부에 비해 사회경제적 지위가 떨어지는 지역주의 문제가 국가적 과제로 남게 되었다.

20세기에 들어와 이탈리아는 뒤늦은 산업화와 제국주의 경영에 돌입하지만 영국과 프랑스를 따라잡기에는 역부족이었고 양차대전을 거치면서 유럽에서 주요한 일원으로 인정받는 면모를 보이기도 했다. 또한 2차대전 이후 새로운 공화국의 건설 그리고 1950년대에 이탈리아의 경제기적이라 불리는 고속성장을 통한 선진경제로의 진입으로 물질적 풍요로움을 경험하기도 했다.

그러나 중소기업 중심의 경제구조, 고질적인 남부와 중북부의 격차, 정치와 행정의 비효율 등이 중첩되면서 최근에는 성장의 동력을 찾고 있지 못하기도 하다. G7의 일원으로 세계경제를 이끌어야하는 위치에 있으면서도 그러한 경제규모에 걸맞는 국제적 위상을 충분히 확보하지 못했다는 아쉬움이 있기도 하다.

이상과 같은 사회과학적 그리고 역사적 시각에서 본 이탈리아는 적지 않은 시행착오 그리고 미완의 통일이라는 과제를 안고 있다. 그러나 문화의 대국이라는 측면 그리고 삶의 질이라는 시각에서 이탈리아가 인류문명에 기여한 바는 타의 추종을 불허한다고 해도 과장이 아닐 것이다.

이탈리아는 매력적인 나라임에 틀림이 없다. 제국의 역사가 현존하고 있으며 그 흔적은 도처에서 발견된다. 영원의 도시 로마는 수많은 사람들의 관심의 대상이며 이는 로마의 위대한 건축물인 콜로세움이나 판테온 그리고 카라칼라 욕장에 국한되는 것이 아니라 로마는 오히려 법제도, 통치기술 그리고 제국의 경영이라는 측면에서 오늘날 강대국들이 반면교사로 삼는 살아있는 교과서이다.

문화의 대국으로서 이탈리아는 문학과 예술 그리고 역사와 철학 분야에서 수많은 성과와 업적을 보여주었다. 문학의 경우 노벨상을 받은 분야는 희곡과 시가 압도적이다. 예술 분야는 말할 것도 없이 고대와 중세 미술의 핵을 이루고 있으며 르네상스 시기의 작품들도 독보적이라 할 수 있다. 역사 분야는 로마사가 시대를 초월하는 것으로 긴 설명이 필요 없으며 이탈리아사의 경우 고대와 중세 그리고 근·현대를 통시적으로 보는 측면이 강하다.

영국과 프랑스 중심의 세계사에서는 중세와 근대의 단절이 중요하며, 18세기 산업혁명과 프랑스혁명이 핵심을 차지하는 경향이 있다. 이탈리아의 경우 역사는 단절이 아닌 연속성으로 이해되며 과거를 과거로만 인지하지 않고 현존하는 개념으로 수용한다. 다시 말해 과거를 이해하는 작업이야말로 미래로 나갈 수 있는 동력이라는 논리와 정신성을 강하게 현시한다. 이는 이탈리아 명품산업에서 극명하게 드러나는데 패션의 많은 소재가 이탈리아의 과거에서 비롯되며 다만 이를 현대적으로 재해석하는 작업을 통해

부가가치를 창출하고 있음을 알 수 있다.

이탈리아사에서는 중세를 암흑기로 보지 않는다. 근대론자들이 주장하는 부정적 의미의 중세는 상당 부분 허구라는 주장이다. 실제로 이탈리아사에서 11세기는 도시국가의 출현으로 인해 후기중세가 시작되며 이탈리아식 자본주의가 태동되는 시기로 이해된다. 자급자족 중세봉건제로부터 상업의 부활을 통해 아라비아 반도와의 교역이 활성화되고 지중해의 강자가 된 이탈리아의 도시국가들은 이러한 부의 축적을 통해 르네상스가 가능하였다는 설명이다.

또한 르네상스에 대한 설명에서도 인간이 신을 부정하는 것이 아니라 중세시기에 억압되었다고 본 인간적 요소를 신의 질서와 다시금 조화하려는 시도로서 문예부흥을 이해하고 있다. 이런 점에서 근대론자들이 주장하는 인간중심적 사고는 이탈리아 역사의 흐름과는 배치되는 측면이 있다.

이러한 이탈리아의 모습은 근대 이후 유럽의 주류적 시각과는 차별적으로 다가온다. 이를 두고 이탈리아를 예외 내지 특수성이라는 시각에서 보려는 분석들이 있었다. 사실 보편과 특수라는 이분법적 사고야말로 이탈리아의 이해를 위해서는 지양되어야 할 자세이다. 이 두 요소는 상호배타적인 것이 아니라 보완적 내지 상보적 관계에서 이해되어야 적절하게 이탈리아를 이해할 수 있을 것이다. 한편으로 이탈리아는 특수한 사회의 모습이 만연하지만 다른 한편으로는 수천년의 역사를 이어오는 보편적 성격을 강하게 현시하고 있기 때문이다. 보편과 특수의 변증법이야말로 이탈리아와 이탈리아 문화를 이해하기 위해 전제되어야할 논리다.

그렇다면 이 책에서 문화의 개념을 어떻게 정리할 것인가가 중요하다. 문화는 라틴어 'cultura'에서 나온 것으로 원래는 식물을 경작하고 동물을 사육한다는 의미를 가지고 있었다. 그 후 문화는 인간정신의 계발을 뜻하는 용어로 확대되었으며, 18세기와 19세기에는 일반적으로 인류의 지적이고 정신적인 발전과정을 의미하는 긍정적인 개념으로 사용되었다. 특히 당시 독일의 철학자와 역사가들은 문화를 한 사회의 발전이나 통합 혹은 독특함을 특징짓는 관념이나 정신으로 개념화하였는데 문화는 내적 일관성이 있는 통일체이거나 유형으로 간주되었다. 인류학자였던 타일러(Edward B. Tylor)는 문화의 전통적인 정의로서 지식, 신앙, 예술, 법률, 도덕, 풍속 등 사회의 구성원으로서의 인간이 획득한 능력과 습관의 복합적 총체라고 기술하고 있다. 이러한 포괄적 정의는 문화를 설명하는데 일견 도움이 되지만 막연한 측면이 없지 않고 너무 광범위하다는 비판이 있어왔다.

이 책의 입장은 문화를 다음과 같이 정리하고자 한다. 문화는 사고방식과 생활양식을 합한 개념으로 상정할 수 있다. 사고방식이란 특정한 문화에 소속한 구성원들이 갖고 있는 정신세계와 가치관을 포함한다. 이탈리아식 표현으로는 멘탈리타(Mentalità)에 해당된다. 한 국가의 사람들이 고유하게 지니고 있으면서 표출되는 정신성은 세계관(Visione del mondo)이 어떻게 형성되어있는가에 따라 다르게 나타난다. 가령 물건 구매 시 이탈리아인들에게 독특하게 나타나는 할인문화(sconto)도 대표적인 멘탈리타의 단면으로 볼 수 있다.

생활양식으로서의 문화는 또 다른 축이다. 라이프스타일로 대변되는 이 개념은 한 문화를 이해하는데 있어 인간생활에 기본이 되는 의식주 문화가 핵심적 요소이다. 어떻게 의복을 입으며, 무슨 음식을 섭취하고 어떠한 주거형태를 보이는 가가 생활양식의 근간을 이룬다. 여기에 더해 여가문화를 통해 음악적 취향, 영화매체의 특성, 예술적 감각, 특정 스포츠의 선호 등을 통해 생활양식으로서의 문화를 파악할 수 있게 된다.

문화연구는 다양한 전통과 이론체계를 지니고 있는데, 이 책에서는 다문화(multicultural)와 이문화적(intercultural) 논리를 수용하여 다음과 같은 내용으로 접근하려 한다. 단일문화연구(monocultural studies)는 한 지역의 문화를 묘사적 방법론을 활용하여 그 정체성을 파악하는 가장 일반적인 형태이다. 비교문화연구(comparative or cross-cultural studies)는 두 개의 서로 다른 문화를 수평적으로 비교하여 그 유사성과 차이점을 밝혀내는 과정이다. 마지막으로 이문화연구(intercultural studies)는 서로 다른 문화가 서로 접변하는 과정에서 나타나는 문제점에 착안하여 그 공통분모를 규명하고 갈등과 충돌을 완화시키려는 시도이다.2) 다문화사회에서 소수민족이나 외국인 집단들이 격리의 차원이 아닌 동화 내지 통합의 수준으로 나아가면서도 자신들의 문화적 정체성을 훼손시키지 않는 범위 내에서 문화 간 접촉이 이루어지고 이러한 과정이 학교교육의 교과과정에 반영하는데 주안점을 둔다.

다문화는 한 사회 내에서 여러 다른 문화가 공존하는 상황에서의 논리인데 가령 외국 인구가 3%를 넘는 다문화사회에 접어든 한국사회의 예를 들 수 있다. 이문화는 글로벌 차원에서 문화 간 접촉 시 나타나는 문제점에 주안점을 둔다. 이해도를 높이고 오해

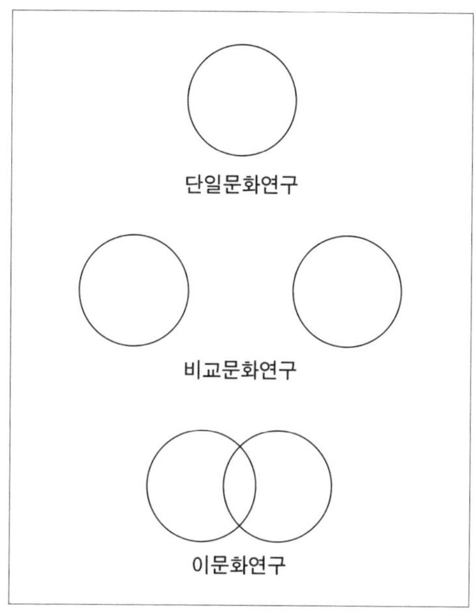

[그림 1] 문화연구의 세 형태[3)]

를 줄이기 위해 그리고 서로 다른 문화에 속한 사람들이 만날 때 원활한 소통과 공존을 위해 이문화 교육(intercultural education)과 이문화 소통(intercultural communication)이 필요하다는 입장이다.

이탈리아의 국가 이미지는 무엇보다도 선행적으로 이해되어야 할 부분이다. 긍정적 이미지로는 벨파에제(Bel Paese), 오 솔레 미오(O Sole Mio), 메이드 인 이태리(Made in Italy), 고대 로마, 바티칸, 와인과 오페라 등을 들 수 있다. 아름다운 나라라는 표현인 벨파에제는 단테와 페트라르카에 의해 처음 사용되었다고 알려지고 있는데, 온화한 기후, 문화적 유산 그리고 자연환경을 포괄하는 개념이다. '오 나의 태양'은 노래 제목이지만 이탈리아를 대표하는 문화적 아이콘으로 수용되고 있다. 지중해에 위치하여 사시사철 태양이 내려쬐는 기후로 인해 푸르디 푸른 하늘과 함께 밝고 긍정적 의미를 내포한다. 이탈리아제 물건이라는 개념도 명품 내지는 적어도 디자인과 품질에서 우수한 면모를 보인다는 의미로 수용된다. 영원의 도시 로마는 물론이고 세계 기독교의 본산으로서 바티칸의 위상은 아무리 강조해도 지나침이 없다. 무엇보다도 예수의 제자였던 베드로를 제1대 교황으로 하여 이천년을 내려오는 제도로서 교황 직은 보편적 속성을 지닌다고 볼 수 있다. 음식문화로서 와인과 파스타 그리고 주옥같은 오페라의 선율 역시 이탈리아 문화를 대표하는 긍정적 이미지를 형성하고 있다.

그러나 이탈리아는 강한 긍정에 못지않게 상당한 부정적 이미지를 갖고 있는 나라이기도 하다. 우선 후진적 정치문화를 들 수 있다. 이차대전후 독재를 예방하고자 만든 단순비례대표제를 통한 국회의원 선거문화는 잦은 정부의 붕괴를 통해 불안정한 모습을 보여주었으며, 그럼에도 불구하고 오랜 기간 여야 간의 정권교체가 이루어지지 못하는 역설적인 현상이 유지되었다. 행정의 비효율도 악명이 높은 편이다. 공무의 집행 속도가 매우 느리며 관료제적 폐단으로 책임을 지지 않는 행정으로 인해 일처리가 원활하지 못하다. 또한 잦은 신설 법규로 인해 같은 일에 대해 여러 규정이 적용되는 문제점을 가지고 있다. 마피아와 조직범죄는 선진경제 대국답지 않는 대표적인 부정적 현상이다. 비록 통일 과정에서 남부가 소외되어 나타난 현상이라 치부하지만 자랑할 거리가 못되며 선진적 민주주의의 이행을 위해 극복되어야할 과제일 것이다. 가족과 친족 중심의 사회운영은 더 큰 시민사회에 대한 충성도를 떨어뜨리는 경향이 있다. 즉 시민적 전통이 취약하다는 말이다. 그리고 19세기말 통일이 되어 백오십년이 넘는 시간이 지났지만 여전히 이탈리아인 만들기(Fare gli italiani)에 성공하고 있다는 인상을 받지 못한다.

이탈리아에서 문화의 의미는 근대적 통일 기를 중심으로 형성되어 왔다. 19세기 후반 당시의 문화 개념은 교육과 읽고 쓰는 능력 즉 문자의 문화(cultura stampata)로 이해되었다. 통일 이후에도 이탈리아의 문맹률은 90%를 상회하는 매우 높은 수준이어서 문화는 교육을 받은 자들과 동일시되었으며 중등교육 이상의 기회는 제한된 국민들에게만 가능한 것이었다. 자유주의 정부(1861-1914)와 파시즘체제(1922-1943)는 이러한 엘리트위주의 교육체계를 유지 발전시켰으며, 좌파는 교육의 기회확장을 통한 사회혁명을 꿈꾸어왔다.

이탈리아에서 교육과 문자해독력으로서의 문화의 개념은 여타의 유럽 국가들에 비해서도 분명한 특징을 보인다. 이러한 경향은 이차대전이 끝난 1960년대에 들어와서도 농촌지역에서 중등교육 이상을 받은 자들의 인구가 소수에 불과하였다는 사실로도 연결된다. 교육은 또한 인문주의적 전통이 강하였는데, 이는 독일의 영향을 받은 크로체(Benedetto Croce)와 젠틸레(Giovanni Gentile)의 신이상주의 철학에 기반을 둔 것이었다. 즉 인문적이고 지식인 위주의 문화개념이 오래 전부터 자리 잡아 오게 되었다. 문인이었던 비토리니(Elio Vittorini)와 공산주의자였던 그람시(Antonio Gramsci)는 문화와 지식인사이의 관계에 대하여 급진적인 논리를 펼쳤으나 신이상주의의 흐름을 거스르지는 못하였다.

1960년대에 알려지기 시작한 프랑크푸르트학파의 산업사회비판론은 유럽사회 전반의 문화에 심오한 영향을 미치게 되었다. 반전운동이나 반핵운동 그리고 학생운동 및 노동운동 그리고 여성운동 등은 모두 이 학파의 이론적 배경을 활용하여 발생한 것들이었다. 이탈리아에서는 1968년의 학생운동을 통해 기존의 인문주의적 문화개념을 극복할 수 있는 새로운 전기를 맞이하게 되었다. 대중매체의 발달로 인한 사회변화는 민중과 대중의 의미를 부각시켰고 이를 통한 대중문화(cultura popolare)의 중요성이 강조되었다. 당시에 움베르토 에코(Umberto Eco)가 시도한 다양한 접근들은 모두 대중문화시대를 맞이한 이탈리아사회에서의 새로운 문화운동이었다고 평가할 수 있다. 즉 대중전달매체 특히 텔레비전에 대한 본격적인 연구를 통해 크로체식의 문화개념이 서서히 극복되기 시작하였고, 언어학 기호학 사회학 문화인류학 등의 새로운 학문들이 수입되면서 지적인 발전이 가속화되었다.

1970년대 이후 이탈리아의 문화형성에서 특이할만한 점들은 다음과 같다. 우선 문화연구가 정치에 의해 강하게 조건 지워진다는 사실이다. 텔레비전에 대한 정당들의 영향력을 감안할 때 이를 이해할 수 있다. 기민당의 경우 RAI UNO, 사회당은 RAI DUE, 공산당은 RAI TRE 등에 대한 운영권을 보장받음으로써 가톨릭주의와 공산당의 부분문화가 대중매체를 통하여 확대 재생산되는 메커니즘이 자리 잡게 되었다. 이는 1980년대에 들어와 미디어를 누가 소유하고 있는가에 대한 정치적 논쟁으로 이어지게 된다. 베를루스코니(Silvio Berlusconi) 소유의 민영 방송사를 운영하는 피닌베스트그룹에 대한 형평성의 문제가 제기되었으며, 이는 급기야 선거전에서 모든 정당이 동등한 언론의 기회를 보장받아야 한다는 원칙(par condicio)이 정해지는 결과를 낳기도 하였다.

'이탈리아가 통일되었으니, 이제 이탈리아인을 만들어야 한다(Abbiamo fatto l'Italia, ora dobbiamo fare gli italiani).' 이는 1861년 마시모 다젤리오(Massimo d'Azeglio)가 통일 직후에 언급한 국민형성(nation-building)에 대한 유명한 말이다. 당시의 이탈리아 통치자들에게는 지리적 통일 못지않게 작은 사회집단들로 구성된 이탈리아의 국민통합이 과제였는데 이탈리아인들은 국가에 대한 충성심이 거의 없었으며 대다수의 국민들은 투표권을 가지지 못한 문맹자들이었다. 이후 이탈리아 역사는 국가와 국민의 적절한 관계를 설정하지 못한 실패의 역사이기도 했다.

오늘의 시점에서 이탈리아는 선진국이며 대다수의 국민들이 교육수혜층임에도 불구하고 이탈리아인들이 하나의 국민으로서 이탈리아화하였는지는 미지수이다. 종종 이탈리아인들의 지리적 정체성은 이탈리아 국민으로서가 아니라 자신의 고향인 마을이나 자치 시에 국한되는 사실을 발견하게 된다. 또한 이탈리아인들은 중앙정부의 행태에 대해서도 부정적인 시각을 지니고 있다. 국가 또한 국민들을 시민으로서 보기 보다는 정치적 반대자이거나 아니면 후견주의(Clientelism)의 수동적인 대상으로 간주하는 성향이 높다. 그러나 음식과 축구에 대한 사랑은 국가적인 차원에서 볼 수 있으며, 2차대전 말기의 반파시즘운동을 고려할 때 애국적인 태도나 국가적인 관심사에 대한 열의도 무시할 수는 없다.

국가, 국민 그리고 민족의 개념은 이탈리아의 국가적 정체성(national identity)에 대한 논의의 중심주제이다. 민족의 개념은 그러나 실체라기보다는 사회적 허구에 의해 생성된 것으로 이해하는 것이 좋을 것이다. 일반적으로 민족국가(nation-state)는 단일의 민족이 하나의 국가를 구성한다는 것인데 현실적으로 지구상에 이러한 형태의 국가는 찾아보기가 힘들다. 대부분의 경우 하나의 민족이 여러 국가에 퍼져 있던가, 아니면 한 국가에 여러 민족이 공생하기 때문이다. 따라서 17-8세기 이후에 만들어진 민족국가는 안정된 실체로 수용되기 어려우며 자본주의적 그리고 제국주의적 팽창에 따른 요구에 의해 만들어진 개념으로 이해하는 것이 바람직하다.

이러한 시각에서 이탈리아가 단일의 민족으로 구성된 민족국가이냐는 질문은 오늘의 시점에서는 부적절하다. 실제로 최근 유럽에서는 국가의 경계가 무너지고 있으며 도시와 지역이 공간적 차원에서 의미 있는 실체로 부각되고 있는 실정이다. 동유럽사회의 경우에서 보듯이 서로 다른 민족은 결국 하나의 국가를 형성하지 못하고 분리되거나 간단없는 분규와 전쟁을 통해 갈등을 보이고 있는 것이다. 이탈리아가 민족적으로 보아 매우 이질적이라는 주장은 분리주의에 입각한 시각인데 이는 오늘의 지역갈등을 해결하는데 별 도움을 주지 못한다. 사실 긴 역사의 시각에서 볼 때 유럽에서 민족의 구분자체가 한계를 지닐 수밖에 없기 때문이다. 이탈리아 남과 북의 갈등도 이러한 시각에서 접근되어야 할 것이다.

이탈리아의 문화는 역사적 유산과 분리시켜 생각하기 어렵다. 고대 로마제국의 전통은 이탈리아 역사뿐 아니라 전체 유럽사와 유럽이 중심이 된 16세기 이후의 세계사에서 차지하는 위치가 독보적이기 때문이다. 이탈리아와 로마의 이미지가 관광지로 가장 먼저 떠오른다는 점에서도 이러한 사실은 극명하게 드러난다. 문화재의 보국이며, 유네스코가 설정한 세계문화유산의 상당수들 이탈리아반도에서 찾을 수 있다는 점도 중요하다. 로마 시에 지하철이 두 개의 노선밖에 존재하지 않는 것은 건설능력의 부족이라기보다는 공사를 할 때 지속적으로 발견되는 문화유적들로 인해 야기된 결과이다.

이러한 이탈리아의 전통문화(traditional culture)는 반도 전체가 박물관이라고 일컬을 만큼 많은 민족들의 부러움을 사고 있으며 때로는 선조들이 물려준 유산으로 삶을 영위하는 민족으로 과소평가하는 목소리도 들린다. 그러나 이탈리아의 문화적 특성을 오늘날 현존하는 콜로세움, 대경기장, 목욕탕, 카타콤베 등의 건축물 자체에서 찾아서는 적절한 이해에 도움이 되지 않는다. 관건은 오히려 이러한 문화유산을 보전하고 또한 그 의미를 현대적 시각에서 내면화하고 발전시켜나가는 이탈리아인들의 지혜에서 해답을 얻어야 한다. 문화적 전통(cultural tradition)의 개념은 유형의 자산이 아니라 무형의 정신유산으로 이해될 수 있다. 즉 전통문화가 잘 보전되어 있고 이러한 유산이 그 민족에게 정신적인 차원에서 문화 창달에 도움을 주는 것일 때 문화적 전통이 양호하다고 평가할 수 있는 것이다.

전통문화에 대한 이탈리아인들의 애정과 보호노력은 이상과 같은 문화적 전통에서 찾을 수 있다. 이탈리아 사람들은 다른 나라에서처럼 미술품들이 유리상자 속에 맥없이 보관되기보다 자연상태 그대로 보존되기를 바란다. 과거의 문화유산에 새로운 가치를 접목하여 과거를 현재 속에 구현하는 것이 이탈리아인들의 전통적인 생활방식이다. 따라서 전통에 기초한 이탈리아 특유의 적응력과 재생능력이 문화의 열쇠라고 볼 수 있다.

20세기 이탈리아사회의 문화적 특성을 말할 때 인간주의, 가족주의, 지역주의 등이 자주 등장하는 주제들이다. 인간주의는 르네상스가 이탈리아의 피렌체에서 출범하였다는 사실에서 극명하게 드러난다. 또한 네오레알리스모적인 영화에서도 이탈리아인들의 정서는 기계화된 문명과 대조되며, 산업사회의 본격적인 등장 이후에도 소외되는 인간들의 문제를 인간중심으로 극복하려는 의지가 자주 발견된다. 이탈리아의 전반적 분위기는 인공적이고 마천루가 즐비한 거대도시와는 상반되는 따스함을 간직하고 있다. 이러한 인간주의는 때로 시민사회의 발전에 걸림돌이 된다는 지적이 있으나, 계약 위주의 시민사회가 부정적 의미에서의 개인주의와 합리주의를 가져왔다는 비판적 시각에서 새로운 공동체이론과도 접목이 기대된다.

가족주의는 이탈리아 사회의 알파요 오메가다. 영미위주의 근대 시민사회가 계약에 기초한 개인주의로 운영되어 왔다는 점은 주지의 사실이다. 국가와 개인을 연결하여 주는 모든 사회제도는 정당이나 기타의 사회단체들에 의해 대표되며 이러한 다원주의사회가 가족주의에 기반한 전통형 사회보다 우월하다는 시각이 오랜 기간 동안 주류적 입장으로 견지되어 왔다. 즉 공동사회로부터 이익사회로의 이행이라는 주장은 전통적인 공동체가 근대화에 걸림돌이 되므로 전통의 파괴가 발전의 척도라고 이해되어 왔다. 그러나 오늘의 시점에서 보자면 이러한 근대 시민사회는 공동체의 파괴로 인해 본질적인 문제를 제기하였으며, 근본적인 대안을 마련해야하는 상황에 놓여 있다. 이탈리아의 가족주의는 그

동안 긍정적인 측면보다는 부정적 내지는 후진적인 시각으로 간주되어 왔으나 사회의 기본단위로서 가족공동체의 중요성이 새롭게 제기되고 있는 것이 오늘의 경향이다.

지역주의는 이탈리아가 오랜 기간 동안 통일된 국가를 형성하지 못하여 19세기 후반에 통일된 이후에도 국가적 차원의 정체성보다는 지역적인 정체감을 강하게 소유하고 있다는 비판에서 제기된 것이다. 그러나 지역주의 역시 지방자치제도의 정립과 비효율적인 중앙정부의 권한이양(devolution)이라는 점에서 새로운 접근법이 도입되어야 한다.[4] 환경론자들이 말하는 가장 지방적인 것이 가장 지구적이라는 구호도 지역주의의 부활을 위해 긍정적으로 작용하고 있다. 또한 유럽차원에서 제기되고 있는 지역들로 구성된 유럽론(Europe of the Regions)도 중앙정부보다는 도시와 지역들이 중심이 되는 미래사회를 그리고 있다. 즉, 유럽통합 운동이 거시적으로는 하나의 거대한 유럽을 추구하는 것이지만 미시적으로 보면 소규모의 수많은 지역들이 자율성을 발휘하는 역동적인 유럽상을 구축한다는 점에서 시사하는 바가 크다. 이탈리아의 지역주의는 이러한 새로운 시각에서 발전적 재구성이 필요할 것이다.

타문화를 이해하는 작업에는 적지 않은 주의가 필요하다. 우리는 흔히 다른 국가나 사회의 문화를 판에 박은 혹은 상투적인 개념(stereotype)으로 간주하는 성향이 있다. 상투성이란 일정한 사람들이나 사회집단에 대한 상대적으로 경직되고 지나치게 단순화하며 왜곡된 인식이나 개념을 말한다(percezione o concetto relativamente rigido ed eccessivamente semplificato o distorto di un aspetto della realta, in particolare di persone o di gruppi sociali). 타문화에 대한 상투적 어법은 심한 경우 해당 집단을 속죄양(scapegoat)으로 삼는 사례로까지 발전하기도 한다. 가령 2차대전 시에 나찌즘 체제의 반유대주의에 의해 박해받았던 유태인들이 좋은 예이다.

타문화에 대한 바른 이해는 자문화의 정체성과 문화의 다양성(heterogeneity)을 인정하는 데에서 출발해야 할 것이다. 자기 문화의 정체성을 파악하는 것은 결코 쉬운 일이 아니다. 많은 경우 우리는 우물 안의 개구리라는 한계를 벗어나지 못하기 때문이다. 문화의 다양성은 타문화를 자신의 시각에서 보지 않고 있는 그대로 인정한다는 자세이다. 다양성을 보장하는 것이 보편타당한 객관적인 기준을 의미하지는 않는다. 관건은 자문화에 대한 성찰적 자세와 타문화에 대한 있는 그대로의 수용이라는 두 가지 과제를 여하히 달성할 수 있느냐에 달려있다.

결국 한국인의 입장에서 올바른 이탈리아 문화의 감상법은 섣부른 판단이나 고정관념 내지는 상투적 표현에 탐닉할 것이 아니라, 있는 그대로의 이탈리아를 인정하는 작업이며, 동시에 자문화인 한국문화에 대한 성찰적 반성이 동반되어야 하는 것이다. 한국사회의 가치관의 잣대로 이탈리아사회를 평가하는 것은 문화의 정체성과 다양성의 논리를 정면으로 거부하는 자세이므로 극복되어야 한다. 이렇게 볼 때 이탈리아 문화의 이해는 단시간에 속성으로 이루어질 수 있는 것이 아니다. 특히 지역학적 시각에서 볼 때 오랜 기간과 노력이 병행되어야 가능할 것이다.

1) 김시홍, "지역학으로서의 이탈리아연구에 대한 시론적 고찰", 이탈리아어문학, 2001(9): 35-36.

2) 김시홍, "한국과 이탈리아의 문화접변에 따른 갈등연구: 월드컵 경기를 중심으로", 이탈리아어문학, 2007(22): 1-2.

3) Jurgen Rothlauf, A Global View on Intercultural Management, Berlin: de Gruyter 2014, p.17.

4) 김시홍, "이탈리아의 지방자치와 분권", 국제지역학회보, 2005(4): 28.

제2장
문화와 예술의 언어, 이탈리아어 개관

by 강순행

1. 세계 속의 이탈리아어

파스타(pasta), 피자(pizza), 스파게티(spaghetti), 마피아(mafia)와 같은 단어들은 우리가 흔히 알고 있는 대표적인 "이탈리아어 혹은 이태리어"[1]이다. 문화와 예술의 언어인 이탈리아어는 이외에도 우리의 일상생활 속에 많이 침투해 있다.

한국뿐만 아니라 전 세계적으로 이탈리아어는 음악, 미술, 디자인, 패션, 건축 분야 등에 집중되어 있으며, 최근에는 국내외 외식문화의 다양성 증가로 이탈리아 음식명과 커피용어도 많이 유입되었다. 또한 부드러운 감성과 고급스런 이미지를 창출하기 위해 패션이나 자동차 브랜드명[2]으로도 자주 사용된다.

음악분야에서 이탈리아어는 서양 음악가들에게 상당히 중요한 언어로 19세기 이전 서양 음악은 사실상 오스트리아와 이탈리아로 양분되었을 만큼 이탈리아 출신 음악가들이 큰 비중을 차지하고 있었다. 16세기 후반에서 17세기 중반까지 유럽의 음악은 이탈리아를 중심으로 발전했으며, 18세기 말경에는 모든 연주용어가 이탈리아어로 완전 통일되었다.

19세기와 20세기에 들어서도 서양음악의 모든 출판악보의 용어는 이탈리아어 중심으로 꾸며졌으며, 이 후 고전주의와 낭만시대에 독일로 문화의 중심이 넘어갔다하더라도 이 시기에 어떤 새로운 형식을 만들어 낸 것이 아니라 이미 틀을 갖추어 놓았던 이탈리아어가 음악의 기본과 중심에 있었다.

알레그로(allegro), 아다지오(adagio), 포르테(forte), 피아노(piano) 등의 박자와 셈여림 기호, 아리아(aria), 프리마돈나(primadonna), 콘체르토(concerto), 마에스트로(maestro), 카스트라토(castrato), 소프라노(soprano) 등과 음계이름 "도, 레, 미, 파, 솔, 라, 시, 도" 또한 이탈리아어이다. 그리고 오페라의 가사도 이탈리아어로 되어있기 때문에 성악분야에서 가장 중요한 언어가 바로 이탈리아어라고 할 수 있다.

이외에도 악기 없이 목소리로만 화음을 맞추어 부르는 노래 또는 그렇게 부르는 방법인 아카펠라 또한 이탈리아어이다. "아 카펠라(a cappella)"에서 카펠라는 이탈리아어로 "교회"를 뜻하며, 중세의 교회에서 대개 반주 없이 합창을 했던 데에서 유래한 말로 교회 성가대에서 사용할 수 있는 악기가 제한되어 있기 때문에 교회음악을 뜻하기도 한다.

미술용어로 사용되는 이탈리아어에는 우선 테라코타(terracotta)가 있다. 테라코타는 "구운 흙"이라는 의미의 이탈리아어로 구우면 단단해지고 치밀해지는 점토의 성질을 이용해서 만든 여러 가지 형상의 조각이나 건축 장식용 제품을 말한다. 회화재료. 달걀노른자, 벌꿀, 무화과즙 등을 접합체로 쓴 투명 그림물감 및 그것으로 그린 그림을 뜻하는 템페라(tempera) 또한 이탈리아어이다.

르네상스 시대의 첸니니(Cennini, 1370~1440)는 템페라라는 단어를 매체와 거의 같은 말로 사용했으며, 바자리(Vasari, 1511~1574) 역시 유화물감이나 바니시로 굳힌 물감의 혼합물을 통칭하는 말로 사용했다. 아프레스코(affresco) 또한 "a fresco(방금 회를 칠한 위에)"에서 나온 용어로 르네상스와 바로크 시대에 많이 그려진 벽화를 일컫는다.

광주비엔날레를 계기로 우리나라에서도 낯설지 않게 된 비엔날레(Biennale) 또한 이탈리아어이다. 비엔날레는 이탈리아어로 "2년에 한 번 혹은 2년마다"라는 뜻으로 미술 분야에서 2년마다 열리는 전람회 행사를 의미한다. 마지막으로 머리와 팔다리가 없고 몸통만으로 된 조각 작품을 일컫는 토르소(torso)[3] 또한 이탈리아어이다.

2. 이탈리아어 사용지역

이탈리아어는 이탈리아 반도뿐만 아니라 유럽연합의 24개 공식 언어 중 하나이며, 이탈리아 내 도시국가인 산마리노 공화국과 바티칸 시국에서 행정과 문서처리를 위하여 공식어로 이탈리아어를 사용하고 있다. 2006년에 조사되어 2012년 보고서로 확정된 유럽의회의 통계자료에 의하면 이탈리아어는 유럽연합(Unione Europea)에서 7,200만 명이 사용하는 언어로 이 중 유럽시민의 13%인 약 6,500만 명이 이탈리아어를 모어(lingua madre)로, 그리고 유럽시민의 3%인 약 1,400만 명이 제 2언어(lingua seconda)로 사용하고 있다. 슬로베니아에서는 인구의 15%, 크로아티아에서는 14%, 오스트리아에서는 전체 인구의 11%, 루마니아에서는 8%, 그리스에서는 6%의 이탈리아어 사용인구가 있다.

스위스에서는 이탈리아어가 프랑스어, 독일어, 로만슈어(Rumantsch)[4]와 함께 전체 인구의 6.8%에 해당하는 525,000명이 사용하는 주요언어로 특히 스위스 남부에 위치한 티치노 주(Canton Ticino)는 이탈리아어 사용자가 인구의 83.1%인 332,950명이 밀집한 지역이다.

슬로베니아의 피라노(Pirano), 카포디스트리아(Capodistria), 안카라노(Ancarano) 지역과 이스트리아 섬(Isola d'Istria), 크로아티아의 이스트리아 주,[5] 몰타 기사단(Sovrano Militare Ordine di Malta)에서도 공용어로 사용된다. 몰타 기사단의 공식명칭은 "로도스 및 몰타의 예루살렘의 성 요한 병원독립 기사수도회/가톨릭 기사수도회(Sovrano Militare Ordine Ospedaliero di San Giovanni di Gerusalemme di Rhodie di Malta)"으로 이전에는 군사조직의 성격을 가지고 있었지만 현재는 의료단체로 이탈리아군의 의료부대로서 활약하고 있다.

이탈리아어가 제 2의 공용어인 나라는 몰타, 슬로베니아, 크로아티아이며 모나코와 알바니아에서는 두 번째로 사용인구가 많은 언어이다. 몰타에서는 1934년까지 이탈리아어가 공용어였으며 현재 전체 인구의 53%가 사용하고 있다. 프랑스의 코르시카와 니스에서 또한 1859년 까지 이탈리아어가 공용어였으며 현재까지도 사용된다.

이탈리아는 19세기 후반에서 20세기 초반 제국주의 시대에 식민지 쟁탈전을 벌였던 유럽열강들과는 달리 해외에 그다지 많은 식민지를 건설하지 않았지만, 리비아, 에티오피아, 에리트레아, 소말리아 등 동아프리카와 북아프리카 일대지역을 식민통치한 시기가 있었다. 이 기간 동안 이들 나라들에서 이탈리아어는 공식어로 쓰여 막대한 영향을 미쳤으며, 식민통치가 끝난 이후에도 이탈리아어는 에리트레아에서 1941년, 에티오피아에서 1943년, 소말리아에서 1963년까지 공식어로 쓰였다.

리비아에서도 카다피(Muammar Muhammad Abu Minyar al-Gaddafi, 1942~2011)의 이탈리아어 금지정책으로 사용인구가 줄어들긴 했지만 경제, 교육 분야에서는 이탈리아어가 아직도 매우 중요한 언어이다. 또한 에리트레아에서는 주로 상업분야, 소말리아에서는 식민통치 시절부터 정부행정관련 업무에 사용되어졌으며 현재 중장년층을 중심으로 2번째 공용어의 지위를 가진다.

이탈리아는 역사적으로 상당한 이민 수출국으로, 유럽뿐만 아니라 북미나 중남미 그리고 호주에서 이탈리아 출신 해외 자국인 공동체를 중심으로 상당한 수의 이탈리아어 사용인구가 있다. 이탈리아의 2006년 센서스 통계에 의하면 미국으로 건너간 약 1,700만 명의 이탈리아 이민자들과 66만 명이 넘는 캐나다거주 이탈리아 이민자들이 이탈리아어를 사용한다.

이탈리아어는 미국에서 중국어, 스페인어, 프랑스어, 독일어 다음으로 많이 사용하는 외국어이며, 호주에서도 전체인구의 약 1.4%, 아르헨티나에서는 공식어인 스페인어 다음으로 약 150만 명 정도 그리고 우루과이, 베네수엘라, 브라질 등에서도 소수 이탈리아인 공동체사이에서 사용된다.

3. 이탈리아어의 형성과 발전

이탈리아어는 인도-유럽어족과 로망스어군에 속하는 언어이다. 인도유럽어족은 유럽과 아시아 일부지역에서 사용된 일군의 언어들을 포함하는 어군으로 유럽어는 라틴어(Latino), 캘트어(Lingue celtiche), 이탤릭어(Lingue italiche), 게르만어(Lingue germaniche), 그리스어(Greco), 알바니아어(Albanese), 발딕어(Lingue baltiche), 슬라브어(Lingue slave) 등으로 하위분류된다. 라틴어(Lingua latina)는 로망스어군(Lingue romanze)에 속하는 언어들의 생성과 발달에 결정적인 역할을 한 모체어로 이탈리아어, 스페인어, 포르투갈어, 루마니아어 등 라틴어에서 기원한 언어들을 신라틴어(Lingue Neolatino)라고도 한다.[6)]

라틴어는 이탈리아 반도 중부에 있는 고대 로마와 그 주변 지역 라티움(Latium)에 정착하여 살던 사람들이 쓰던 언어로 로마가 지중해를 정복하면서 지중해 전역과 유럽지역의 상당 부분으로 확산되었으며, 로마제국 멸망 이후에도 서구 세계의 지식인과 성직자 사이에서 공통 언어인 링구아 프랑카(Lingua franca)로 유지되었다.

라틴어는 운문과 산문에서 문학 언어인 고전 라틴어(Latino classico)와 일반 대중이 사용한 민중 라틴어(Latino volgare)로 구분되며, 민중 라틴어는 구어 라틴어(Latino parlato) 혹은 공통 라틴어(Latino comune)라는 의미와 혼용되어 사용된다. 고전 라틴어가 우아하고 문학적이며 고양된 상류층의 언어였다면 대조적으로 민중 라틴어는 불완전한 발음, 어휘의 변이, 풍부한 표현력을 특징으로 하는 불완전한 언어였다. 실제언어로서 모든 로마 영토 내에서 사용된 민중 라틴어는 이상적 통일언어인 고전 라틴어와 달리 사회계층과 지역에 따라 많은 차이를 보이며 시간과 공간의 확장에 따라 변화될 수밖에 없었다. 따라서 라틴어의 황금기는 로마의 전성기와 맞물리며 로마제국이 멸망한 뒤부터 9세기에 이르기까지 유럽의 많은 지역에서 구어로 남아 있다가 이탈리아, 프랑스, 에스파냐, 포르투갈, 루마니아 등 많은 지역적 언어로 진화하여 로망스어가 된다.

이탈리아에서도 역사적인 전개를 통하여 라틴어의 속어에서 많은 지역적 방언이 생겨났는데 토스카나방언, 로마방언, 나폴리방언 등이 그 대표적인 예이다. 특히 토스카나 지역의 주도인 피렌체의 방언은 이탈리아 반도의 중부에 위치하여 남과 북의 중간 지점이라는 지리적 이점과 당시 세계적인 상업의 번성과 문화의 융성을 이뤘던 지역적 기반을 바탕으로 하고 있었으며 단테(Dante Alighieri, 1265~1321), 페트라르카(Francesco Petrarca, 1304~1374), 보카치오(Giovanni Boccaccio, 1313~1375) 등 1300년대 위대한 문인들의 작품에 쓰여 라틴어에 버금가는 높은 문학성을 보여 주었다. 이탈리어는 이러한 토스카나방언 즉, 피렌체어를 바탕으로 한 문학어로 형성된다.

이탈리아어의 형성은 프랑스나 독일과 같은 주변 유럽국의 언어들보다 역사가 짧은 편으로 이는 고대 로마에 대한 자부심이 대단한 이탈리아의 지식인들과 성직자 계층이 라틴어를 오랫동안 고집했기 때문이기도 하지만 이탈리아 반도의 분할로 인한 정치적 통일체의 부재에서 기인하기도 한다. 1861년 이탈리아 반도가 통일되면서 시작한 이탈리아어의 의무교육과 라디오와 텔레비전을 비롯한 대중매체들이 보급되기 전까지는 피렌체어에 기반을 둔 이탈리아어는 수 세기 동안 피렌체를 제외한 이탈리아의 다른 지역의 사람들에게는 일상어가 아닌 단지 문어로만 이해되었으며 마치 외국어들 배우듯이 문법, 어휘들을 새롭게 습득해야만 했다.

이탈리아어로 된 첫 구어는 960년 남이탈리아 카푸아에서 열린 재판의 법적 진술문으로 증인의 증언이 양피에 기록되어 남아 있는데 고전 라틴어와 상당한 유사성을 보여준다. 이는 이탈리아어가 민중 라틴어 혹은 구어 라틴어에서 유래한다고 보는 학설이 지배적이긴 하지만 문학 라틴어(Latino letterario), 문어 라틴어(Latino scritto)에서도 영향을 받았다는 것을 보여주는 것이라 하겠다. 13세기 전반 프로방스 문학의 영향을 받아 사랑의 시를 시칠리아 방언으로 작품을 쓴 시칠리아학파(Scuola siciliana)의 문학 활동은 라틴어에서 벗어나 민중 이탈리아어의 도래에 영향을 미친다.

본격적인 문장어는 단테의 출현과 함께 시작되었다. 단테는 그의 작품 『향연*Convivio*』에서 '이탈리아어는 라틴어가 몰락하는 지점에서 떠오르는 새로운 빛, 새로운 태양이며, 암흑 속에 있는 사람에게 광명을 안겨다 주는 것이다'라고 확신에 찬 예언을 하고, 당시 라틴어와 대비하여 속어로 불리던 이탈리아어를 '빛나는 말'로 닦아 『신곡*La Divina Commedia*』을 완성하였다.

단테는 라틴어만 이용하고 지방의 언어들을 경시하는 당시 지식인들에게 이탈리아어도 아름다운 언어임을 주장하고 싶었고 이탈리아에서 구어체로 쓰이던 피렌체 방언, 즉 이탈리아어를 사용하여 신곡을 집필한 것이다. 이 후에 보카치오와 페트라르카의 위대한 작품들도 피렌체 방언으로 쓰였으며, 그들의 모방 작품들도 같은 피렌체 방언으로 만들어져 이탈리아 전 지역을 확산되었다. 그러나 르네상스시대 인문주의자들이 라틴어를 다시 받아들이면서 토스카나 지방어가 예술작품에 사용되는 것을 치욕으로 여겼기 때문에 16세기까지 피렌체어가 문학어로서 광범위하게 인정되지는 못했다.

이탈리아어의 형성과 관련하여 이 시기 중요한 인물은 벰보(Pietro Bembo, 1470~1547)이다. 그는 『속어론*Prose della volgar lingua*』(1525)에서 속어가 이미 인문주의적 편견을 극복하는 과정에서 라틴어와 동등한 수준에 이르렀으며 페트라르카의 시와 보카치오의 산문을 언어와 문체의 표준 모델로 제시하였다. 벰보의 이러한 사상은 이후 카스틸리오네(Castiglione, 1688~1766)나 아리오스토(Ariosto, 1474~1533)와 같은 작가들의 작품에 영향을 미쳤다. 마키아벨리(Nicolò Machiavelli, 1469~1527) 또한 그의 『언어에 관한 담론*Discorso e dialogo intorno alla lingua*』(1524)에서 국가의 형성과 관련된 언어의 제 양상들을 논하고 피렌체 구어로 통일된 이탈리아어를 가정하고 있다.

이러한 언어적 전통은 17세기에 들어서면서 갈릴레오(Galileo Galilei, 1564~1642)와 연결된다. 당시 과학 분야에서 지배적으로 사용했던 언어는 라틴어였다. 그러나 갈릴레오는 '대부분의 사람들은 말을 막연하게 하는 법을 알고 있으나 명확하게 말할 줄 아는 사람들은 극소수이다'라고 하면서 뚜렷하고 정확하며 간결한 사색의 표현에 관심을 두어 과학 분야에서 민중어의 사용을 실현하였다.

이탈리아어사에서 또 다른 중요한 인물은 북이탈리아 밀라노 태생의 만초니(Alessandro Manzoni, 1758~1873)이다. 18, 19세기 이탈리아의 통일과 관련하여 14세기 거장들의 문장어를 순수하게 지키려고 하는 측과 외래어의 도입을 인정하려고 하는 측 사이에 논쟁이 벌어진다. 그는 이때 문학이 국어를 결정지을 수 없으며, 수사적이며 고풍스런 과거의 이탈리아문학어가 아닌 실제 살아 있는 언어가 국어로 확립되어야 한다는 '현용어(lingua viva)이론'과 『언어의 통일과 언어대중화 방법*Dell'Unità della lingua e dei mezzi di diffonderla*』(1868)로 이 논쟁에 참가하여 모든 이탈리아인이 이해할 수 있는 공통어의 필요성을 강조하였다.

그는 초판부터 13년의 세월에 걸쳐 세 번이나 고쳐 쓰는 언어수정을 통해 『약혼자들*I promessi sposi*』(1840)을 완성하였다. 만초니의 이러한 언어수정은 피렌체 상류사회의 회화어를 지향했기 때문으로 그의 산문은 단테시대의 이탈리아 문장어에 비하여 연화된 이탈리아어라고 할 수 있다. 결론적으로 만초니의 언어관은 토스카나 방언을 중심으로 한 표준 이탈리아어의 확립과 이탈리아의 민족의식을 일깨운 통일운동인 리소르지멘토(Risorgimento)에도 크게 기여하였다고 할 수 있다.

4. 이탈리아어의 특징

4.1 음성적 특징

이탈리아어는 프랑스어와 스페인어 등 대부분의 근대 로망스어와 달리 라틴어에 있던 장자음인 이중자음을 보존하고 있다. 프랑스어를 제외한 대부분의 로망스어와 마찬가지로 음절 강세의 구별이 있으며, 통상 뒤에서 둘째 음절에 강세가 붙는다.

이탈리아어의 알파벳은 모음 *a, e, i, o, u* 다섯 개와 자음 *b, c, d, f, g, i, l, m, n, p, q, r, s, t, v, z* 열여섯 개 총 21자로 구성되어있다. 그러나 외국인 인명, 지명 그리고 외래어나 고전어 등을 표시하기 위하여 *J, K, W, X, Y*와 같이 5개의 문자가 더 사용되어 이탈리아어에서 사용되는 문자는 영어와 같이 26문자가 된다. 현대 이탈리아어에서는 *J*는 *I*로, *K*는 *C*로 *W*는 *V*로 *Y*는 *I*로 대체되어 사용하며, 철자 *h*는 발음되지 않는 무음이다. 이탈리아어의 발음은 철자 자체가 발음기호가 되기 때문에 매우 쉬운 편으로 몇 가지 예외 경우를 제외하면[8] 그냥 쓰인 대로 읽기만 하면 된다.

4.2 형태론적 특징

이탈리아어의 가장 큰 형태론적 특징은 모든 단어가 모음으로 끝나며, 이 모음을 통해서 단어의 성과 수를 표현한다는 점이다. 보통의 경우에 단어의 어미에 남성단수는 *-o*, 여성단수는 *-a*, 남성복수는 *-i*, 여성복수는 *-e*가 등장한다. 예를 들어, 남자친구는 '아미꼬amico', 여자친구는 '아미까amica', 남자친구들은 '아미치amici', 여자 친구들은 '아미께amiche'가 된다. 마찬가지방식으로 아들은 '필리오figlio', 딸은 '필리아figlia', 아들들은 '필리figli', 딸들은 '필리에figlie'가 된다.

또 다른 특징 중 하나는 명사나 형용사의 어미를 살짝 바꾸는 것만으로 즉, 특정 접미사를 첨가함으로써 다채로운 단어를 만들어 낼 수 있다는 점이다. 예컨대 공을 뜻하는 '빨라palla'에 축소접미사 *-ina*가 첨가된 '빨리나pallina'는 일반 공보다 작은 골프나 탁구공을, 반면 확대접미사 *-one*가 첨가된 '빨로네pallone'는 축구나 농구공을 뜻한다. 공 모양의 풍선은 '빨론치노palloncino'가 된다. 유사한 방식으로, '고양이gatto'는 몸집이 작으면 '가띠노gattino', 크면 '가또네gattone', 성격이 나쁜 혹은 도둑고양이면 '가따치오gattaccio'가 된다.

또한 사랑을 의미하는 '아모레amore'는 '아모로조amoroso, 연인(남)'와 '아모로자amorosa, 연인(여)'과 '아모리노amorino, 사랑의 신 큐피드'또는 '아만떼amante, 정부'가 된다. 아름다움 표현하는 단어 '벨라bella'도 그 유형에 따라 달라진다. 몸이 작고 귀여운 미인에게는 '벨리나bellina', 몸이 크고 육감적인 미인에게는

'벨로나bellona', 너무 예쁜 미인에게는 최상급어미 *-issima*가 첨가된 '벨리씨마bellissima'가 된다. '여자donna'도 그저 그런 여자이면 '돈네따donnetta', 어린 여자아이가 성숙한 여인처럼 행동하면 '돈니다donnina', 몸집이 크면 '돈도네donnone', 성격이 나쁜 여자이거나 접대부인 경우는 '돈나치아donnaccia'가 된다. 이처럼 이탈리아어는 명사나 형용사에 축소접미사 *-ino*, *-ello*, *-etta*, 확대접미사 *-one*, 애정과 호감을 나타내는 접미사 *-uccio*, *-olo*를 통해서 같은 단어라도 미묘한 의미의 차이를 전달할 수 있다는 장점이 있다.

4.3 통사론적 특징

이탈리아어는 단어나 문장 속에서 어형과 어미의 변화를 통해 여러 가지 문법관계를 나타내는 굴절어의 하나로서 복잡한 문법체계를 기반으로 하고 있기 때문에 통사론적 특징 중에서 가장 핵심적인 것은 문장 혹은 동사구에서 주어 인칭대명사에 따른 동사의 일치와 명사구에서 명사의 성과 수에 따른 다른 수식요소들의 일치라고 할 수 있다.

동사는 자동사, 타동사, 사역동사, 재귀동사로 동사원형의 어미형태에 따라 제1, 제2, 제3변화형으로 구분되며 규칙변화와 불규칙변화가 있다.[9] 동사는 법과 시제 그리고 인칭과 수에 따라 변화하며 일치가 이뤄진다. 직설법(Indicativo), 명령법(Imperativo), 접속법(Congiuntivo), 조건법(Condizionale), 부정법(Infinito) 등과 같은 5개의 법(Modo)에서 부정법을 제외하고는 인칭과 수에 따라 각각 다른 형태를 취하여 일치가 이뤄져야 하며 시제(Tempo)는 현재(Presente), 과거(Passato), 미래(Futuro)로 구분되며 다시 과거는 근과거(Passato prossimo), 반과거(Imperfetto), 원과거(Passato remoto), 대과거(Trapassato prossimo), 선립과거(Trapassato remoto)로, 미래도 단순미래(Futuro semplice)와 선립미래(Futuro anteriore)로 세분되어 동사와의 일치가 이뤄진다.

아래는 이탈리아어의 규칙동사들을 직설법의 경우로 한정하여 주어에 따른 동사의 변화, 즉 일치를 나타낸 것이다.

〈이탈리아어 직설법 동사 변화〉

인칭 대명사	제1군 동사	제2군 동사	제3군 동사	
	parl-are(말하다)	ved-ere(보다)	sent-ire(듣다)	capire(이해하다)
Io	parl-o	ved-o	sent-o	cap-isco
Tu	parl-i	ved-i	sent-i	cap-isci
Lui/Lei	parl-a	ved-e	sent-e	cap-isce
Noi	parl-iamo	ved-iamo	sent-iamo	cap-iamo
Voi	parl-ate	ved-ete	sent-ite	cap-ite
Loro	parl-ano	ved-ono	sent-ono	cap-iscono

동사의 주어에 따른 변화 혹은 일치는 역으로 굴절된 동사의 형태를 보고서 주어를 알 수 있다는 특징이 있기 때문에 주어를 강조하는 특별한 담화 상황이 아닌 경우에는 주어가 생략된 문장을 주로 사용한다.

주어명사구의 일치에서 다뤄지는 품사들은 명사를 수식할 수 있는 요소는 크게 형용사, 관사, 대명사이다.[10)]형용사는 다시 성상형용사, 지시형용사, 소유형용사, 수형용사로, 관사는 부정관사,

정관사, 부분관사, 전치사관사로, 그리고 대명사는 인칭대명사, 소유대명사, 지시대명사, 부정대명사, 의문대명사, 관계대명사로 세분화된다. 이들의 공통된 특징은 명사의 성과 수에 따라 그 형태가 달라지면서 명사와의 일치가 이뤄진다는 것이다.

아래는 명사의 성과 수에 따른 정관사와 소유형용사의 일치를 보여준다.

〈명사구의 일치〉

il mio libro (남성단수, 나의 책)	i miei libri (남성복수, 나의 책들)
la mia camera (여성단수, 나의 방)	le mie camere (여성복수, 나의 방들)
la tua penna (여성단수, 너의 펜)	le tue penne (여성복수, 너의 펜들)
la sua borsa (여성 단수, 그(그녀)의 가방)	le sue borse (여성복수, 그(그녀)의 가방들)
il nostro amico (남성단수, 우리의 친구)	i nostri amici (남성복수, 우리의 친구들)
la vostra scuola (여성단수, 너희들의 학교)	le vostre scuole (여성단수, 너희들의 학교들)
la loro casa(여성단수, 그들의 집)	le loro case (여성복수, 그들의 집들)

5. 현대 이탈리아어

5.1 방언의 다양성

이탈리아어라는 명칭은 과거 이탈리아반도에서 사용되던 여러 언어를 통틀어 이르는 말로써 사용되었으나 19세기 이탈리아통일운동과정과 이탈리아공화국성립(1861) 이후 표준이탈리아어로서의 위상을 정립하였다.

학교 교육의 대중화와 무엇보다 텔레비전을 비롯한 메스미디어의 보급으로 이탈리아어가 이탈리아어 전 지역과 계층으로 확산되어 이제는 대부분의 이탈리아 국민들이 이탈리어를 이해하며 사용할 수 있지만, 이탈리아어 통일 이후부터 2차 대전이 끝날 때까지 표준이탈리아어는 그리 널리 퍼지지 않았었다. 또한 표준 이탈리아어는 토스카나지방의 방언에 기초한 문어체를 바탕으로 이탈리아 통일 시기에 만들어진 것이므로 토스카나 지방을 제외한 다른 지역의 사람들에게 이탈리아어는 모국어가 아닌 이른바 제 2언어에 해당되었다.[11)]

2006년 이탈리아 통계조사기관(ISTAT, Istituto Nazionale di Statistica)은 이탈리아 거주 5만 4천명에 해당하는 2만 4천 가구를 조사한 결과, 72.8%가 다른 지역 사람들과 대화할 때 이탈리아어를 사용하였으며, 이탈리아어와 지역 방언을 혼용하여 사용한 비율은 19% 마지막으로 지역 방언만을 사용한 경우는 5.4%로 전체에서 91.8%가 이탈리아어를 사용할 수 있다고 보고하였다. 이는 이탈리아 내무부(Ministero dell'Interno)가 이탈리아의 전체 인구 중 95%가 이탈리아어를 모어로 가지고 있으며, 5%의 이탈리아인들은 이탈리아어가 모어가 아닌 다른 소수언어를 가지고 있다는 보고와 거의 일치한다. 같은 조사에서 가족끼리 이탈리아어를 사용하는 비율은 45.5%로 현저하게 낮게 나왔다.

연령별 이탈리아어의 사용비율은 6세부터 10세까지 68.2%, 11세부터 14세까지 62.4%, 65세부터 74세 까지 31.9%, 75세 이상 28.2%로 나이가 많아질수록 이탈리아어의 사용비율이 상대적으로 낮다. 현재까지도 격식을 차릴 필요가 없는 경우나 말하는 사람의 교육수준이 낮을수록 표준어에서 벗어나는 정도가 더 클

뿐만 아니라 많은 이탈리아인들이 일상생활에서는 표준이탈리아어보다는 현지 방언을 사용한다.

이탈리아의 지역은 인접한 국가에 따라 그 나라의 언어를 쓰기도 하는데, 프랑스와 인접한 아오스타 계곡(Valle d'Aosta) 자치구역에서는 프랑스어, 독일과 인접한 알토 아디제(Alto Adige)에서는 독일어, 슬로베니아와 크로아티아와 인접한 트리에스테(Trieste) 지역에서는 슬로베니아어와 크로아티아어가 통용된다. 또한 풀리아(Puglia)에서는 알바니아어와 그리스어, 사르데냐(Sardegna)에서는 카탈루냐어와 이탈리아어와 혼용하여 사용된다.

각 지방이 고유의 역사와 전통을 갖고 있는 것처럼 표준이탈리아어의 문법구조와 어휘가 크게 다른 그 지역만의 언어인 방언이 존재한다. 방언은 크게 북부 제 방언, 토스카나 제 방언, 중남부 방언, 남부 방언으로 대략 구분할 수가 있으며, 갈리아이탈리아어라고도 불리는 북부 이탈리아어, 이탈리아 북동부에서 쓰이는 베네토어, 토스카나어(코르시카어 포함), 서로 밀접한 관계를 갖고 있는 남부 이탈리아어와 동부 이탈리아어에서 나온 어군(레마르케, 움브리아, 로마 방언들, 아브루치, 풀리아, 나폴리, 캄파니아, 루카니아 방언들, 칼라브리아, 오트란토, 시칠리아 방언들)의 분류로 세분하여 나누기도 한다.[12)]

5.2 통신언어의 사용

최근 전 세계적으로 스마트폰 사용자가 급속도로 증가하면서 스마트폰의 채팅 앱에 사용되는 통신언어는 현시대의 획기적인 언어매체로써 기존의 문법과 문체와는 다른 표현의 가능성을 만들어 내고 있다. 또한 특정세대와 계층에 편중되어 사용되던 과거와 달리 가상공간을 넘어 일상의 언어사용으로 전이되고 확산되면서 그 가치와 중요성이 새롭게 인식되면서 한 나라의 언어를 풍부하게 만드는 중요한 실체로 분류되기도 한다.[13)]

스마트폰에서 이루어지는 의사소통 방식은 상대편과 대면하지 않은 상태에서 글자를 매개체로 대화하듯이 이루어지므로 시간적, 공간적 제약이 따른다. 이를 극복하기 위해 통신언어의 사용은 그 의미전달을 위해 최대한 간결하면서 함축적인 형태로 나타내며, 이는 일상적 대화의 방식과도 문어에서 통용되는 규범적 측면과도 많이 다르다. 이러한 통신언어의 특징은 개별적 언어의 특징이 아니라 언어 보편적 현상으로 이탈리아어에서도 고스란히 나타난다. 예를 들어 *cmq, qnd, cvd*는 각각 *comunque, quando, ci vediamo*에서 자음만 취하고 모음은 생략하여 나타낸 축약(abbreviazioni)이며 *asp, pom, risp*는 각각 *asp(ettare), pom(eriggio), risp(ondimi)*를 나타내는 것으로 단어 앞부분의 일부만 표시하고 나머지는 잘라내어 철자 수를 줄이는 방식인 절단(troncamento) 현상이다.

철자 수를 줄이기 위한 다른 방법은 음차표기이다. *ki, ke, perké*는 *chi, che, perché*를 변형한 것으로 이탈리아어 문자 체계에 없는 철자 *k*를 사용하여 [k]발음이 나는 *ch*를 대신 사용한다. 전치사나 단어 내의 철자로 사용되는 *per*는 이탈리아어 문자 체계 내에 존재하지 않는 *x*를 사용하여 표기한다. 이는 수학 연산에서 곱하기를 표시하는 *x*가 *per*로 발음되기 때문에 통신언어에서는 단어의 축약을 위해 *x(per), x caso(per caso), xdere(perdere)*의 예처럼 *per*를 *x*로 표기한다. 비슷한 예로 다른 수학 기호인 +. -는 *più*와 *meno*로 발음되어 실제 문자 표시에서는 *+o-(Più o meno), -male(Meno male, a + tardi(a più tardi)*처럼 *più*와 *meno*를 +와 -가 대신한다.

숫자 6은 이탈리아어에서 동사 *essere*의 2인칭 단수 형태인 *sei*와 발음이 같아서 통신언어에서는 글자 수를 절약하기 위해 *sei* 대신에 숫자 6을 사용한다. *dove 6?(dove sei?), c6?(ci sei?), 6 d Milano?(Sei di Milano?)* 등이 그 예이다.

또 다른 생략현상에는 두자어(acronimi)가 있다. 이는 한 개념 내에서 동음충돌이나 언어경제의식의 작용 등으로 간편화가 이루어지는 현상으로 예를 들어 문장에서 *TVB*는 원래의 문장 *Ti voglio bene*에서 각 단어의 첫 자음만을 취하여 약어로 나타낸 것이다.

통신언어의 어휘적 측면에서는 한 개념 내에서 동음충돌이나 언어경제의식의 작용 등으로 간편화가 이루어지는 현상을 의미하는 약어와 특정한 사회집단이나 한 패거리에서 뜻을 숨겨 부르는 말로써 저희들끼리 익숙하게 사용하는 은어(gerghi)의 사용이 나타난다. 은어는 비통용어적인 저급한 말로써 사회적으로 낮게 고려됐지만 젊은 세대가 사용하는 통신언어에서는 나름대로의 개성을 가지며 그들 사이에 유대감과 응집력을 가져다주는 매개로 새롭게 인식되고 있으며 은어를 만들어 내는 방식은 은유나 은율을 살리거나 단어의 철자를 자르거나 늘리는 방식 혹은 문장을 단순화하여 만들어 낸다.

통신언어에서 방언의 사용목적은 다양한데 특이한 점은 로마방언이 압도적으로 많이 사용된다는 것이다. 이는 다른 지역 방언과 달리 로마방언은 이탈리아어 전역의 청소년들에게 많이 친숙한 편이어서 배우기가 쉽고 그 사용에 있어 재미와 특수성을 느낀다. 어휘적 측면에서 마지막으로 나타나는 이탈리아 통신언어의 특징은 영어사용의 증가이다. 영어사용은 통신언어 사용자들의 집단 내에서 소속감과 상호 결속력을 강화시키는데 유용하지만 젊은 세대의 과도한 영어 사용을 비판적으로 바라보는 일부의 우려도 있는 것이 사실이다.

구문적 측면에서 통신언어는 정확한 정보교환보다 대화의 신속한 흐름을 선호하기기 때문에 문장부호와 기호, 대문자와 소문자의 사용, 단어와 단어사이의 띄어쓰기가 무시되는 정서법 일탈현상을 보여준다. 또한 동사의 미래시제 변화형이 현재시제로 동사의 직설법 반과거 형태가 가정문에서의 접속법과 조건법 형태로 그리고 복합문의 종속절에서 동사의 접속법 형태는 직설법으로 대체되는 등 이탈리아 통신언어가 보여주는 구문론적 특징은 구어와 비슷한 형태로의 문법일탈현상이며 이는 문법체계의 단순화 현상이라고 볼 수 있다.

5.3 영어어휘의 증가

현대 이탈리아어의 가장 큰 특징 중 하나는 영어어휘의 증가이다.[14)] 언어차용의 원인은 아이티의 크리올리어로 스페인어를 통해서 들어온 *patata*, 터키어에서 *caffè*, 아랍어에서 *zero*, 영어에서 *tram, transistor, juke-box*처럼 아직 알려지지 않은 혹은 이국적인 물건이나 개념, 동식물, 상품 등을 소개하기 위한 필요성에서 생겨나는 필요에 의한 차용(prestiti di necessità)과 인간의 감성적, 문체적 측면을 강조하기 위하여 우아하거나 완곡하게 혹은 보다 강한 느낌을 불러일으키기 위해 *leader, flirt, baby-sitter, weekend*(이 단어들은 모두 이태리어 *capo, breve relazione amorosa, bambinaia, fine settimana*로 대치 가능)와 같은 영어를 사용하는 치장적 기능의 차용prestiti di lusso으로 구분한다. 또한 방송이나 언론에서 사용하는 영어 *boom, sexy, show*와 같은 단어들은 같은 의미를 지닌 이탈리아어에서 하나의 단어가 아닌 구로 각각 *periodo intenso sviluppo economico, sessualmente conturbante, spettacolo di varietà* 등으로 표현되므로 경제성이나 편리성 면에서 영어 어휘를 선호하여 사용한다고 할 수 있다.[15)]

현대 이탈리아어 어휘는 속어라틴어(Latino volgare)에서 유래한 것과 게르만어, 아랍어, 프랑스어, 스페인어 그리고 영어와 같은 다른 언어에서 차용한 어휘 그리고 기존의 어휘들을 파생이나 합성과 같은 어형성 메커니즘을 통해 만들어낸 신조어로 구분한다. 언어별로 구체적으로 살펴보면 라틴어 66.8%, 그리스어 10.9%, 불어 7.8%, 스페인어 1.8%, 독어 1.0%, 아랍어 1.0%, 영어 0.7%, 기타 언어 9.6% 등으로 구성된다.

이탈리아어에서 영어유입은 다른 유럽의 나라들과 마찬가지로 1950년대 경제 붐을 바탕으로 급격하게 그 양이 증가하면서 1970년대와 1980년대에 사회의 각 분야와 계층 그리고 언어의 모든 부분에 까지 구체화되어 정점에 이르게 된다. 이는 1700년대와

1800년대 프랑스어가 단지 귀족과 식자 계층에 한정되었던 것과는 구분되는 것으로 강한 전파력을 지닌 메스미디어의 힘이 절대적인 영향을 끼쳤다고 할 수 있다. 하나의 체계로서의 언어가 새로운 요소와 만나 그것을 받아들이고 통합하여 마침내 다시금 안정된 체계를 유지한다는 소쉬르 주의의 시각에서 이탈리아어에 유입되는 모든 영어어법들은 이탈리아어의 언어체계에 맞는 그 적응(adattamento) 혹은 통합(integrazione)의 과정을 거친다.

영어 차용어의 음성적 통합은 이탈리아어의 정서법과 발음을 기반으로 이뤄진다. 첫 번째 경우는 *bus* /'bus/, *tunnel* /'tunnel/, *tram* /'tram/, *spray* /'sprai/ 등과 같은 예들이, 두 번째 경우는 발음에 기초한 차용어의 음성 형태로 *privacy* /'praivasi/, *computer* /'kompjuter/, *mouse* /'maus/와 같은 예들이 해당된다.

이는 차용어가 문어를 통해서, 아니면 구어 즉 발음을 통해서 유입되었는가에 따라 그 음성형태가 달라진다는 설명이다. 예를 들어, *tunnel*과 같은 단어는 문어를 통해서 이탈리아에 들어왔으므로 이탈리아어식으로 /'tunnel/로 발음한다. 만약 구어를 통해 유입되었다면 /'tanel/로 발음될 수 있을 것이다. 반면, *budget*과 같은 단어는 /'badʒɛt/으로 발음되는데 이는 구어를 통해서 차용되었기 때문이다.

영어차용어 *flirt*과 같은 단어는 이탈리아에서 영어식 발음 /flə:t/, 영어를 모방한 이탈리아어 발음 /flərt/와 /flɛrt/ 마지막으로 이탈리아식 발음 /flirt/ 등 세 가지 경우가 존재하는데, 이는 이탈리아어 화자의 영어에 대한 지식과 의식의 정도에 따라 그 발음의 다양성이 나타난다고 할 수 있다. Dardno와 Trifone는 *lea-*

*der, flirt, bar, film, sport*처럼 이탈리아에서 폭 넓게 사용되나 이탈리아어로 동화되지 못한 영어 차용어들을 굳이 원어발음에 가깝게 혹은 영어식으로 발음하는 것은 불합리한 현학적인 태도라고 지적한다.[16] 왜냐하면 이탈리아 음악 용어인 *andante*가 프랑스에서 프랑스어처럼 /ãdãt/, 영국에서는 영어처럼 /æn'dænti/ 발음되기 때문에 이탈리아에 차용된 영어어휘들은 이탈리아어처럼 발음하는 것이 합당하기 때문이다.

영어어법의 어휘들을 형태적 통합과정에서 나타나는 문제는 차용어의 성(genere)에 관한 것이다. 영어의 형태론에서는 명사에 문법적 성을 표시하지 않지만 이탈리아어로 유입되는 영어어법의 어휘들은 그 통합과정에서 남성이든 여성이든 의무적으로 성을 부여받아 구문 내에 나타나는 형용사나 관사와 같은 문법범주들과 일치를 이뤄야 한다. 대부분의 경우에 영어어법의 차용어는 *il computer, lo scanner, il radar, il film, il pope, il clan, il poker, lo slogan*처럼 남성 정관사를 취한다. 그러나 이러한 어휘들은 이탈리아어에 그 유사 동의어가 존재하지 않는 경우로 영어어법의 어휘에 의미적으로 대응하는 이탈리아어 동의어가 존재하는 경우에는 이탈리아어 동의어의 성을 따르는 것이 보통이다. *hobby, week-end, relax*의 이탈리아어 동의어들은 각각 *passatempo, fine-settimana, riposo* 등으로 모두 남성성을 가진 명사들이므로, 남성정관사가 각 단어의 앞에 *lo hobby, il week-end, il relax*처럼 나타날 수 있지만 *hall, mail, disco-music*과 같은 단어의 이탈리아어의 동의어들은 각각 *sala, posta, disco-musica* 등으로 여성성을 가진 명사들이므로 여성성이 부여되어 각 단어의 앞에 *la* *disco-music, la mail, la disco-music*처럼 여성정관사가 동반될 수 있다.

영어어법의 형태적 통합에는 형태론적 어형성 규칙인 파생(derivazioni)과 합성(composizioni)이 중요하다. 왜냐하면 차용된 어휘가 사용되는 과정에서 이탈리아어처럼 통합되고 정착되어 더 이상 외래어로 인식되지 않게 되는데 이 과정에서 중요하게 작동하는 것이 바로 파생과 합성이기 때문이다.

이탈리아어에 존재하는 *barista, softwarista, folkloristico, golfistico, brokeraggio, killeraggio* 등은 영어차용어에 이탈리아어의 생산적인 접미사인 명사화 접미사 *-ista*, 형용사화 접미사 *-istico*, 명사화 접미사 *-aggio*가 첨가되어 이탈리어에 통합된 경우이다. 또한 영어단어들은 자음으로 끝나는 경우가 많아 모음으로 끝나는 이탈리아어 단어들과 대조를 이루기 때문에 영어어법의 차용어들의 끝 자음을 반복하여 동사형어미인 *-are*를 첨가하여 통합한다. *stop, format, snob, film* 등이 *stoppare, formattare, snobbare* 등이 그 예이다. 접미사를 통해 파생어를 만들어내는 어형성 방법은 영어나 이탈리아어에서 모두 단어의 핵이 오른쪽(testa a destra)에 첨가되는 방식이므로 그 유형이 같다. 따라서 *snob*이 이탈리아어에 유입되어 *snobismo, snobista, snobistico, snobbare* 등 파생은 영어어법의 통합에 효과적인 방법이라고 할 수 있다.

영어어법 차용어들의 합성을 통한 통합은 이중적으로 나타나기 때문에 혼합 합성어(composti misti)라고도 한다. 이는 영어 합성어에서 중심어, 즉 핵이 되는 요소가 보통은 오른쪽에 있는 경우를 그대로 따르는 경우와 이탈리아어에서는 대조적으로 왼쪽 요소가 핵어가 되므로 합성어를 형성할 때 보통 왼쪽에 핵어가 위치한다. 따라서 *pensione baby*는 이탈리아어 유형이며 *baby pensionato*는 영어어법의 유형이 된다. 그러나 일반적으로는 *talk-show, best-seller, blue-jeans, new-wave*처럼 영어어법의 합성어는 마치 한 단어가 유입되는 것처럼 이탈리아어에 통합된다.

하나의 언어가 다른 언어로 전이되는 과정에서 의미적 통합과정은 필수적으로 일어난다. 한 어휘가 가진 다의성은 다른 언어에 차용되면서 상실되어 분명하고 투명한 단일의미만으로 사용되는 것이 일반적이다. 예를 들어 영어 *star*는 '유명인, 별, 주연, 인기 배우, 항성, 별모양의 것'이라는 여러 뜻이 있지만, 이탈리아어에서는 인기인이나 유명인만을 가리키며 *gang*은 '갱단, 범죄조직'외에도 '무리', '그룹'이라는 뜻도 있지만, 이탈리아어에서는 '갱단, 조직폭력 단체의 일원'으로만 사용된다. 또한 여러 가지 의미를 지닌 *business*는 이탈리아어에서는 오직 수익을 내는 상업 활동에만 국한하여 사용한다. 마지막으로 영어 *record*가 이탈리아에 처음 유입되었을 때에는 '기재, 등록, 기록'이라는 의미로 전자나 정보 분야에서 사용되어졌으나 최근에는 '스포츠 혹은 활동 분야에서 얻어낸 최고 혹은 최대의 결과'라는 의미로만 사용된다.

정리하면, 새로운 창조물이나 개념을 지칭하기 위한 표현적 필요 혹은 영어의 재평가된 위상의 결과로 이탈리아에 영어어법이 차용되어지며 이 후 이탈리아어 내 대중매체 수단을 통하여 언론이나 일반 언중들에게 전파, 그리고 다양한 언어학적 다양성을 통해 확산되는 통합의 과정을 거치면서 원래 가지고 있던 다의성을 상실하여 분명하고 단일한 의미로 변화되거나 은유적 의미가 새롭게 추가되어 원래의 뜻보다 더 그 의미가 확장되면서 결국에는 대체 불가능한 이탈리아어 어휘가 된다.[17)]

1) 국내에서는 이탈리아어 혹은 이태리어를 혼용해서 사용하고 있다. 이탈리아어는 원음을, 이태리어는 영어발음을 차용해서 표기한 것이다.

2) <이탈리아어로 된 차 브랜드명의 예>

<table>
<tr><td rowspan="11">차 브랜드명</td><td>베르나(Verna)</td><td>청춘, 열정</td></tr>
<tr><td>레조(Rezzo)</td><td>미풍, 산들바람. 도심생활에 지친 현대인들에게 안락함을 느낄 수 있는 공간을 제공하는 차의 의미</td></tr>
<tr><td>포르테(Forte)</td><td>세게, 강하게</td></tr>
<tr><td>소나타(Sonata)</td><td>피아노 독주곡 4악장 형식의 악곡. 혁신적인 성능, 기술, 가격을 이룩한 종합예술의 차의 의미</td></tr>
<tr><td>리베로(Libero)</td><td>자유로움, 능동성</td></tr>
<tr><td>프레스토(Presto)</td><td>음악용어로 "빠르게". 예술적인 우아함을 지니고 세계시장을 빠르게 석권하겠다는 자신과 의지를 표현</td></tr>
<tr><td>투스카니(Tuscani)</td><td>이탈리아 중부에 위치한 지방의 명칭. 르네상스의 탄생지이면서 예술과 문화의 보고인 곳. 영어 Tuscany에서 마지막 모음 y를 발음이 같은 i로 대체하여 만든 것으로 이탈리아어명으로는 Toscana(토스카나)임</td></tr>
<tr><td>레간자(Leganza)</td><td>Elegante(우아함) + Forza(파워)의 이태리어 합성어. 소리없이 우아한 파워를 지닌 차</td></tr>
<tr><td>라 비타(La vita)</td><td>삶, 일상, 생활. 풍요로운 삶을 의미</td></tr>
<tr><td>티볼리(Tivoli)</td><td>로마에서 북동쪽으로 약 40km 떨어져 있는 지역으로 고대 로마 귀족들의 별장이 있었으며, 르네상스 시대 부유층들의 피서지로 알려진 전원 도시</td></tr>
<tr><td>소렌토(Sorento)</td><td>원래 이탈리아어로는 r가 두 개로 Sorrento. 나폴리 근처의 도시로, 예전부터 나폴리와 인접한 해안 휴양지로 명성이 높음</td></tr>
</table>

3) 식물의 줄기를 가리키는 그리스어 '티르소스(thyrsos)'에서 유래했으며, 르네상스 시대에 발굴된 고전 조각상은 팔다리가 없는 채로 발견되었지만, 불완전한 몸체만으로도 절대적인 명성을 얻었다. 그러나 인체의 중요한 부분이 그 자체만으로 미적 가치를 가질 수 있다는 생각은 19세기까지 일반화되지 않았기 때문에 르네상스 조각가들은 잃어버린 부분을 더하여 작품들을 재구성하고자 했다. 로댕은 "논 피니토(non finito: 미완성)"라는 일종의 낭만주의적 효과를 위해 토르소를 사용했으며, 마욜은 고도

로 농축된 조각적 형태로서 토르소를 제작 대상으로 선택했다. 토르소는 인체 표현으로서가 아니라 형태로 간주되어 그 자체만으로 완전한 것이라고 여겨졌다(브리태니커 백과사전).

4) 로만슈어는 독일어, 이탈리아어, 프랑스어와 함께 스위스에서 쓰이는 네 가지 언어 중 하나이다. 헌법에 의해 국어의 지위는 확보하고 있으나, 공용어로서의 지위는 제한적이다. 스위스 전체 인구의 약 0.9%에 해당하는 3.5만 명이 사용하며 사용인구의 대부분이 고령층이어서 사멸의 위기에 처해 있다. 사용지역은 스위스 유일의 3개 공용어 사용지역인 그라우뷘덴 주이다. 로만슈어는 통합된 언어가 아니라 여러 통합되지 않은 동계방언들의 집합적인 명칭으로 1982년 취리히의 언어학자인 하인리히 슈미트가 표준어인 로만슈 그리슌(Rumantsch Grischun)을 만들었으나, 로만슈어의 모든 방언 사용자들의 지지를 얻지 못하였다. 그들은 그들 지역에서는 각 개별방언을 사용하며 다른 방언 사용자들끼리는 독일어를 사용하여 대화하고 있다.

5) 크로아티아어로 Istarska županija, 슬로베니아, 크로아티아, 이탈리아 3개국이 점유하고 있는 아드리아 해 인근 이스트라 반도에 위치하며 크로아티아 관할이다.

6) 이장의 내용은 "현대 이탈리아의 형성과 발전 연구, 최보선, 연구논문집, 대구가톨릭대학교, 1991: 99~114"와 "공통이태리어의 형성, 이탈리아어문학 6, 한국이탈리아어문학회, 2000: 179~202"를 많은 부분 참고하였음을 밝혀둔다.

7) 링구아 프랑카는 서로 다른 모어를 사용하는 화자들이 의사소통을 하기 위해 공통어로 사용하는 제3의 언어(때로는 한 집단의 모어)를 말하며 국가나 단체에서 공식적으로 정한 언어를 뜻하는 공용어와는 다른 개념이다. 또한 특정 언어를 지칭하는 표현이 아니라, 언어 가교의 기능을 수행하는 언어들을 통칭하는 표현으로 학술, 상업 등의 특정 분야에서 널리 사용되는 언어라는 뜻으로 사용되기도 한다.

8) 예외는 보통 이중자음의 경우에 많이 나타난다. 예를 들어, 'gl'는 보통 [l]

발음으로 실현되어 luglio, giglio, egli 같은 경우에 룰리오, 질리오, 엘리 등으로 발음된다. 'gn'은 뒤에 모음이 올 때 비음을 나타내어 montagna, ogni, signore 등은 몬타냐, 온니, 시뇨레 로 발음된다. 'sc'는 모음 e, i를 제외한 모든 모음과 자음 앞에서 '[sk], 스크'로, 모음 e, i 앞에서는 '[ʃi], 쉬'로 발음된다. 따라서 scala, scuola, oscuro 는 "스칼라, 스쿠올라, 오스쿠로"가 되며, scena, crescendo 등은 "쉐나, 크레쉔도"로 발음된다.

9) 이탈리아어는 대략 85%의 규칙동사와 15% 내외의 불규칙 동사로 이루어져 있다. 규칙동사는 -are, -ere, -ire 부분을 제외한 어근에 각각의 활용어미를 연결시켜 변화하지만 불규칙동사는 어근과 활용어미가 불규칙적인 변화를 취하며 독자적으로 변화한다.

10) 이탈리아어 품사는 9개로 이 가운데 명사, 형용사, 관사, 대명사 및 동사는 변화하고 부사, 접속사, 전치사, 감탄사는 변화하지 않는다.

11) 1861년 이탈리아가 통일될 당시 문맹률은 80%에 달했으며 1970년까지 취학 연령의 60%가 학교교육을 받았음에도 불구하고 이탈리아어를 구사할 수 없었는데 이는 의무교육으로서의 초등교육이 표준어를 제대로 구사하지 못했던 교사들의 방언으로 진행되었기 때문이었다. 1900년대 초에는 이탈리아 전 지역에서 징집된 의무군대, 산업행정의 발달로 인한 내부 이주로 상황이 조금 호전되어 문맹률이 38%로 줄어든다(조문환, 2000: 194).

12) 대표적인 이탈리아어 방언들의 특징은 아래와 같다(https://it.wikipedia.org/wiki/Dialetto#In_Italia, 2015년 10월 14일 검색).

나폴리어(나폴리어: nnapulitano, 이탈리아어: napoletano): 캄파니아 주의 나폴리를 중심으로 하여 바질리카타 주, 칼라브리아 주 등 시칠리아를 제외한 남부 이탈리아에서 사용되는 로망스어이다. 화자수는 대략 750만 명이다. 나폴리어라는 언어명은 과거 이 지역이 나폴리 왕국이라는 하나의 정치단위로 묶였기 때문이다. 나폴리어와 표준 이탈리아어 화자 간에는 상호의사소통이 되며 문법성에 중성이 있고 복수를 만드는 방법에서 몇 가지 차이점이 있다. 라틴어 이전에 이탈리아 반도에 있던 오스칸어의 영향과 이탈리아 남부는 역사적으로 그리스의 영향을 받았기 때문에 그리스어로부터도 영향을 받았으며 문학, 음악, 연극 등에 쓰인 적도 있다. 현재 나폴리어는 법적 지위가 없기 때문에 학교교육에서 가르치지 않지만 나폴리어의 공적 지위를 인정받으려는 노력은 이어지고 있다.

롬바르디아어(서부 롬바르디아어: Lombard/Lumbaart, 동부 롬바르디아어: Lombard): 갈리아이탈리아어에 속한 언어로 이탈리아 북부(롬바르디아 주 대부분과 이웃한 피에몬테 주 동부)와 스위스 남부(티치노 주, 그라우뷘덴 주)에서 사용한다. 같은 지역에서 6세기경 사용된 게르만어파의 랑고바르드어와 혼동되기도 하지만 별개의 언어이다.

리구리아어(Lìgure): 로망스어 계통의 언어로, 주로 북 이탈리아의 리구리아지역과 프랑스의 지중해 연안 일부와 모나코에서도 사용된다. 리구리아 지역의 중심도시인 제노바에서 말해지는 제노바어(Zenéize)는 잘 알려진 리구리아어의 방언이다. 이 언어는 최근 이탈리아어의 영향으로 사용자 수가 줄어들고 있으나 나이든 사람들 사이에서 아직까지 넓게 쓰이고 있다. 회자수는 대략 1,920,848명으로 추정된다.

베네토어(Vèneto): 주로 이탈리아 베네토 주에서 사용되는 로망스어 계열의 언어이다. 이탈리아 밖에서는 지리적으로 가까운 크로아티아, 슬로베니아 등에서도 일부 쓰인다. 보통 이탈리아 국내에서는 이탈리아어 방언으로 다루나 표준 이탈리아어와는 여러 가지 차이가 있다. 2007년 3월 28일에는 베네토 주의회에서 베네토어(Łéngua Vèneta)의 공적 사용을 인정하는 법안이 가결되기도 하였다. 베네토어 이외에 표준 이탈리아어의 베네토 방언은 따로 있으며, 기원전 6세기 무렵 인도유럽어계통의 베네티카어라는 언어가 현재의 베네토 지역에서 사용된 바 있는데 이 언어와도 직접 관련은 없다.

사르데냐어(Sardu): 이탈리아의 사르데냐 섬에서 쓰이는 로망스어로, 회자수는 약 250만 명이다. 음운 면에서 로망스어 가운데 가장 보수적으로 옛 라틴어에 가장 가까운 언어로 여겨진다.

프리울리어(Furlan): 이탈리아 북동부 프리울리 지방에서 사용되는 언어로 약 800,000명에 달하는 화자가 사용하며 레토로망스어에 속해 있는 언어 가운데 가장 많은 인구가 사용하는 언어이다. 라딘어와 같은 뿌리를 두고 있기 때문에 종종 동라딘어라고 부르기도 하지만 수 세기 동안 독일어, 이탈리아어, 베네치아어, 슬로베니아어 등 이웃 언어의 영향을 받으면서 라딘어와는 전혀 다른 언어가 되었다. 문헌에 처음 등장한 시기는 11세기이며 시, 문학 작품이 처음 등장한 시기는 1300년이다.

에밀리아로마냐어(emiliàn-rumagnòl): 이탈리아 에밀리아로마냐 주에서 사용되는 언어이다. 에밀리아어와 로마냐어로 나눌 수 있다.

라딘어(Ladin): 이탈리아 돌로미티 산악 지대에서 사용되는 언어이다. 이탈리아 벨루노, 볼차노, 트렌토 지방에서 널리 사용되고 있으며, 로만슈어, 프리울리어와 밀접한 관련이 있다.

알레만어(alemanno): 인도유럽어족으로 게르만어파에 속한다. 발레다오스타 주와 북부 피에몬테 주에서 약 100만 명 정도의 화자가 있다.

오크어(Lenga d'òc): 프랑스의 루아르 강 남부(6개 레지옹과 23개 데파르트망)에서 사용되는 언어로 이탈리아 알프스지역 계곡의 발레다오스타 주와 칼라브리아 주의 소규모 공동체, 그리고 스페인의 아란 계곡(Val d'Aran)에서도 쓰인다.

13) 이 장은 "이탈리아어 통신언어의 언어학적 특징 연구, 이탈리아어문학 39, 한국이탈리아어문학회, 2013, pp.1~26"의 내용을 발췌하여 정리한 것임을 밝혀둔다. 보다 자세한 내용은 해당 논문을 참고하기 바란다.

14) 이 장은 "이탈리아어에 차용된 영어어법의 유형과 수용양상, 지중해지역연구 17, 부산외대 지중해연구소, 2015, pp. 1~27"의 내용을 발췌하여 정리한 것이다. 보다 자세한 내용은 해당 논문을 참고하기 바란다.

15) Dardano & Trifone, *Grammatica italiana con nozioni di linguistica*, Zanichelli, Bologna, 1995, p. 639.

16) Dardano & Trifone, 같은책, p. 640.

17) 이탈리아어에 영어 유입은 단순한 외래어법(forestierismi)의 양적인 문

제가 아닌, 전문 기술 분야에서 일상생활에까지 특히 젊은이들의 언어생활에 막대한 영향을 미치고 있으므로 많은 학자들의 관심의 대상이 되어왔다. 이러한 영어차용을 바라보는 이탈리아어 학자들의 태도는 크게 둘로 나뉜다. 영어차용은 이탈리아어를 오염시키며 그 원형적 특징을 훼손하는 불순한 것으로 간주하는 시각과 학문과 과학 분야의 급속한 발전을 담아내지 못하는 이탈리아어의 어휘체계를 보완해주고 이탈리아어를 더욱 풍성하게 해준다는 긍정적 시각이 공존한다. 점점 더 증가하고 있는 영어차용의 문제해결을 위해서는 자국어의 규정에 대한 폭넓은 인식과 개인과 기관의 자각 있는 태도를 통해서만 궁극적으로 해결할 수 있을 것이다.

제3장
문학과 이탈리아

by 이소영

요즘 우리 사회는 이른바 '인문학 부활'의 시대를 살고 있다. 일상의 모든 것이 LTE급으로 빨라진 이 디지털 시대에 기술이 발전할수록 인간의 삶이 점점 메마르고 공허해지고 있다고 많은 사람들은 느끼고 있다. 인문학과 교양의 중요성이 환기되고 각종 인문학 강의가 부활하고 있는 현상은 물질적 풍요가 상쇄해주지 못하는 정신적 빈곤에 대한 인식과 반성에서 나온 것으로 이러한 삶의 공허함에 대한 처절한 몸부림에 다름 아니다. 인간의 삶과 정신을 총체적으로 반영하는 동시에 보다 고귀한 가치를 향한 인간의 본성을 일깨워주는 문학과 교양에서 기술이 가져다주지 못하는 정신적 풍요와 참된 '인간성'을 찾고자 하는 절박함에서 나온 사회 현상인 것이다.

문학은 사회가 발현할 수 있는 가장 고차원적인 인간 정신의 표현방식 중 하나이다. 인간 사회와 그 사회를 구성하는 사람들의 문화를 이해하기 위해서는 문학을 이야기하지 않을 수 없다. 문학을 통해 시대를 바라보고 당대 사람들의 생활과 사고방식을 이해할 수 있으며 그들과 함께 호흡을 나눌 수 있기 때문이다.

문학과 이탈리아 장은 이탈리아 문학을 그 기원에서 출발하여 인문주의와 르네상스가 꽃핀 1500년대 문학에 이르기까지 이탈리아 문학사상 중요한 방점을 찍은 인물들을 중심으로 조감하면서 그들을 통해 당대 이탈리아 사람들의 삶과 문화 속으로 들어가 보려는 시도이다. 이는 인간의 사회와 역사의 바탕에 내재한 자율적 의지의 주체로서의 인간중심적 세계관이 발현된 인문주의와 이를 바탕으로 자유롭고 호기심 가득한 새로운 시대정신과 철학을 찬란한 문화의 꽃으로 피워낸 르네상스 시기의 인물들을 문학적으로 조망함으로써 현대 디지털 시대의 메마르고 고독한 방랑자들이 찾아 헤매는 '인문주의적' 해답의 실마리를 찾고자 하는 노력이다.

1. 이탈리아 문학의 기원

1.1 고전 라틴어에서 이탈리아 속어로의 이행

라틴어는 기원전 8세기경 이탈리아의 라치오 지방에서 생겨나 고대 로마와 로마제국의 정복으로 인해 확장된 로마제국 전 영토로 널리 퍼져나가 제국의 공식 언어로 사용되었다. 그러나 실질적으로 라틴어는 글로 쓰는 문어와 말해지는 구어 사이에 차이가 있었으며 그 간극은 시간이 갈수록 점점 더 벌어졌다.

로마제국의 영토에 편입된 각 지방에서 원래 사용되던 기층 언어(substrato), 즉 그 동네 말이 멀리서 건너온 라틴어와 섞여 구어 라틴어가 되고, 순수한 문학어의 표준이었던 고전 라틴어와는 점점 더 멀어지면서 새로운 언어들을 만들어내게 되는데 로망스어가 바로 그것이다. 로망스어는 결국 말해지는 구어 라틴어로부터 발전한 것이다.

476년 서로마제국의 몰락과 더불어 라틴어의 해체와 속어로의 발전 과정은 급속히 진행되었다. 로마제국이라는 정치적 통합이 가져왔던 방대한 제국 영토의 언어적 통합은 5세기 게르만족의 로마 제국 침입과 더불어 라틴어로의 게르만어 유입을 빠르게 확장시켰고, 아프리카, 중북부 유럽, 발칸반도와 영국 등 로마 제국의 변방 지역에서 라틴어는 서서히 소멸되어갔다. 결국 언어적 통합이 아직 굳건했던 나머지 로마제국의 영토들에서 라틴어는 지역별로 다양한 로망스어들로 발전하여 이탈리아어, 스페인어, 카탈루냐어, 포르투갈어, 프랑스어, 루마니아어 등으로 진화하게 된다. 이러한 로망스어들도 복잡다단한 지리적·정치적 이유로 여러 속어로 분화, 발전하였고, 더 세부적으로 지역 방언으로 나뉘게 된다. 예컨대, 이탈리아 속어라고 부르는 말은 움브리아 속어나 피렌체 속어 등 이탈리아 각 지역에서 사용되는 속어를 통틀어 일컫는 말이다. 현대 이탈리아어에서는 표준어인 이탈리아어에 대해 각 지방의 고유한 문화를 담고 있는 방언들이 천차만별인 모습으로 우리를 놀라게 한다. 사르데냐어, 시칠리아어, 베네토·프리울리 지방 방언 등은 우리나라의 제주도 방언이 무색할 정도로 독특하게 발전하여 이탈리아 사람들 조차도 도무지 알아듣기 힘들어한다.

로망스어가 지역별로 발전한 속어(lingua volgare)는 민중(popolo)이란 뜻의 라틴어 '불구스*vulgus*'에서 나온 말로 실질적으로 대다수의 민중이 쓰는 이 속어는 수 세기 동안 단지 말로서만 사용되었고 라틴어가 여전히 글로 쓰는 공식어였다. 라틴어는 중세에 이르러 지식인들과 학자들의 전유물이 되어버렸지만 속어는 국민대중이 말하는 언어였던 것이다. 결국 라틴어에서 나온 이탈로 로망스어가 발전한 이탈리아 속어가 문학에 등장하기까지는 오랜 시간이 걸렸다.

1.2 이탈리아 문학의 기원

8세기 이후로 정치, 행정, 무역 등 실무적 분야에서 이탈리아 속어로 된 문헌들이 나오기는 하지만 문학 텍스트에서도 폭넓게 속어 작품들이 등장하는 것은 12세기 말과 13세기에 접어들면서였다. 이 시기에 궁정문학과 민중문학(letteratura popolare), 그리고 종교문학으로 일컬어지는 속어로 된 작품들이 나왔다.

이탈리아 문학의 기원을 말할 때 프랑스 문학, 특히 프로방스 문학의 영향을 빼놓을 수 없다. 프랑스 남부와 프로방스 지방에서 사용되던 오크(oc)어로 쓰인 애정시가 바로 그것이다. 프랑스 중북부의 오일(oil)어가 프랑스 민족어로 발전하면서 아더 왕과 원탁의 기사 이야기를 소재로 한 무훈시, 그리고 샤를 마뉴와 그를 둘러싼 영웅이야기를 그린 기사문학을 남긴 반면, 오크어는 12세기에 군주를 상징하는 고귀한 여인에 대한 사랑을 노래한 애정시를 널리 퍼뜨리며 이탈리아 문학의 기원에 지대한 영향을 미쳤다. 이 프로방스 애정시를 쓰고 노래한 프랑스 음유시인들은 이탈리아 북부와 시칠리아왕국 페데리코 2세의 궁전에 대거 유입되면서 프랑스 궁정문학을 이탈리아 궁정문학으로 이식했고, 나아가 이른바 '시칠리아 학파'를 형성하는 데 큰 영향을 끼쳤다. 이탈리아 시인들은 이 프로방스 음유시인들의 애정시 모티브를 따와 자신들의 속어로 작품을 썼다.

민중문학은 글자를 모르던 대다수의 민중이 쉽게 이해할 수 있도록 말로 들려주던 구전 문학 작품들이 주를 이루었다. 보통 광대나 이야기꾼들이 자작곡이나 유명한 시인들의 작품을 사람들이 많이 모이는 광장에서 암송한 것인데, 들어서 외우기 쉽게 귀에 쏙쏙 들어오는 운율과 함께 생생한 현장감과 집중력을 높일 수 있는 대화체가 특징이었다. 때로 간단한 현악기나 타악기를 동원한 배경음악까지 갖추어 우리나라의 판소리나 마당극과 비슷한 장면을 연출했다. 나중에 이 민중문학은 15,6세기 르네상스기에 크게 유행한 영웅서사시로 발전하게 된다.

한편, 수도원을 중심으로 발전한 종교문학은 프란체스코 수도회나 도미니크 수도회 등 새로운 가톨릭 종파들의 등장과 더불어 크게 발전하였다. 라틴어를 잘 알았던 가톨릭 성직자들은 고전 라틴어로 쓰인 텍스트를 이해할 수 있었으며 이 라틴어 원전들을 보존하고 필사하여 후대에 전할 수 있었다. 중세의 성직자는 교리 문헌들 외에도 비르질리우스나 호라티우스, 키케로나 세네카의 찬란한 라틴어 문장들을 접하고 감동하며 정신적 고양을 이룰 수 있었던 당대 최고의 지식인이었다. 교회는 라틴어로 쓰인 원전들을 보존하고 필사하는 중요한 기능을 담당함과 동시에 가톨릭 교리를 일반 신도들에게 전파하는 과정에서 속어의 발전을 촉진시킨 결과를 가져왔다. 사제는 속어 밖에 모르는 일반 신도들에게 더 이상 라틴어로 교리를 설명할 수 없었다. 813년에 열린 투르 공의회는 이러한 사정을 잘 보여준다. 이 공의회에서 주교들은 각 지방의 사제들이 더 이상 신도들이 이해하지 못하는 라틴어가 아니라 해당 지역의 속어로 설교할 것을 결정한 것이었다.[1)]

속어의 발전과 더불어, 딱딱한 교리를 감성적 속어 시로 풀어 종교적 메시지를 전달하는 종교 문학의 출현은 이렇듯 자연스런 것이었고, 이탈리아 문학의 기원에 중요한 자리를 차지하고 있다.

일반 신도들에게 속어로 종교적 메시지를 전달하려는 수도사들의 선두에 바로 성 프란체스코 다씨시(Francesco d'Assisi)가 서 있었다.

1.3 민중 속으로 걸어 들어간 탁발 수사, 성 프란체스코 다씨시

프란체스코 베르나르도네는 이탈리아 중부 움브리아 지방 도시 아씨시에서 1182년 부유한 상인의 집안에서 태어났다. 수완 좋은 직물 상인으로 프랑스를 오가며 국제 무역에도 능했던 아버지 피에트로 베르나르도네는 당시 부상하던 신흥 시민 계급의 전형적 인물이었다. 도시와 상업이 발달하면서 출현한 신흥 시민 계급은 봉건 영주와 충돌하면서 사회적 갈등을 불러일으켰고, 프란체스코가 열여섯 살이 되던 1198년 새로운 교황 인노켄티우스 3세가 즉위하자 아씨시의 시민들은 봉기를 일으켰다. 이 투쟁에서 아씨시는 자유를 쟁취하여 봉건영주들의 속박에서 벗어났고, 아버지 베르나르도네의 사업도 승승장구하면서 신흥시민계급이 주도하는 새로운 시대의 유력한 상업자본가로 명성을 더해갔다. 어릴 적 프란체스코는 세례자 요한(Giovanni Battista)에서 따온 조반니(Giovanni)란 이름으로 세례를 받았으나, 아버지 피에트로는 자신에게 부를 안겨다 준 프랑스를 기리는 뜻에서 아들의 이름을 프란체스코로 바꾸었다. 2013년 콘클라베를 통해 교황으로 선출된 베르골리오 추기경은 교황으로서의 자신의 이름을 교회사상 처음으로 아씨시의 프란체스코 성인의 이름을 따서 프란치스코(이탈리아어로는 프란체스코)라 정했다.

부잣집 아들로 쾌활한 성격의 프란체스코는 물질적 풍요를 마음껏 누리며 성장했는데, 스무 살 젊은 나이에 인생의 전기를 맞이하게 된다. 1202년에 인근의 경쟁 도시 페루지아와 아씨시의 콜레스트라다 전투에 참가한 프란체스코가 아씨시가 패함과 동시에 포로로 잡혀 감옥에 1년 남짓 갇혀있게 된 것이다. 결국 아버지가 거금의 몸값을 지불한 덕에 프란체스코는 감옥에서 풀려나지만 병들고 지친 몸으로 집으로 돌아왔다. 그는 산책과 명상을 하며 점차 건강을 회복하면서 자연에 대한 남다른 사랑과 신이 만든 피조물로서의 자연을 따뜻한 시선으로 바라보기 시작한다.

프란체스코가 회개하게 된 경위는 명확하게 밝혀지지 않았지만, 1205년 경 예루살렘을 향한 십자군 원정에 참여하기 위해 길을 나선 뒤, 아씨시에서 그리 멀지 않은 스폴레토에서 신의 목소리를 듣는 환청을 경험하게 되고 영적으로 완전히 새로 거듭났다고 한다. 종을 따라가는 것과 주인을 따라가는 것 둘 중에 무엇이 더 중요하냐고 묻는 신비한 목소리에 주인을 따르는 것이라고 프란체스코가 답하자 그렇다면 왜 주인을 버리고 종을 따라가느냐는 반문을 듣고 고향 아씨시로 돌아오게 되었다는 저 유명한 에피소드가 바로 그것이다. 그 후로도 프란체스코는 여러 번 하느님의 목소리를 듣는 신비한 신앙체험을 하게 되면서 평생을 겸손하고 청빈한 삶을 통해 온전히 자신을 신에게 바치는 삶을 선택하게 된다. 자신이 가진 부와 모든 것을 버리고 가난과 결혼하여 철저하게 무소유의 삶을 지향하면서 마음속에 가득한 연민과 사랑으로 가난한 사람들과 병자들, 나환자들 등 사회적 약자들을 돌보았다.

저 유명한 <피조물의 노래*Cantico delle creature*>에는 이러한 청빈과 겸손, 이 세상의 모든 피조물에 대한 사랑을 키워드로 하는 그의 정신이 온전히 녹아있다.

<피조물의 노래>
지극히 높으시고 전능하시고 선하신 하느님,
찬미와 영광과 명예와 모든 축복이 당신의 것이고
그것들은 지극히 높으신 분이여, 당신께만 속하오니
그 누구도 감히 당신의 이름을 부르지 못하오리다.

내 주님, 당신의 모든 피조물과
그 중에도 특히 형제 태양과 더불어 찬미 받으소서.
태양은 우리를 비추고, 그를 통해 당신은 우리를 비추시나이다.
태양은 휘황한 광채로 눈부시고 아름다우며,
지극히 높으신 분이여, 당신의 상징을 지니나이다.

내 주님, 달 자매와 별들을 통하여 찬미 받으소서.
빛나고 보석같이 어여쁜 저들을 하늘에 창조하셨나니.

내 주님, 바람 형제를 통하여
그리고 공기와 구름과 청명함과
모든 날씨의 변화를 통하여 찬미 받으소서.
저들을 통하여 당신의 피조물들에 자양분을 주시나이다.

내 주님, 유용하고 겸손하며 보배롭고 순결한 자매,
물을 통하여 찬미 받으소서.

내 주님, 형제 불을 통하여 찬미 받으소서.
그를 통해 당신은 밤을 환히 밝혀주시나이다.
형제 불은 아름답고 쾌활하고 씩씩하고 힘차나이다.

내 주님, 우리의 자매요 어머니인
대지를 통하여 찬미 받으소서.
대지는 우리를 부양하고 다스리며 오색찬란한 꽃들과
풀들과 온갖 과일을 생산해 주나이다.

내 주님, 당신의 사랑으로 용서하는 이들,
질병과 고난을 견뎌 내는 이들을 통하여
찬미 받으소서.
복되도다, 평화안에서 이를 견디는 이들이여,
지극히 높으신 당신께 면류관을 받으리니.

내 주님,
우리의 자매인 육신의 죽음을 통하여 찬미 받으소서.
그 어떤 사람도 이를 피할 수 없나이다.
대죄 중에 죽는 이들에게 화가 가리니,

복되도다, 당신의 지극히 거룩한 뜻 안에서
죽음을 맞이할 이들이여,
두 번째 죽음이 저들을 해치지 못하리니.

내 주님을 찬미하고 축복하라.
겸손을 다하여 주님께 감사하고 주님을 섬길지어다.

움브리아 속어로 쓴 이 작품은 <태양 형제의 찬가*Cantico di frate Sole*>라고도 불리는데 속어로 쓴 최초의 문학텍스트로서 매우 중요한 작품이다. 그가 선종하기 2년 전인 1224년 눈병으로 고생하던 와중에 쓴 이 작품은 다른 여타의 설명 없이도 명료하게 이해되는 간결하고 진실한 언어로 독자의 심금을 울린다. 시의 전반부에서는 전지전능한 하느님을 찬미하고 하느님의 피조물인 태양으로부터 달과 별들, 4원소인 공기, 물, 불과 땅을 찬미하며 모든 피조물들의 아름다움과 선함, 긍정적인 밝음을 노래하고 후반부로 가면 하느님의 성스러운 의지가 육신의 죽음을 통해 영혼의 구원에 이르게 하므로 죽음마저 두려움이 아니라 찬미의 대상임을 노래한다. 다 같은 하느님의 피조물인 인간과 자연의 아름다운 조화와 삶과 죽음을 긍정적으로 바라보는 낙관주의적 태도가 전반에 흐르는 이 시는 담담하고도 호소력 짙은 어조로 사랑과 용서 그리고 겸손한 삶으로 사람들을 소환한다. 아마 이 시를 읽는 오늘날의 독자도 성 프란체스코의 이러한 소환에 응하지 않을 수 없을 것 같은 강한 힘이 이 시를 최초이면서도 최고의 속어 시 작품으로 만드는 것이다.

사람들을 교회로 불러들이는 기존의 방식과 달리 프란체스코는 가가호호 탁발하며 사람들 속으로 직접 걸어 들어가 속어로 설교하는 독특한 방식을 취했다. 이러한 소통과 교감을 통한 혁신적 방식의 설교는 그 어떤 교단보다도 빨리 사람들 속으로 퍼져나가 수많은 신도를 얻었으며 1209년에 교황 인노켄티우스 3세로부터 첫 인가를 받았고, 1223년에 교황 호노리우스 3세로부터 종단의 최종 승인을 받았다.

가난을 사랑하는 여인 삼아 평생을 가난한 자들과 병자들, 소외된 이웃의 곁에서 철저한 무소유의 원칙을 지켜 청빈하고 금욕적인 삶을 산 프란체스코의 삶과 정신에 대하여 단테는 『신곡』, 천국편 제 11곡에서 "그 분의 놀라운 삶은 천국의 영광 속에서 더욱 더 노래될 것"[2)]이라고 칭송하고 있다.

2. 세계의 경이, 페데리코 2세

2.1 세계의 경이라 불린 사나이

페데리코 2세는 1194년 이탈리아 마르케 주 예시(Jesi)에서, 신성로마제국의 황제였던 아버지 하인리히 6세 그리고 남부 이탈리아의 노르만 왕조의 왕녀였던 어머니 콘스탄차에게서 태어난 호엔슈타우펜 왕조 출신의 군주이다. 11세기에 나폴리와 시칠리아는 북방의 노르만인들에게 정복되었는데, 페데리코 2세는 할아버지였던 붉은 수염의 황제 프리드리히 1세를 거쳐 아버지 하인리히 6세를 통해 신성로마제국 황제의 지위를 물려받았고 어머니 콘스탄차를 통해 나폴리·시칠리아 왕의 지위를 물려받았다. 이렇듯 막강한 출생 배경을 등에 업고 권좌에 오른 페데리코 2세는 관료제도와 법제의 정비를 통하여 강력한 중앙집권체제를 마련함으로써 1200년대 초반 이탈리아 남부 지방과 시칠리아를 유럽 최초로 근대국가라 부를 만한 수준에 올려놓았다. 문학과 예술을 사랑한 황제는 전 유럽에서 시인과 철학자, 지식인들을 불러들여 시칠리아의 팔레르모 궁전을 당대 최고의 문화와 문학의 도시로 키워냈으며 1224년에는 나폴리 대학을 설립했다. 열정적이고 호방한 성격의 소유자였던 페데리코 2세는 자유분방하고 개방적이며 융통성 있는 절충주의적 문화정책을 펼쳐 비잔틴 제국 및 아랍 이슬람과도 상업적·문화적 교류를 활발히 하였다. 그는 이탈리아어, 독일어뿐만 아니라 불어, 라틴어, 그리스어, 아랍어 등 여러 외국어에 능통했으며 문학과 철학, 천문학, 과학에도 관심과 조예가 깊어 '세계의 경이*Stupor mundi*'라 불리었다.[3] 페데리코 2세는 명실공히 당대 최고의 권력자인 동시에 당대 최고의 지식인이었던 것이다.

2.2 시칠리아 학파

문학과 예술에 대한 남다른 안목과 열정, 자신감과 추진력으로 무장한 페데리코 2세의 궁정에는 당대의 지식인과 문인들이 몰려들었다. 그리스와 아랍의 철학자, 자연과학자, 천문학자들은 화려한 팔레르모 궁정에서 학문을 토론하고 지식을 교류했으며, 프로방스 애정시를 모방한 시작(詩作)활동이 왕성하게 이루어졌다. 그리하여 1230년 경, 세계의 경이 "스투포르 문디"가 뿜어내는 문화적 활기로 가득한 팔레르모 궁정을 중심으로 이탈리아 속어로 된 서정시 전통이 생겨나게 되는데 그 주역들을 시칠리아 학파라 부른다. 페데리코 2세 자신도 이러한 시작활동을 하였다. 이들 시인들은 프로방스 음유시인들의 서정시 모델을 시칠리아로 이식하여 형식과 내용 면에서 모방, 발전시켰다. 그러나 이들의 프로방스 애정시 이식 작업은 단순한 모방이 아니라 창조적 모방이었다. 프로방스의 작은 궁정들에서 건너온 애정시가 이제 페데리코 2세의 거대하고 화려한 제국 궁정의, 훌륭한 결실을 만들어 낼 준비를 갖춘 비옥한 문화적 토양에 이식되어 시칠리아 속어로 시칠리아 색채를 입고 다시 태어나게 된 것이다. 주로 궁정 관료인 문인 시인들이었던 그들은 프로방스 애정시의 주제와 소재들을 따오되 시칠리아의 현실에 맞게 수정했고, 무엇보다 "자신들이 속한 궁정의 특권과 가치를 잘 반영할 수 있는 문학어"를 발굴하려 노력했으며, 따라서 시칠리아 학파의 시는 "본질적으로 사회적 기능"을 가진다고 비평가 페로니는 지적한다.[4)]

봉건적 관점에서 사랑이라는 주제를 다루며 그 사랑의 대상은 아름다운 귀족 여성, 주로 군주의 부인으로 시인은 헌신과 봉사를 다하지만 짝사랑으로 끝나고 마는 이들 시에서는 프로방스 애정시와는 달리 이룰 수 없는 사랑에 대한 비애는 보이지 않는다. 추상적이고 순수한 사랑의 시선으로 바라보는 여인의 감각적 이미지로 가득한 이들 시는 사랑의 기쁨 또는 쓸쓸함을 드러낸다. 황제의 공증인인 동시에 시칠리아 학파의 대표 시인이자 11음절 14행 시구의 형태를 이루는 소네트의 창시자로도 알려져 있는 자코모 다 렌티니(Giacomo Da Lentini)의 시에서처럼, 시인은 "아름다운 금발 머리"와 "빛나는 얼굴"을 한 사랑하는 여인과 눈빛으로 교감을 나누며 "천국의 영광 속에 그녀를 보는 것만으로도 잔잔한 기쁨을 가득 느낀다."5)

이들 시칠리아 학파의 시는 토스카나 필사가들에 의해 옮겨지면서 토스카나 문학의 토대가 되고 나아가 본격적인 이탈리아 문학의 태동에 밑거름이 된다.

3. 인문주의의 횃불, 단테, 페트라르카, 보카치오

3.1 청신체*DOLCE STIL NOVO*

페데리코 2세의 궁전을 중심으로 한 시칠리아 학파의 작품들을 필사하고 보급한 필사자들은 주로 토스카나 사람들이었다. 이탈리아 속어로 된 문학 언어의 중요한 토대를 마련한 시칠리아 시인들의 작품은 이들 토스카나 필사자들에 의해 옮겨지는 과정에서 자연스럽게 토스카나 언어의 색채가 가미되었고 정치·경제·시민사회의 중추로 빠르게 성장하고 있던 피렌체를 중심으로 새로운 시문학 열풍이 일어난다. 볼로냐 출신으로 피렌체에서 더욱 이름을 날린 귀도 귀니첼리(Guido Guinizelli)를 주축으로 귀도 카발칸티(Guido Cavalcanti)와 단테 알리기에리도 청신체파의 대표 시인들이다.

감미롭고 새로운 문체를 뜻하는 청신체 "dolce stil novo"란 말은 단테가 신곡 연옥 편에서 시칠리아학파의 문학적 전통을 이어받은 토스카나 학파의 대표자로 탐식의 죄를 속죄하고 있는 보나준타 오르비차니(Bonagiunta Orbicciani)의 입을 빌어 한 말인데 그 후에 이 새로운 시풍을 일컫는 말로 자리잡게 된다. 연옥편 24곡에서 단테는 보나준타를 통해 자신의 작품 『신생*Vita nova*』의 첫 구절을 인용하며 "새로운 시"라 부른 뒤, 보나준타에게 "나는 사랑이 영감을 줄 때 기록하고 사랑이 내 마음에 속삭이는 것을 그대로 받아 적는 사람일 뿐이라오."라고 하자, 보나준타는 단테에게 "그대에게 듣는 새롭고 감미로운 문체*dolce stil novo*를 공증인과 귀토네와 내가 이해하지 못하도록 한 매듭을 이제 잘 알겠소"라고 한다.[6] 즉, 공증인(il Notaro)이란 별명으로 불린 시칠리아 학파의 대표자 자코모 다 렌티니와 토스카나 학파의 대표자 귀토네 다렛초와 보나준타 자신을 이 새로운 시풍으로부터 갈라놓는 매듭으로 상징되는 거리감을 인정하고 있다. 즉, 단테는 보나준타를 통해 이전 선배 시인들의 시 전통을 뛰어넘는 새롭고 감미로운 문체로 된 자신의 시학을 설명하고 있는 것이다.

청신체파 시가 기존의 시들과 다른 점은 역시 주 테마인 사랑의 성격이다. 이들 시인의 시에서 고귀하고 상냥한 마음과 연결되는 사랑의 대상인 여성은 인간을 신에게로 고양시켜주는 매개체로서의 천사와 같은 여성(donna-angelo)이다. 청신체파 시인들은 시인의 내면에 사랑이 속삭이는 대로 충실하게 따라가면서 이전에는 볼 수 없었던 섬세하고 우아하며 세련된 언어로 이 새로운 여성상을 통한 구원을 담아낸다.

귀니첼리에게서 시작되어 단테에 이르러 절정에 이른 청신체의 시풍은 13세기와 14세기를 풍미하면서 초기 이탈리아 문학 언어에 지대한 영향을 끼쳤고 페트라르카와 보카치오에 까지 이어진다.

3.2 단테의 생애와 작품

세계 문학사상 불멸의 자리를 차지하고 있는 『신곡』의 저자 단테는 '이탈리아어의 아버지'로 불린다. 그는 15세기 말부터 16세기 초 피에트로 벰보로 대표되는 이탈리아 문학어 논쟁의 주요 문제, 즉 사람들의 실질적인 의사소통 언어로서의 속어와 문학어로서의 속어 양쪽을 다 살펴 통일된 문학어의 모범을 정하는 문제를 일찌감치 제기했던 문학 비평가이자 언어 이론가였다. 단테는 토스카나 피렌체 속어뿐 아니라 다른 지방 속어들과 라틴어, 프랑스어, 프로방스어 등에서 가져온 다양한 출처의 용어들을 사용하여 풍요롭고 섬세한 문학 언어를 만들어내는데 심혈을 기울였다. 또한 철학, 과학, 종교 등 지식인들이 향유하는 상류 문화의 대부분이 라틴어로 기록되던 당대에 단테는 의도적으로 『신곡』을 비롯한 많은 작품을 속어로 쓰고 보다 세련되고 고양된 속어의 모범을 보이고자 했다.

단테는 1265년 피렌체의 교황파에 속한 하급 귀족 집안에서 태어났다. 단테가 받은 초기 교육에 대해서는 정확하게 알려져 있지 않지만 가정교육 또는 피렌체의 수도원 부속학교에서 문법을 공부하고 중세 3학인 변증법, 문법, 수사학 등 기본적인 인문학적 소양을 쌓고 키케로와 비르질리우스의 라틴어 작품을 읽었다. 훗날

『신곡』 지옥편 15곡에서 단테가 존경과 찬사를 보내는 당대의 석학 브루넷토 라티니(Brunetto Latini)에게서 수사학을 배웠고 지식인의 정치적 참여에 대한 자의식을 키우는데 큰 가르침을 받았다. 청소년기를 거치면서 문학에 깊은 관심을 가지게 된 단테는 귀도 카발칸티와 친분을 쌓게 되고 그와 함께 청신체로 된 애정시들에 몰두하게 된다.

인간 단테의 개인사에서 가장 중요한 사건은 아마 일생의 사랑이자 그의 모든 작품을 지배하는 베아트리체를 만난 일일 것이다. 본명은 비체 포르티나리(Bice Portinari)로 귀족 가문에서 태어난 동갑내기 아름다운 베아트리체를 단테는 1274년 9세 때 처음으로 만나 첫눈에 반했고, 두 번째로는 1283년 18세 때 길거리에서 우연히 그녀와 마주친 것이 전부인 듯하다. 그 사이 단테는 1277년, 당시 관습대로 12세의 어린 나이에 젬마 도나티와 약혼하고 1285년 그녀와 결혼해서 슬하에 세 명(또는 네 명)의 자녀를 두었고, 베아트리체는 1287년에 바르디 가문의 시모네(Simone de' Bardi)와 결혼했으며 1290년 6월 불과 25세의 나이에 죽음을 맞게 된다. 너무나 비현실적으로 보이는 베아트리체에 대한 단테의 지고지순한 사랑은 『신곡』을 통해 그녀에게 지와 덕의 결정체이자 하느님의 선과 사랑이 육화된 이상적 존재로서의 불멸성을 안겨주었다. 1292년에서 93년 사이에 집필한 『신생*Vita nova*』은 베아트리체를 거룩하고 성스러운 여성으로 그리면서 그녀에 대한 절절한 사랑을 담고 있다.

희대의 순정남 단테의 삶은 추방과 유랑의 고단함으로 점철되어 낭만과는 너무나 거리가 멀었다. 1266년 황제파인 기벨리니당이 피렌체에서 쫓겨난 후 주도권을 쥐고 있던 겔피당은 다시 피렌체 시민의 호의를 받는 백당(Bianchi)과 교황의 호의를 받는 흑당(Neri)으로 나뉘어 갈등을 빚고 있었고 여기에 귀족 가문들의 증오와 권력욕, 교황의 영토 확장 정책 등이 얽히고설켜 피렌체는 그야말로 정치적 격동의 한 가운데를 지나고 있었다. 이러한 피렌체에서 교황파인 겔피당의 백당에 속한 단테는 1295년 의사와 약제사 길드에 가입한 것을 시작으로 시민 특별위원회와 백인 위원회에 선출되는 등 정치인으로서의 여정을 시작했다. 그러나 교황의 정치적 야욕이나 당파의 이익에 상관없이 언제나 피렌체 코무네의 자유와 평화를 갈구하던 그의 정치역정은 평탄할 리 없었다. 1301년 11월 1일 교황 보니파키우스 8세가 보낸 발루아의 백작 샤를이 평화 중재를 빌미로 피렌체에 입성하자 흑당이 주도권을 잡게 되었는데 결국 단테는 1303년 추방 명령을 받고 고향 피렌체를 떠나 다시는 돌아오지 못하는 고단한 유랑의 길에 오르게 된다. 그러나 이 유랑은 오히려 단테를 피렌체의 정치적 격동에서 한 발 떨어져 인간 군상의 삶과 종교와 도덕, 현실 정치에 대한 성찰로 이끌었다.

단테의 문화적 소양과 정치적, 종교적 신념은 다분히 중세적인 것이었으나 14세기 전 유럽과 이탈리아 사회에 닥친 거대한 위기가 표면화되기도 전에 인간이 처한 불완전하고 폭력적인 현실에 대한 자의식을 보여주는 단테 시학의 혁신적이고 근대적인 모습도 분명히 짚고 넘어가야 할 것이다. 11세기 농업 혁명으로 식량난이 해소되고 십자군 전쟁을 통한 이슬람·비잔틴 문화와 새로운 물자의 유입과 교역으로 경제가 활성화되어 신흥 상인 계층의 부상과 시민사회의 발전을 가져왔던 지난 세기들과 달리, 14세기로 접어들면서 기근이 자주 발생하여 농업 생산량이 극감하고 전염병이 만연하는 등 유럽과 이탈리아는 위기에 봉착하게 된 것이다. 특히 1348년에서 1351년 사이에 강타한 흑사병은 유럽의 인구를 거의 3분의 1이나 줄어들게 만들었다. 흑사병은 페트라르카의 『칸초니에레』와 보카치오의 『데카메론』에도 중요한 사건으로 등장한다.

단테는 1321년 사망할 때까지 약 20년에 걸친 유랑기에 자신의 주요작품들을 완성한다. 1304년부터 1308년 사이에 『속어론*De vulgari eloquentia*』과 『향연*Convivio*』 그리고 『신곡』의 <지옥>편을 집필했다. 라틴어로 쓴 『속어론』에서는 속어와 라틴어의 지위를 동등하게 중요한 것으로 파악하면서 산문과 시를 위한 이탈리아 문학어의 제문제들을 분석하고, 『향연』에서는 대중의 교육을 위한 윤리적이고 철학적인 내용을 담았다. 1312년에서 1313년경 <연옥>편 집필을 마치고 베로나의 칸그란데 델라 스칼라의 궁전으로 거처를 옮겨 <천국>편과 『제정론*Monarchia*』집필에 몰두하면서 1318년까지 머물렀고 그 후 라벤나의 영주, 귀도 노벨라다 폴렌타의 초대로 라벤나 궁정에서 머물렀다. 『제정론』에서 단테는 자유와 평화를 바탕으로 하여 통일된 정치체제가 국민의 행복한 삶을 이끌고 교황청은 인간의 구원을 위한 영적 지도자로서의 역할을 해야 한다는 자신의 정치적 신념을 피력했다.

단테는 1321년 폴렌타의 특사로 베네치아를 다녀오던 중 말라리아에 걸려 돌연 사망했다. 단테의 유해는 라벤나의 성 프란체스코 성당에 묻혔다.

3.3 불멸의 서사시, 『신곡』

『신곡』을 접할 때 우리는 그 기하학적이고 입체적인 장중한 구조와 문학과 예술, 철학, 신학, 정치학, 신화와 자연과학을 아우르는 단테의 해박한 지식과 수백 명의 등장인물들을 동원한 방대한 인용에 놀라게 된다. 『신곡』의 <지옥>, <연옥>, <천국> 세 편은 각각 33곡(canto)으로 구성되어 있으며, <지옥>편에 서곡이 들어있어 전체는 100곡으로 이루어져 있다. 11음절의 3연체로 총 14,233행에 이르는 이 대서사시는 삼위일체를 뜻하는 숫자 3과 완전함을 뜻하는 7, 그리고 그것을 합한 10과 그 배수를 염두에 둔 치밀한 기하학적 구조이다.

"우리네 인생길의 한가운데에서"[7] 단테는 어두운 숲에서 길을 잃고 헤매다 베아트리체가 보낸 비르질리우스를 만나 1300년 부활절을 전후한 4월 8일 성금요일부터 4월 14일 목요일까지 일주일간 사후 세계로의 여행을 시작한다. 존경하는 스승 비르질리우스의 인도로 지옥에서 3일, 연옥에서 3일을 보낸 뒤 천국에 이르러 베아트리체를 만난 단테는 마지막 하루를 천국에서 보내며 만물을 주관하는 하느님의 섭리와 사랑을 마침내 깨닫게 된다. 슬픔과 비탄의 <지옥> 여행에서 시작되어 <천국>에 이르는 행복한 결말의 이 대서사시에 단테는 희극을 의미하는 "콤메디아*Commedia*"란 제목을 붙였으나 단테의 열렬한 추종자였던 보카치오에 의해 처음으로 '신성한 희극'이란 뜻의 "디비나 콤메디아*Divina Commedia*"라 불리게 되었다.[8] 미켈란젤로와 라파엘로를 비롯하여 로댕에 이르기까지 수많은 예술가들과 작가들에게 무궁무진한 영감의 원천이 되고 있는 『신곡』은 세계 문학사상 전무후무한 불멸의 대서사시이다.

> "여기 들어오는 너희는 모든 희망을 버릴지어다."
> Lasciate ogne speranza, voi ch'intrate.
> - <지옥>편 3곡 9행

지옥문 입구에 씌어있는 이 무시무시한 글귀는 증언 문학의 작가 프리모 레비가 아우슈비츠 수용소로 끌려들어갈 때 떠올리는 바로 그 글귀이다. 아우슈비츠라는 '지옥'으로 들어가는 강제노동 수용소 입구에 아이러니하게도 "노동이 너희를 자유롭게 하리라" 라고 씌어있는 것을 보면서 레비는 단테의 지옥 문 위에 씌어있는 이 글귀를 떠올리는 것이다.

이 지옥문을 통해 지구 중심부로 내려가는 단테의 여정이 시작된다. 예루살렘 아래에 펼쳐진 깔때기 모양의 지옥 맨 밑바닥에는 끔찍한 괴물로 변한 타락한 천사 루치페로가 있다. 아홉 개의 원으로 나뉜 지옥은 아래로 내려갈수록 무거운 죄를 지은 영혼이 벌을 받고 있다. 지옥을 다 둘러본 후에 단테와 비르질리우스는 좁고 구불구불한 동굴을 통해 남반구로 기어서 올라오고 마침내 동굴 끝으로 나와 하늘의 별을 본다.

연옥은 지구 남반구의 대양 한가운데에 원뿔형으로 우뚝 솟아있는 산이다. 지옥의 동굴에서 나와 해변에 도착한 두 시인은 연옥의 산을 차례차례 올라가며 가톨릭에서 말하는 일곱 가지 죄(peccati)인 오만, 질투, 분노, 게으름, 탐욕, 식탐, 그리고 음란함에 대한 벌을 받는 영혼들을 보게 된다. 단테와 비르질리우스는 죄를 완전히 씻고 천국으로 올라가는 로마시대의 시인 스타티우스를 만나(21곡) 동행하고 연옥 산 꼭대기 지상천국에 도달하게 된다. 이곳에서 단테는 노래소리와 천사들이 흩뿌리는 꽃잎 사이로 내려오는 베아트리체의 모습을 보게 되는데 죄의 기억을 깨끗이 씻어주는 레테의 강과 반대로 잃어버린 선의 기억을 되살려주는 에우노에 강을 지나 완전히 깨끗해진 몸으로 단테는 베아트리체를 따라 마침내 천국으로 날아오른다. 일주일째 되는 마지막 날 정오에 하느님이 있는 최고천 엠피레오(Empireo)에 도달하고 단테의 여행은 끝난다.

인간의 지성을 상징하는 비르질리우스가 안내하는 지옥과 연옥, 신의 은총을 상징하는 베아트리체가 안내하는 천국. 그 여행에서 만나는 온갖 영혼들의 모습을 단테는 놀라운 상상력과 강렬한 이미지들로 생생하게 그려낸다.

예를 들어 지옥과 연옥에 배치된 영혼들의 형벌을 살펴보면 단테의 기발한 상상력에 혀를 내두르게 된다. 식탐의 죄를 저지른 영혼들은 배고픔과 목마름에 시달리게 하여 빼빼 마르게 하고 오만의 죄를 저지른 사람들은 생전에 빳빳이 들고 다니던 고개를 겸손하게 숙이도록 어깨 위에 무거운 돌덩어리를 지고 다니게 만드는가 하면 앞날을 내다본다고 사람을 현혹시킨 예언자들은 뒤를 돌아보도록 머리를 돌려놓고 사람들을 갈라놓는 불화의 씨를 뿌린 자들은 몸에서 머리를 갈라 손에 들고 다니게 만들어 놓았다.

사실 『신곡』은 저승을 통해 이승을, 죽음을 통해 우리의 삶을 들여다보게 만들며 현재를 살아가는 우리 자신의 이야기를 들려주고 있다. 우리의 마음을 깊숙이 울리는 명언들로 가득한 이유도

700년 가까운 세월이 흐른 21세기를 살아가는 우리에게 교훈을 주고 성찰로 이끄는 이유도 그 때문인지 모른다.

> "비참할 때 행복했던 시절을 회상하는 것보다
> 더 큰 고통을 주는 것은 없다오."
> Nessun maggior dolore
> che ricordarsi del tempo felice ne la miseria.
> - <지옥>편 5곡 121-123행. 시동생 파올로를 사랑한 형수 프란체스카의 탄식.

> "고뇌에도 지지 않던 내가 배고픔에 지고 말았다."
> Poscia, più che 'l dolor, poté 'l digiuno.
> - <지옥>편 33곡 75행. 피사의 '굶주림의 탑'에 갇혀 먼저 죽은 자식의 시신을 결국 뜯어먹게 되는 우골리노 백작의 탄식.

오귀스트 로댕, <우골리노 백작과 그의 자식들>, 파리 오르세 미술관[9)]

3.4 페트라르카의 생애와 작품

프란체스코 페트라르카는 1304년 7월 20일 토스카나 지방의 아레초(Arezzo)에서 태어났다. 겔피 백당에 속해있던 아버지 피에트로(일명 페트락코)가 1302년 피렌체에서 추방당해 유배 중에 아레초에서 얻은 아들이다. 1312년에 가족은 당시 교황청이 있던 아비뇽으로 이주하고 페트라르카는 어린 시절을 그곳에서 보내게 된다. 일찍이 문법과 수사학을 공부한 뒤, 프란체스코는 아버지의 뜻대로 집안 대대로 공증인이었던 가업을 이어받도록 1316년에서 1320년까지 몽펠리에 대학에서 법률 공부를 했지만 마음속에는 라틴어 고전 강독에 전념하고 싶은 욕구가 타오르고 있었다. 14-15세 무렵 어머니를 여읜 뒤 깊은 슬픔에 빠진 프란체스코는 처음으로 라틴어 비가(elegia)를 습작한다. 1320년에는 볼로냐로 넘어와 법률 공부를 계속 하지만 1326년 아버지의 죽음으로 그는 아비뇽으로 돌아와야 했다. 프란체스코는 아비뇽의 교황궁을 둘러싼 상류사회의 문화 속에서 귀족들과 정치가, 고위 성직자들과 어울리며 국제어로 통용되던 라틴어를 연마하고 교양을 쌓았다. 뛰어난 웅변술과 고전문화에 대한 깊은 이해, 토스카나 속어로 쓴 초기 시들은 사람들의 마음을 사로잡았고 프로방스에서 시작되었던 전통적 애정시는 프란체스코의 새로운 언어로 탈바꿈하여 큰 인기를 끌면서 프란체스코는 이미 명성을 얻기 시작했다. 이 아비뇽에서 프란체스코는 운명적 사랑인 라우라를 만나게 된다. 1327년 4월 6일 생 클레어 성당에서였다. 라우라는 위그 드 사드(Hugues de Sade) 백작과 결혼한 라우라 드 노브(Laura de Noves)

일 것이라고 추정되지만 어쩌면 존재하지 않는 가상의 여인이라는 주장도 있다. 아무튼 라우라에 대한 페트라르카의 사랑과 열정, 그리고 비애는 그의 작품 세계 전반에 걸쳐, 특히 대표작인 속어 시 작품 『칸초니에레*Canzoniere*』의 중요한 주제로 자리잡게 된다.

아버지가 물려준 유산이 바닥나자 페트라르카는 1330년, 경제적 문제를 해결하기 위해 성직자의 길로 들어서고, 이후 성직록 등 수입을 지속적으로 얻어 어려움은 겪지 않아도 되었다. 1333년 조반니 콜론나(Giovanni Colonna) 추기경의 수행원으로서 파리와 독일의 아헨·뮌헨, 벨기에의 리에주(Liège)·헨트(Gent) 등 북유럽 도시들을 여행하고, 1333년 리에주에서는 키케로의 연설문 두 편을 발견하기도 했다. 1336년에서 37년 사이 페트라르카는 처음으로 로마를 방문하여 고대의 유적을 보고는 깊은 감동을 느끼게 된다. 같은 해 아비뇽으로 돌아온 페트라르카는 보클뤼즈에 정착하는데 성직자의 신분이었지만 익명의 한 여성과의 사이에서 1337년에는 아들 조반니가, 1343년에는 딸 프란체스카가 태어난다. 보클뤼즈에서 보낸 약 3년의 시간동안 서정시 작품들 외에도 로마의 영웅들의 일대기를 다룬 라틴어 산문 『유명인들에 대하여*De viris illustribus*』와 제2차 포에니 전쟁에서 한니발을 물리친 스키피오 장군에 대한 라틴어 서사시 『아프리카*Africa*』 등의 집필에 몰두했다. 페트라르카는 『아프리카』를 시칠리아·나폴리 왕국의 왕인 앙주 가문의 로베르 1세[10]에게 헌정하고 이미 국제적 명성을 얻고 있던 자신의 높은 학식을 인정받아 1341년 4월 8일 37세의 나이에 로마의 캄피돌리오 언덕에서 열망하던 계관 시인의 월

계관을 받았다.

1342년, 보클뤼즈로 돌아온 페트라르카는 『칸초니에레』의 첫 번째 편집본 준비 작업에 들어갔고 이 무렵 유명한 라틴어 산문 『비밀*Secretum*』의 초고를 썼다. 세 권으로 이루어진 『비밀』은 성 아우구스티누스와 주고받는 대화 형식을 띠는데, 특히 3권에서 라우라에 대한 사랑과 문학적 영예에 대한 욕망을 분석하며 자신의 내면을 성찰한다. 이러한 세속적 욕심을 버리라고 충고하는 아우구스티누스의 말이 옳다고 인정하면서도 벗어날 방법을 알지 못하는 시인의 괴로움을 토로하는 이 작품은 제목 그대로 상상속의 성자에게만 털어놓을 수 있는 시인의 감추고 싶은 내면의 은밀한 갈등과 고뇌를 보여준다.

아비뇽에서 로마의 민중 정치가 콜라 디 리엔초(Cola di Rienzo)를 알게 된 것도 이 무렵이다. 장차 로마의 호민관이 되어 로마에 공화정 체제를 복원하고자 한 혁명적 정치가 콜라 디 리엔초의 사상에 페트라르카는 커다란 영향을 받고 그를 지지하게 된다. 콜라디 리엔초는 교황 및 영주들과 불가피한 마찰을 빚으며 결국 로마에서 봉기를 일으켰으나 실패하여 1354년 10월 8일 폭도로 변한 군중에게 살해당하는 비운의 인물이다. 로마에 가면 베네치아 광장 오른편으로 세상에서 가장 아름다운 광장중의 하나라는 미켈란젤로의 캄피돌리오 언덕 광장을 오르는 계단이 있다. 역시 미켈란젤로가 설계한 완만한 이 계단은 코르도나타(Cordonata)라 불리는데, 그 왼편으로 한 손을 번쩍 치켜든 콜라 디 리엔초의 동상이 자신이 죽은 그 자리에 비장한 모습으로 서 있다.

1343년 말에 페트라르카는 교황과 콜론나 추기경의 외교사절로 나폴리, 파르마를 방문했고 1345년에 베로나의 카피톨라레 도서관(Biblioteca Capitolare)에서 아티쿠스, 브루투스, 퀸투스에게 보낸 키케로의 편지들을 발견하고 열광했다.

1345~1347년 사이에 보클뤼즈에서 페트라르카는 『고독한 생활에 대하여*De vita solitaria*』와 『전원시*Bucolicum carmen*』를 쓰고, 『종교적 여가에 대하여*De otio religioso*』를 구상했으며, 1347년에는 『칸초니에레』의 두 번째 편집 작업에 착수했다.

1348년 페트라르카는 파르마에서 라우라가 페스트에 걸려 사망했다는 소식을 접한다. 이 해에 전 유럽을 휩쓴 페스트의 위력에 많은 사람들이 희생되었는데 페트라르카는 라우라 뿐만 아니라 조반니 콜론나 추기경을 비롯한 많은 친구들을 잃게 된다. 실의에 빠진 그는 이탈리아로 방랑을 떠나 페라라, 파도바, 베로나, 만토바, 파르마, 피렌체, 그리고 자신이 태어난 아레초 등의 도시들을 떠돈다. 그러다 성년(Giubileo)인 1350년 로마로 가던 중 피렌체에서 평생 친구로 남을 보카치오를 만나게 된다. 이듬해 파도바에서 보카치오와 재회했을 때 페트라르카는 그로부터 피렌체 대학의 교수직을 제안 받지만 거절하고 보클뤼즈로 돌아와 2년간 『칸초니에레』 편집 작업에 매진했다.

1353년 페트라르카는 프로방스 생활을 접고 밀라노로 들어와 비스콘티 가문의 문객으로 8년간 머무르게 되는데 그동안 『운 좋은 사람들에 대하여*De remediis utriusque fortunae*』의 초고를 완성했다.

한편, 룩셈부르크 왕가의 카를 4세는 1355년 1월 6일 밀라노에서 이탈리아 왕의 관을 받고 4월 5일 로마에서 신성로마제국 황제의 관을 받게 되는데 페트라르카는 1354년 밀라노로 오는 카를 4세를 만토바로 마중 나가는 사절의 임무를 수행하기도 했다. 1356년에는 프라하의 왕궁으로 가서 카를 4세를 만났고 그로부터 궁정 백작(conte palatino) 작위를 받았으며 이탈리아 북부의 여러 도시들을 다니고 1361년 초에는 파리로 가서 프랑스 왕을 만나는 등 밀라노 군주 비스콘티 가의 외교 사절로서의 활동을 했다. 보카치오를 포함한 피렌체 친구들은 페트라르카가 피렌체의 원수도시 밀라노의 비스콘티 궁에 머물며 봉사하는 데 대해 신랄하게 비판하기도 했지만 평생 이도시 저도시를 방랑하며 살아온 페트라르카에게 조국으로서의 피렌체에 대한 의리는 별 의미가 없는 일이었고, 우정과 깊은 존경을 바탕으로 한 보카치오와의 관계는 잘 봉합되어 1359년 밀라노의 페트라르카 집을 보카치오가 방문하여 서로의 문학세계와 특히 단테에 대한 토론을 하며 한 달간 머물렀다. 밀라노에서 맹위를 떨친 페스트를 피해 1361년 페트라르카는 파도바로 피신했다가 이듬해 베네치아로 넘어가게 되는데 명성 자자한 당대 최고 학자로서의 환대와 예우에 대한 보답으로 페트라르카는 베네치아 공화국에 자신이 소장하고 있던 엄청난 가치의 서적들을 기부하기로 약속했다. 보카치오는 존경하는 오랜 친구 페트라르카를 찾아 1363년에 베네치아를, 1368년에는 파도바를 다녀갔다.

말년에 그는 파도바 남서쪽 에우가네이 산기슭(Colli Euganei) 아르콰(Arquà)에 집을 짓고 사랑하는 딸 프란체스카와 그 가족들과 함께 행복한 시간을 보내면서 고전 작품들과 자신의 저작들에 묻혀 연구에 전념하려 하지만 힘들게 찾아온 이 평온도 그의 건강 악화와 베네치아와 파도바 사이에 벌어진 전쟁 등으로 오래가지 못했다. 페트라르카는 고열로 고생하다 1374년 아르콰에서 생을 마감한다.

죽을 때까지 책에서 손을 놓지 않았고 직접 정치에 뛰어들지는 않았지만 문화·외교 사절로 수많은 도시들을 다니면서도 페트라르카의 학문적 탐구와 성장은 쉼이 없었다. 그는 자신의 작품들을 오랜 시간을 두고 다듬고 또 다듬는 작가였다. 페스트 유행 시절부터 집필하기 시작한 삼연체 속어시 작품 『승리*Triumphi*』와 젊은 시절 라우라에 대한 절절한 사랑을 담은 연가들로부터 시작한 시모음집 『칸초니에레』도 죽기 몇 달 전까지 끊임없이 수정하고 편집했다. 페트라르카의 많은 라틴어 작품들과 이탈리아 속어 작품들은 형식과 문체 모두에서 완벽을 추구하는 작가의 부단한 노력과 열정으로 고르고 고른 세련되고 우아한 언어로 채워졌다. 이전에는 볼 수 없었던 세련되고 아름다운 그의 시풍은 '페트라르키즘(Petrarchismo)'이라 불리며 16세기까지 전 유럽을 풍미했다. 시칠리아 학파의 대표자 쟈코모 다 렌티니로부터 시작된 소네트는 페트라르카에 의해 완벽하게 다듬어져 『칸초니에레』에서 극치를 보이며 이상적인 서정시 모델로 여겨졌다.

3.5 인문주의의 선구자 페트라르카

외교 사절로 활동하기는 했지만 일선 정치·행정가로 밥벌이를 하지 않았고 경제적으로도 여유가 있었던 페트라르카는 후원 군주의 정치적 노선에 휘둘릴 필요 없이 이념적으로도 사상적으로도 자유롭게 오로지 자신의 신념과 사유에 매진할 수 있었던 새로운 형태의 지식인이었다. 사상적 자유를 가진 지식인의 독립성이라는 근대적 작가의 모습을 우리는 이미 페트라르카에게서 볼 수 있는 것이다.

페트라르카에 있어 이상적 학자는 그 어떤 정치나 군주로부터도 자유롭게 오롯이 문화적 고양에만 이바지 할 수 있는 사람이었다. 군주와의 관계는 지식인의 생계와 자율성을 보장해주느냐 아니냐가 관건이었다. 젊은 시절 일찍이 얻은 명성으로 여러 군주들의 궁정으로 초대되어 문객으로 있었지만 공직을 얻어 안정된 생활을 하면서 학문을 하기 위해 그들의 비위를 맞출 필요성이 없었던 페트라르카는 당대 최고의 학자를 집안에 두는 자부심을 군주들에게 선사할 뿐이었고 공적·사적 여행들을 다양한 지식인을 만나고 자신의 견문을 넓히는 한편, 사라진 라틴어 원전들을 찾아다니는 기회로 삼았다. 페트라르카의 방랑은 정치적 당파 싸움에 휘말려 유배에 처해 죽을 때까지 고향으로 돌아올 수 없이 떠돌아 다녀야만 했던 단테의 유랑과는 근본적으로 달랐던 것이다.

페트라르카는 라틴어로 쓴 작품들 속에서 작가로서의 자신의 위상과 이미지, 고급 문화를 향유하는 지식인으로서의 모습을 라틴어로 된 시와 산문 작품들에서 유감없이 보여주었지만 한편으로 자신의 내면적인 모습을 진솔하고 섬세하게 표현할 수 있는 속어 서정시에 무한한 애정을 쏟아 부으면서 완벽하게 다듬는 데 전력을 다했다. 젊은 시절부터 얻은 페트라르카의 국제적 명성은 라틴어 작품에서 비롯된 것이었으나 후세에 두고두고 회자되는 불멸의 명성을 가져다 준 것은 오히려 속어작품인 『칸초니에레』라

볼 수 있다. 페트라르카 생각에 작가에게는 작품에 나오는 구절 하나, 단어 하나도 결코 우연한 것이거나 사소한 것일 수 없었기에 그는 죽을 때까지 자신의 작품들을 끝없이 수정하고 편집하는 작업을 계속했다. 그렇기에 페트라르카의 작품들에 집필 연대를 매기는 것은 참으로 애매하고 어려운 일이다.

줄리오 페로니(Giulio Ferroni)는 이러한 페트라르카의 글쓰는 방식을 단테의 "실험적" 글쓰기와 정반대되는 "고쳐 쓰기" 방식이라 정의하면서 "글을 쓸 때마다 새로운 시도를 즐기고 언제라도 새 길을 찾아 나서고 미지의 길 저 너머로 나아갈 준비가 되어있는 인간의 지적 경험을 비춰주는 거울"[11]로서의 단테의 글쓰기에 비해 페트라르카는 불필요한 요소라고는 하나도 없는 완벽함에 이를 때까지 끝없이 고쳐 쓰는 글쓰기라는 것이다.

라틴어 고전에 열광한 페트라르카는 산문에 있어 키케로, 시에 있어 비르질리우스를 가장 완벽한 모범으로 보았는데 위대한 대가들의 라틴어 문체와 형식을 모방할 필요가 있다고 보았다. 그러나 단순한 모방에 머물러서는 안되며 이들의 가르침으로부터 정수를 끌어내어야 한다는 것이었다. 이러한 페트라르카의 생각은 라틴어로 쓴 편지들을 모아 네 개의 선집으로 분류한 『서한집 *Epistolae*』의 『친한 이들에게*Familiares*』부분에서 잘 드러난다.[12] 근대적 작가 또는 지식인의 이상적 태도를 꿀벌의 행동에 비유하여 설명한 저 유명한 대목이 특히 그렇다. 꿀벌이 여러 아름다운 꽃들의 정수를 빨아들이고 다양한 향기들을 담아 꿀을 만들 듯이 근대적 작가는 고대 작품들 속의 여러 대가들의 가르침을 통합하여 균형과 조화를 이루는 정수를 끌어내야 한다는 것이다.

근대적 작가가 되기 위해 과거의 고전으로 돌아가야 한다는 페트라르카에게 고전은 결코 박물관에나 있어야 할 화석이 아니라 현재와 미래를 바라보기 위해 과거의 영광이 제공해주는 위대한 자양분이라는 신념에서 나온 것이다.

라우라에 대한 사랑의 열정과 작가로서의 성공과 명예를 결코 포기할 수 없었던 페트라르카는 이 화합할 수 없는 갈등을 해결할 방법을 고전에서 찾았다. 키케로에게서 로마제국의 고대 지식인이 보여주는 고귀한 도덕적 사유의 종합을, 세네카에게서 불행과 불안, 행복이 교차하는 인간의 내면에 대한 섬세한 탐구를 보았고 성 아우구스티누스의 그리스도교 고전 『참회록*Confessiones*』에서 세상만사의 덧없음과 혼돈 상태를 극복할 수 있는 덕(Virtus)이라는 도덕적 이상의 중요성을 발견한 페트라르카는 인간의 내적 갈등과 세속적 욕망을 인정하고 행동 양식을 탐구하는 한편, "덕"을 바탕으로 한 도덕철학을 실천적 삶 속으로 옮겨옴으로써 복잡한 인간관계와 사회적 현실에 난무하는 거짓과 환상으로부터 해방시켜줄 내적 평화에 이르러야 한다고 보았다. 욕망과 고뇌, 내적 갈등이 가득한 인간을 만물의 중심으로 창조한 것이 신의 뜻임을 인식하고 '인간성'과 '종교성'의 화해와 조화를 추구한 페트라르카의 그리스도교적 인문주의는 중세와

속어로 쓰인 서정시집 『칸초니에레』의 서문에 해당하는 첫 번째 소네트 부분 필사본[13]

르네상스라는 근대를 잇는 다리가 되어 주었고, 15세기와 16세기 르네상스 지식인들의 인문주의적 태도에 사상적 기초를 제공했다. 그렇기 때문에 대다수의 비평가들이 페트라르카를 진정한 인문주의의 선구자라 부르는 것이다.

Erano i capei d'oro a l'aura sparsi
che 'n mille dolci nodi gli avolgea,
e l'vago lume oltra misura ardea
di quei begli occhi, ch'or ne son sì scarsi

수천 개 보드라운 매듭을 만들며
휘감던 산들바람에 금발은 흩날리고,
반짝이고 있었지 그 아름다운 두 눈의
감미로운 빛, 이제는 사라지고 없네,

- 『칸초니에레』, 90번 소네트에 그려진 아름다운 라우라의 죽음.

3.6 보카치오의 생애와 작품

페트라르카와 함께 인문주의의 선구자라 불리는 보카치오는 1313년 피렌체 근교의 체르탈도(Certaldo)에서 태어났다. 부유한 상인이었던 아버지 복카치노 디 켈리노(Boccacino di Chellino)의 사생아로 일찍이 어머니로부터 떨어져 피렌체의 아버지 집에서 성장하는 불운한 유년기를 보내야했던 보카치오는 후일, 작품 속에 자신의 이러한 불운한 태생과 유년기에 대하여 신화적 상상력을 동원한 암시들을 비치지만 사실 정확히 알려진 것은 없다. 1327년 14세에 아버지를 따라 나폴리로 이사한 뒤 앙주가의 궁정에 드나들면서 청년기를 보내게 되는데 이때 접한 궁정 생활의 교양과 세련되고 우아한 문화는 초기 보카치오 작품에 큰 영향을 끼치게 된다. 나폴리에서 보카치오는 청신체파의 대가 치노 다 피스토이아(Cino da Pistoia)를 비롯한, 당시 나폴리에 와있던 많은 학자·지식인들을 사귀게 되고 이들로부터 소중한 인문학적 자양분을 얻게 된다. 그리고 이러한 나폴리의 문화적 환경은 지적 호기심으로 가득한 혈기 왕성한 청년 보카치오의 관심의 폭을 다양하게 넓혀주었다. 1340년 피렌체로 돌아올 때까지 행복했던 청춘의 추억 가득한 나폴리는 보카치오에게 남은 평생 향수를 불러일으키는 정신적 고향과도 같은 곳인 동시에 작가의 삶에 지속적인 영향을 끼칠 사랑을 만난 곳이기도 하다. 단테에게 베아트리체가, 페트라르카에게 라우라가 있었다면 보카치오에게는 운명의 여인 피암멧타(Fiammetta)가 있었다. 보카치오는 그녀가 당시 나폴리 왕이었던 로베르의 사생아로 추정되는 마리아 다퀴노(Maria d'Aquino)라고 암시하지만[14] 그의 태생과 관련된 가공의 이야기와 마찬가지로 확인불가능한 가설일 뿐 그녀가 실제 누구인지는 알 수 없다. 비극으로 끝난 피암멧타에 대한 열렬한 사랑은 『데카메론*Decameron*』을 비롯한 보카치오의 전 작품에 영향을 미치게 된다.

나폴리 시절에 집필한 보카치오의 초기 대표작으로는 1334년경에 쓴 3연체 18곡으로 이루어진 소서사시 『디아나의 사냥*Caccia di Diana*』과 1336년에 완성한 『필로콜로*Filocolo*』가 있다. 다섯 권으로 이루어진 산문체 작품 『필로콜로』는 보카치오에게 전 유럽의 명성을 가져다주었으며, 근대적 서술의 출발점으로 평가

받는다. 또, 1339년에서 1340년 사이에 완성하여 피암멧타에게 헌정된 『테세이다*Teseida*』는 8연체 12권으로 이루어진 서사시로 영웅들의 기사도적 모험과 사랑이야기라는 궁정사회의 단골 주제를 다루고 있다.

1340년 경 피렌체로 돌아온 보카치오는 나폴리 궁정문학에 대한 향수를 간직하고 있었지만 한편으로 단테와 토스카나 청신체파의 문학 전통을 다시 접하며 당대 피렌체의 문학적 시류에 대한 연구와 더불어 고전 라틴 문학에 대한 연구에도 천착한다. 1340년대에는 왕성한 문학활동을 펼쳐 『피렌체 요정들의 희곡*Commedia delle ninfe fiorentine*』(1341-1342), 『사랑의 환영*Amorosa visione*』(1342-1343), 『피암멧타의 비가*Elegia di Madonna Fiammetta*』(1343-1344) 외 다수의 작품을 집필했다.

1348년은 피렌체에 페스트가 상륙하여 맹위를 떨친 것으로 유명한 해이기도 하지만 보카치오 필생의 역작 『데카메론』을 집필한 해로도 알려져 있다. 그러나 『데카메론』의 몇몇 이야기는 1348년 이전에 씌어진 것으로 보인다. 근대적 산문 문학의 효시로 1351년에 완성한 이 작품은 큰 성공을 거두었고, 문학사에 길이 빛날 불멸의 명성을 안겨다 주었다.

1350년 보카치오는 피렌체에서 처음으로 페트라르카를 만나게 되고, 두 사람은 신뢰와 우정으로 평생 친밀한 관계를 유지한다. 페트라르카를 깊이 존경한 보카치오는 이후 파도바, 밀라노, 베네치아 등으로 페트라르카를 찾아 방문하여 토론과 탐구를 함께했고 수많은 서신을 교환하면서 문학적 여정의 길을 같이 걸었다. 보카치오는 페트라르카에게서 지혜의 빛뿐만 아니라 위로와 용기를 주는 스승의 모습을 발견하고 평생 의지했다.

1350년대에 보카치오는 이탈리아와 유럽 전역에 명성을 떨치고 있었으며 피렌체 문화를 선도하는 리더였고, 유랑으로 내몰아 대문호 단테를 라벤나에서 잃은 피렌체 시민들의 상처받은 자존심을 달래줄 문화의 아이콘이었다. 피렌체 시는 1350년에 라벤나에 있던 단테의 딸 베아트리체에게 위대한 시인 단테에 보내는 감사의 표시로 피렌체 금화 10 피오리니를 전달하기 위해 보카치오를 파견하기도 했다.

1350년대에 보카치오는 작품 활동 외에도 여러 공무를 맡아 티롤 지방과 밀라노, 라벤나, 아비뇽 등에 파견되는 공직 생활을 겸했다. 보카치오는 슬하에 이미 다섯 자녀를 두었으나 1360년 47세의 나이에 스승 페트라르카처럼 성직자의 길을 택하여 교황 인노첸티우스 6세로부터 사제 교서를 받기도 했다. 그러나 그는 성직자로 있기보다 외교관으로서 여러 곳을 여행했으며 작가이자 학자로서의 활동에 매진했다.

1373년 피렌체 시의 요청으로 보카치오는 산토 스테파노 교회에서 『신곡』의 강독과 주해에 대한 일련의 강연을 시작했으나 건강 악화로 몇 달 만에 그만두고 고향 체르탈도에 칩거했다. 1374년 스승 페트라르카의 부음을 전해 듣고 실의에 빠진 페트라르카는 이듬해인 1375년 12월 21일 체르탈도에서 조용히 숨을 거두었다.

3.7 속어 산문의 모범『데카메론』

보카치오는 중세 라틴문학과 고전문학의 전통 뿐만 아니라 당대 새로운 서술 문학에서 가장 좋은 것만을 골라 생생하고 활기찬 작품을 창작하는 데 힘을 쏟았다. 피렌체 문화의 신세대적 아이콘 보카치오는 문학이 일반 독자들의 삶 속에서 기쁨을 주고, 사회적 반향을 불러일으키기를 바랐고 허구와 실재, 현실과 판타지, 이미지와 인물들을 다양하고 새로운 형태로 작품 속에 녹여내어 오락적 기쁨과 함께 사회적 메시지를 전달하는 소통의 문학을 추구했다.『데카메론』은 이러한 보카치오의 문학관의 정수를 보여주는 작품이다.

1348년 피렌체에 상륙한 페스트의 화마를 피해 피난 간 10명의 남녀가 10일간 펼치는 100가지 이야기『데카메론』은 견고한 구조 속에 귀족, 성직자, 상인, 하층민 등 사회 각계각층에 속한 300명이 넘는 수많은 인물들이 등장하여 전개되는 다양한 상황과 살아있는 캐릭터, 생동감 넘치는 묘사를 뛰어난 속어 산문체로 담아내어 르네상스 산문 문학의 모범이 되었으며 당대 및 후대의 많은 작가들에게 영향을 끼쳤다.

『데카메론』은 타락한 종교와 도덕을 비웃고 부패한 교회를 비판하며 인간의 세속적 욕망을 긍정하고 운명의 장난과 사랑에 고통 받는 사람들을 위로하고 즐거움을 준다.

운명에 굴하지 않고 맞서 싸우며 재치와 슬기로 지혜롭게 살아남는 인간 군상의 모습을 그리는 이 작품은 부패하고 부조리한 사회 속에서 불운을 행운으로 위기를 기회로 바꾸는 성취적인 인

『데카메론』 1492년 판본[15)]

간을 그림으로써 인문주의적 관점을 확연히 드러낸다. 현세의 삶을 긍정하고 즐기며, 각양각색의 인간의 개성을 파악하고, 어리석은 동시에 지혜롭고 악한 동시에 선한, 복합적인 인간성을 100가지 이야기 속에 담아내는 이 작품은 현대의 그 어떤 작품보다 더 풍부하고 다양하게 인간 삶의 단면들을 그려내어 단테의 "신곡Commedia divina"에 대비되는 "인곡Commedia umana"이란 이름을 얻었다.

페스트로 초토화된 참담한 현실과 달리 『데카메론』에서는 유쾌하고 활기찬 열정과 생기 가득한 삶의 해학이 넘친다. 죽음 가득한 현실 속 생기 가득한 작품인 것이다. 『데카메론』이 당대 사람들의 마음을 사로잡고 큰 사랑을 얻은 이유는 무엇보다 그 때문일 것이다.

> Umana cosa è aver compassione degli afflitti.
>
> "고통 받는 사람들에게 동정심을 갖는 것은 인지상정이다"
>
> - 『데카메론』 서문(Proemio) 첫구절

4. 영웅서사시의 거장, 보이아르도와 아리오스토

구전문학이 주류를 이루던 민중문학의 전통이 15세기에 접어들면서 8행 시체로 된 작품 칸타리(Cantari)로 계승되어 궁정이나 광장에서 암송되었는데, 칸타리 작품을 짓고 암송하던 시인들을 칸테리니(Canterini)라 불렀다. 그 주제는 프랑스에서 발전한 기사문학의 두 주제인 카롤링거 왕조의 샤를 마뉴와 그의 영웅적 무장들의 업적을 기리는 이야기와 아더 왕과 원탁의 기사를 둘러싼 이야기에서 차용한 것이었다. 특히 11세기 후반 프랑스의 저 유명한 무훈시 『롤랑의 노래*Chanson de Roland*』의 모티브인 샤를 마뉴와 무장들의 이야기는 이탈리아에서 큰 사랑을 받아 수많은 칸타리들로 각색, 회자되었다. 15세기 전반에 이탈리아 전역에서 유행한 칸타리 문학이 발전한 영웅 서사시는 결국 이탈리아 르네상스기의 대표적 문학 장르가 되어 걸출한 작가들을 배출하게 되는데, 루이지 풀치(Luigi Pulci), 마테오 보이아르도(Matteo Maria Boiardo), 루도비코 아리오스토(Ludovico Ariosto) 등이 바로 그들이다.

4.1 보이아르도의 『사랑에 빠진 오를란도*Orlando innamorato*』

마테오 마리아 보이아르도(1441-1494)는 에밀리아-로마냐(Emilia-Romagna) 주, 스칸디아노(Scandiano)의 백작 가문 출생으로 외삼촌은 유명한 시인이었던 티토 스트로치(Tito Vespasiano Strozzi)였고, 스물두 살 어린 고종사촌 동생은 뛰어난 철학자이자 인문학자로 자라 역사에 이름을 떨치게 되는데 그가 바로 피코 델라 미란돌라(Pico della Mirandola)이다. 보이아르도 역시 페라라 에스테 가의 궁정에서 인문주의 교육을 받으며 일찍부터 지식과 교양을 겸비한 문인으로 성장하여 『사랑에 빠진 오를란도』로 이탈리아 영웅서사시의 대표 작가들 중 한 사람으로 남았다. 1476년에 집필을 시작한 이 작품은 칸타리 전통을 이어받은 8행 시체, 3권으로 구성되어 있는데, 최초의 구상은 100곡을 3권으로 나눌 계획이었으나 1권(29곡), 2권(31곡)을 쓴 뒤, 3권(9곡)은 작가의 갑작스런 죽음으로 미완으로 남았다. 1483년에 우선 1,2권이 출간되었고 1506년에 통합본이 출간되었다. 『사랑에 빠진 오를란도』는 샤를 마뉴 이야기의 영웅 무훈과 아더왕과 원탁의 기사 이야기의 사랑에 대한 모티브를 절묘하게 섞어 탄탄한 줄거리를 만들어내고 청중에게 암송하던 칸타리의 전통을 그대로 보여주면서 독자에게 직접 말을 거는 화법을 구사하여 흡인력을 높이고 독자와의 직접적이고 살아있는 소통의 관계를 모색했다. 이 작품이 비슷한 주제를 다룬 기존 작품들과 다른 점은 제목에서 드러나듯이 천하의 영웅 오를란도를 처음으로 사랑의 포로로, 그것도 짝사랑에 빠진 비운의 인물로 만들었다는 점이다. 기사도적 충성심 외에도 고귀한 가치는 사랑임을 확인하며 기사문학의 고전적 틀에 갇힌 영웅의 캐릭터를 끄집어내어 개인의 내면을 들여다본 것이다. 사랑이 곧 세상과 온 우주를 움직이고 운명의 변화를 이끌어내는 동력이며 기쁨과 영예와 쾌락을 주는 원천이다. 작가는 샤를 마뉴의 조카이자 그리스도교 군대의 가장 뛰어난 명장 오를란도가 이교도인 안젤리카를 사랑하게 만들고 사촌이자 친구인 리날도와 안젤리카는 아르덴 숲에서 신비로운 샘물을 마시고 각각 증오와 사랑에 빠지게 하며 결국 오를란도와 리날도를 삼각관계에 놓이게 하여 결투를 벌이게 하고 사라센 전사 루지에로와 리날도의 여동생인 브라만테는 사랑의 결실을 맺고 에스테가의 시조가 되게 하는 큰 줄거리를 배치하고 이를 중심으로 다양한 이야기를 풀어나간다. 수많은 에피소드들로 인한 다소 복잡한 줄거리에 페라라 방언으로 씌어 보이아르도 사후에 인기는 시들해졌지만 영웅들이 살아 움직이는 듯한 박진감 넘치는 전개와 서정적이고 섬세한 묘사는 영웅 서사시를 문학적으로 한 단계 진일보 시켰다는 평가를 받기에 충분하다.

Era dintorno al prato tutto pieno
di bianchi gigli e di rose di spina;
queste disfoglia, ed empie ambo le mano,
e danne in viso al sir de Montealbano.

주위에 온통 하얀 백합들과
가시 난 장미들로 가득한 초원이 있어
장미 꽃잎을 떼어내 두 손 가득 채우고
그 꽃잎들을 몬테알바노 영주의 얼굴 위로 떨어뜨리네.

-『사랑에 빠진 오를란도』, 1권, 3곡, 41연, 사랑의 샘물을 마신 아름다운 안젤리카가 리날도를 본 순간 사랑에 빠져 처음으로 하는 손짓

4.2 사랑 때문에 미친 사나이, 『광란의 오를란도*Orlando furioso*』

1474년, 레조 에밀리아에서 태어난 루도비코 아리오스토(Ludovico Ariosto)는 10세에 아버지가 페라라에 행정관 임무를 맡으면서 그곳으로 이사한 뒤, 아버지의 뜻에 따라 법률 공부를 시작했다. 그러나 에르콜레 1세(Ercole I)의 궁정에 드나들며 페라라 궁정의 문학적, 인문학적 문화를 접하면서 자연스레 문학에 대한 열정도 키워나갔고, 1494년부터는 라틴어 시를 쓰기 시작했다. 1497년, 에스테가(家) 궁정 신하로 들어가 수입이 생기면서 시작(詩作) 활동에 매진할 수 있었다. 이 시들은 『시집*Rime*』으로 엮어 아리오스토 사후인 1546년에 유고집으로 출간된다. 1500년 아버지가 돌아가시자, 아리오스토는 가족의 부양을 책임지게 되었다. 1503년에는 에스테 가의 추기경 입폴리토(Ippolito d'Este)의 비서로 고용되면서 여러 행정적, 외교적 임무를 수행하게 된다. 이후 에스테 가문의 외교사절로 로마의 교황에게 여러 번 파견되기도 했다. 입폴리토 추기경과의 관계는 잦은 마찰로 힘들었지만 15년간 그의 밑에서 일하면서 아리오스토는 돈 걱정 없이 집필 활동에 몰두할 수 있었다. 그러나 추기경과의 관계에 종지부를 찍은 1517년 이후 경제적 어려움에 처하게 된 그는 이듬해 알폰소 공작의 비서 일을 거쳐 1522년에는 가르파냐나(Garfagnana) 지방의 총감 자리를 맡았다. 척박한 지방에서의 힘든 직책에도 불구하고 그는 이 시기에 1517년부터 집필해오던 일곱 편의 『풍자시*Satire*』를 완성했고, 1534년에 초판이 출간되었다. 1526년 페라라로 돌아온 뒤에는 궁정의 연극 공연을 조직하고 희극 작품들을 각색하는 임무를 수행하며 경제적 어려움을 해결했다. 아리오스토는 1528년 54세의 나이에 오랜 연인이었던 알렛산드라 베누치(Alessandra Benucci)와 결혼식을 올렸다.

아리오스토는 1533년 장염으로 인한 합병증으로 숨을 거두기까지 인생의 마지막 몇 년을 안정되고 평온한 생활 속에 자신의 작품들을 다듬으면서 보냈다.

1507년 경 집필을 시작하여 1516년에 베네치아에서 초판이 출간된 『광란의 오를란도』는 사실 아리오스토가 평생 동안 고치고 다듬는 작업을 계속한 작품이다. 전통적 8행시체의 이 작품의 초판은 40곡으로 이루어졌는데, 그 후 수정, 보완 작업에서 6곡이 더해져 1532년 총 46곡으로 이루어진 최종 결정판이 출판되었다.

보이아르도의 미완의 작품 『사랑에 빠진 오를란도』의 속편이라 할 수 있는 『광란의 오를란도』는 아리오스토가 탄생시킨 르네상스 문학의 걸작으로 손꼽힌다.

『사랑에 빠진 오를란도』가 중단된 지점에서 시작하는 이 작품에서 전편의 기본 줄거리, 즉 전체적인 서사적 배경을 이루는 그리스도교와 이슬람교의 전쟁과 안젤리카를 향한 오를란도의 사랑, 루지에로와 브라다만테의 사랑이야기가 그대로 이어지지만 세련되고 정제된 문체, 보다 정돈된 플롯, 문학적 완결성에서 영웅서사시의 절정을 이루는 작품으로 평가받는다. 선과 악, 그리스도교 아군과 이슬람교도 적군 등 단순한 이분법으로 도식화되지 않는 종교 갈등과 대립, 화해를 그리는 한편 독특한 상상력으로 가득한 판타지, 신화적 요소, 개성 넘치는 캐릭터와 다채로운 인물 묘사, 인물의 내적 갈등, 아이러니와 역설을 동원한 유머와 희화화 등 근대 소설에 나타나는 특징들을 이 작품에서 확인할 수 있다.

특히, 안젤리카가 이슬람 기사 메도로와 사랑에 빠져 결혼한 사실을 알게 되면서 울부짖으며 미쳐버리는 23곡은 최고조에 달하는 극적 긴장감과 오를란도의 분노와 절망, 광기의 심리상태가 독자에게 고스란히 전이되는 섬세하고도 힘 있는 묘사가 압권이다.

군주에 대한 충성과 영예로운 무훈만이 영웅적 기사의 최고의 가치가 아니라 사랑 역시 고귀한 가치임을 『사랑에 빠진 오를란도』에서 확인했다면 『광란의 오를란도』에서 우리는 광기어린 사랑의 고뇌로 몸부림치다 미쳐버리고 마는 인간 그 자체로서의 영웅의 모습을 확인하게 된다. 보이아르도가 사랑을 고귀한 열정으로 그리고 있다면 아리오스토는 사랑을 인간의 광기와 파멸의 원인으로 그리면서 보다 깊숙이 인간의 내면 심리를 파헤치고 있는 것이다.

한편, 작가는 기발한 상상력을 동원하여 사랑 때문에 미친 사나이 오를란도의 잃어버린 제정신을 달나라로 보내놓고는 사촌인 아스톨포가 엘리야의 불마차를 타고 달로 날아올라가 찾아오게 한다. 지상에서 잃어버린 것들이 들어있는 곳에서 호리병 속에 담긴 오를란도의 제정신을 찾아온 아스톨포는 우여곡절 끝에 동료들과 함께 오를란도가 제정신을 되찾게 해주는데, 결국 정신을 차린 오를란도는 이성적 인간으로 돌아와 실연의 상처를 극복하고 용맹한 무사로 거듭난다. 결국 인간적인 절망과 광기로 고통받다 온갖 역경을 극복하고 합리적 이성을 회복하는 오를란도, 그는 아리오스토가 창조해낸 전형적인 르네상스적 인간상이라 할 수 있다.

4.3 르네상스 문학의 종합자, 아리오스토

『광란의 오를란도』는 에스테 가문의 입폴리토 추기경에게 헌정되었으며, 페라라의 군주 에스테 가문에 대한 찬미와 오마주로 가득하다. 처음에 이 작품은 페라라 궁정의 귀족을 독자층으로 겨냥한 것이었다. 그러나 평생에 걸쳐 작품을 다듬고 수정, 보완하면서 서사 구조와 언어적 완벽함을 기한 아리오스토는 자신의 작품이 뿌리박고 있는 현실 세계와 영웅의 껍질을 벗어던진 인간 내면의 맨얼굴을 그리고자 했다. 인간의 행동양식을 냉철하게 관찰하고, 고귀한 영웅적 가치와 극단적으로 대비되는 실수와 광기와 절망, 비극적 운명 앞에 속수무책인 무력감으로 가득한 평범한 인간의 민낯을, 양극단의 것들이 절묘한 균형을 이루며 인간의 내면에 공존하는 모습들을 그리고자 했다. 때문에 일반 대중을 독자로 끌어들일 수 있는 쉽고도 세련된 언어와 감각적 표현들을 동원하며, 매 곡의 서두에 독자를 향해 직접 질문을 던지고 이야기를 건네는 등 다양한 방법을 시도한다. 아마 페라라 궁정의 귀족뿐만이 아니라 일반 독자 대중을 염두에 두고 이러한 서술 장치를 마련한 것으로 보이는 아리오스토의 『광란의 오를란도』는 그야말로 대성공을 거두어 일약 베스트셀러가 되면서 두터운 독자층을 확보했다.

인생의 매순간의 선택은 동전의 양면과도 같은 것이며 인간의 모든 행위와 가치는 상대적인 것이다. 모순적인 두 가지, 아니 여러 가지 요소가 사회의 구석구석에, 운명 속에, 인간의 내면 속에 균형을 이루며 자리하고 있음을 역설적으로 보여주는 『광란의 오를란도』는 크로체가 1918년 평론에서 지적한대로 "조화의 서사시"[16]이며, 르네상스기 문학의 정수를 보여주는 작품이다.

Quel letto, quella casa, quel pastore
immantinente in tant'odio gli casca,
che senza aspettar luna, o che l'albore
che va dinanzi al nuovo giorno nasca,
piglia l'arme e il destriero, ed esce fuore
per mezzo il bosco alla più oscura frasca;
e quando poi gli è aviso d'esser solo,
con gridi ed urli apre le porte al duolo.

이 침대, 이 집, 이 집주인
대번에 분노가 치밀어 오른다.
새날을 여는 새벽이 오기를,
아니, 달이 뜨기를 기다릴 것도 없이
무기를 집어들고 말을 타고 밖으로 나간다
숲 한 가운데, 나뭇가지 울창한 어두운 곳에 이르러
혼자임을 깨달았을 때
고함과 절규로 고통의 문을 연다.

-『광란의 오를란도』, 23곡, 124연, 자신이 누워있던 그 방, 그 침대가 사랑하는 안젤리카와 연인 메도로가 머물렀던 자리임을 알게 된 오를란도

『광란의 오를란도』 1565년 판, 제34곡. 오를란도의 사촌 아스톨포가 미쳐버린 오를란도의 제정신을 찾아 엘리야의 불마차를 타고 달로 올라가는 이야기가 펼쳐진다.[17)]

5. 이탈리아 노벨문학상 수상 작가들

1906년 노벨상을 수상한 시인 조수에 카르둣치를 필두로 이탈리아에서는 총 여섯 명의 노벨문학상 수상자가 나왔다. 3명의 시인 카르둣치, 살바토레 콰시모도, 에우제니오 몬탈레와 소설가 그라치아 델레다와 피란델로 그리고 극작가이자 연출가인 다리오 포가 바로 그들이다. 여기서는 다양한 장르에서 노벨 문학상을 수상한 이들 작가들을 소개하고자 한다.

- 조수에 카르둣치Giosuè Carducci(1835-1907)

19세기 후반 이탈리아를 대표하는 시인이자 교육자로 1906년에 노벨 문학상을 수상했다. 당대 가장 영향력 있는 인물로 국민들의 존경을 받았으며 1890년 원로원 의원으로 임명되었다. 1835년 토스카나 북부의 작은 마을 발디카스텔로(Valdicastello)에서 태어난 카르둣치는 진료소 의사였던 아버지를 따라 마렘마 지역으로 이사한 뒤 그곳에서 유년기를 보냈다. 14세에 피렌체로 이사하여 가난한 자제들을 위한 수도회 학교를 다닌 카르둣치는 피사 대학교에서 철학과 언어학을 공부하고 1859년부터 2년간 고등학교 교사로 근무했다. 1860년 볼로냐 대학교 이탈리아 문학교수가 되었고 남은 평생 그곳에서 강의했다. 대학시절 카르둣치는 당시의 낭만주의적 경향에 반기를 들고 고전주의 복원을 지향하는 모임 <아미치 페단티Amici pedanti>를 결성했다. 『악마찬가*Inno a Satana*』(1863)를 비롯한 1860년대의 시들에서 볼 수 있듯이 격렬하고 반항적인 기질을 지닌 카르둣치는 과격한 쟈코뱅주의적 공화주의 입장을 견지했다. 1870년대는 어머니와 어린 아들을 잃는 슬픔을 겪었지만 1971년 출간한 시집, 『시*Poesie*』로 시인으로서의 성공을 거두기 시작한 시기이다. 1873년 『에노트리오 로마노의 새로운 시들*Nuove poesie di Enotrio Romano*』로 고전주의적 시풍을 확립했고, 이탈리아어 율격으로 그리스식, 라틴식 운율을 되살려 내려 한 『이질적인 송시들*Odi barbare*』(1877)로 독특한 시풍을 시도했으며 『새로운 서정시*Rime nuove*』(1887) 외에도 다수의 시집을 출간했다. 노벨 문학상을 수상한 이듬해인 1907년 기관지 폐렴으로 사망했다.

- **그라치아 델레다Grazia Deledda(1871-1936)**

사르데냐 출신의 여류 소설가로 1909년 스웨덴의 셀마 라겔뢰프에 이어 1926년 여류작가로는 두 번째로 노벨 문학상을 수상했다. 이탈리아 사실주의인 베리스모(Verismo)의 거장 델레다는 수많은 자신의 작품들 속에 등장하는 고향 사르데냐의 거칠고 야생적인 자연과 전통적 생활방식, 목가적 풍경 등을 구체적이고 생생한 표현력으로 살려내었다. 1871년 사르데냐 중부 누오로(Nuoro)에서 태어난 델레다는 비교적 부유한 환경에서 자라났음에도 교육을 제대로 받지 못했으나, 17세인 1888년부터 문예지에 단편들을 싣기 시작했고 1890년대에는 일련의 소설들을 출간했다. 로마에 정착한 이듬해인 1900년 결혼했고, 바로 그 해 자신의 첫 장편소설이자 대표작인 『엘리아스 포르톨루*Elias Portolu*』를 1866년 피렌체에서 창립된 문학·과학·예술 문예지인 <누오보 안톨로지아 *Nuovo Antologia*>에 실었으며, 1903년에는 단행본으로 출간했다. 로마에서는 정치적 활동이나 지식인의 사회 참여와 같은 별다른 활동 없이 조용히 가정생활을 영위하면서 다만 부단한 글쓰기를 이어갔다. 50여 편이 넘는 소설과 다양한 작품들은 국내외에서 호평을 받으며 두터운 독자층을 확보했다. 노벨상 수상 후에도 꾸준한 작품 활동을 이어가다가 1936년 로마에서 사망했다. 델레다는 사르데냐의 척박하고 거친 자연과 가난하고 순박한 사람들, 욕망과 죄악, 유혹에 굴복하는데서 오는 절망과 비극, 가부장적 전통과 터부 등 고향의 삶에서 작가가 직접 느낀 사르데냐 특유의 문화를 소재로 삼아 여류작가다운 섬세한 필치로 그려내었다. 『엘리아스 포르톨루』 외에 주요작품으로는 『재*Cenere*』(1903),

『담쟁이*L'edera*』(1908), 『비둘기와 투망*Colombi e sparvieri*』(1912), 『바람에 나부끼는 갈대*Canne al vento*』(1913), 『어머니*La madre*』(1920) 등이 있다.

- 루이지 피란델로Luigi Pirandello(1867-1936)

시칠리아 아그리젠토 출신의 극작가이자 소설가인 피란델로는 이탈리아와 유럽에서뿐만 아니라 국내의 일반 독자에게도 잘 알려진 작가이다. 저 유명한 희곡, 『작가를 찾는 여섯 명의 등장인물*Sei personaggi in cerca d'autore*』(1921)에서 이른바 '극중극'을 창안한 근대 희곡의 혁신자로 20세기 가장 위대한 극작가 중 한 명으로 손꼽힌다. 1891년 독일 본에서 아그리젠토 방언에 대한 언어학 논문으로 학위를 받았다. 이 시기 본에서 만난 연인에게 자신의 두 번째 시집 『제아의 부활절*Pasqua di Gea*』(1891)을 헌정했다. 문학에 전념하기로 결심한 피란델로는 1892년 로마에 정착했다. 1893년 여름에 첫 장편소설 『추방자*L'esclusa*』를 집필했으나 1901년에 가서야 출판되었다. 1894년에는 첫 번째 단편 모음집 『사랑 없는 사랑들*Amori senza amore*』이 출판되었다. 같은 해에 아그리젠토에서 결혼했고 로마에서 살면서 슬하에 3명의 자녀를 두었다. 여러 문예지들과 문학 이론 및 비평 등의 원고 작업을 해나갔고, 당시 유행하던 유미주의와 신비주의에 반대하여 합리적이고 엄격한 문학을 추구하는 주간지 <아리엘Ariel>을 창간해 1897년 겨울부터 1898년 여름까지 활동했지만 평단의 반응은 얻지 못했다. 수많은 단편들 외에, 장편소설로는 『고(故) 마티아 파스칼*Il fu Mattia Pascal*』(1904), 『그녀의 남편*Suo marito*』(1911), 『노인들과 젊은이들I vecchi e i giovani』(1913)이 있다. 대표 소설로 꼽히는 『고(故) 마티아 파스칼』은 큰 성공을 거두었고 출간된 이듬해 독일어로 번역되었다. 이 소설에서 그는 인간의 잠재의식과 내면의 다층적 모습을 파헤치는 날카로운 통찰력을 보여주었다. 1911년 일간지 <코리에레 델라 세라Corriere della Sera>에 피란델로의 단편들이 실리기 시작한다. 시집과 단편, 소설, 희곡 등 끊임없는 작품 활동을 통해 그는 당대 이탈리아 문단에서 가장 중요한 작가 중 한 사람으로 확실히 자리매김했다. 피란델로의 결혼생활은 심한 편집증과 망상장애를 앓게 된 부인으로 인해 점점 더 힘들어졌고, 1919년 결국 부인을 요양원에 보내는 것으로 끝났다. 기본적으로 피란델로가 가지고있던 사회의 부조리와 불합리에 대한 깊은 불신 및 염세주의적 시각과 함께 불행한 가정생활은 피란델로를 인간의 심리와 내면에 대한 탐구에 깊이 천착하게 만든 이유 중 하나였을 것이다.

1895년에 쓴 희곡 『그렇지 않다면*Se non così*』이 1915년 처음으로 공연된 후 연극계에 두각을 나타낸 피란델로는 무한한 애정과 부단한 노력으로 연극에 매달렸다. 1920년 『전처럼, 전보다 낫게*Come prima, meglio di prima*』 외 몇 편의 작품을 발표하면서 피란델로 희곡이 성공을 거둔다. 1921년 『작가를 찾는 여섯 명의 등장인물』, 1922년 『엔리코 4세*Enrico IV*』를 잇달아 발표하면서 그의 명성은 이탈리아를 넘어 전 유럽에 알려진다. 인간의 내적 갈등과 광기를 집요하게 파고든 『엔리코 4세』는 세익스피어의 『햄릿』과 비교되는 작품이며, 무엇보다 『작가를 찾는 6명의 등장인물』은 '극중극'이라는 새로운 방식을 창안하여 피란델로의 탁

월한 통찰력과 천재적인 작가성을 보여주는 작품으로 연극사에 한 획을 그었다. 파리에서도 상연된 이 두 희곡은 베케트의 이른바 '부조리극'을 비롯한 프랑스 연극에도 폭넓은 영향을 끼쳤다. 1926년 소설 『아무도 아닌 동시에 십만 명인 어떤 사람*Uno, nessuno e centomila*』을 발표했다. 이 작품은 어느 날 문득 아내와 남들이 자신을 전혀 다른 눈으로 바라보고 있다는 점을 발견하면서 시작되는 인간의 실체에 대한 날카로운 탐구를 담고 있는데, 피란델로의 독창적인 문학세계를 선명하게 보여주는 작품으로 다시 한 번 인간에 대한 놀라운 통찰력을 입증했다. 피란델로는 1934년에 노벨 문학상을 받았다. 1936년 폐렴으로 로마 자택에서 사망했다.

- 살바토레 콰시모도Salvatore Quasimodo(1901-1968)

시칠리아 출신의 이탈리아 시인 콰시모도는 1959년 노벨 문학상을 받았다. 웅가레티(Giuseppe Ungaretti), 몬탈레(Eugenio Montale)와 더불어 1900년대 이탈리아의 상징적이고 난해한 순수시 운동 에르메티즈모(Ermetismo) 시파의 대표 주자로 2차 세계대전 후의 사회문제에 비판적 태도를 보이는 가장 영향력 있는 인물 중 한사람이었다.

1930년 피렌체에서 발행되는 문예지 <솔라리아*Solaria*>에 첫 시집 『물과 흙*Acque e terre*』을 발표했다. 1934년부터 밀라노에서 중학교 교사로 근무하면서 시사평론가로서 다양한 활동을 펼쳤다. 2차 대전 후, 시인으로서의 콰시모도의 명성은 확고해졌고 1959년 노벨 문학상을 수상하기에 이른다. 1930년대 중반부터 콰시모도는 번역가로도 활발히 활동하여 수많은 글을 번역·출판했다. 1942년, 『이제 곧 밤이 되려니*Ed è subito sera*』에 통합 수록되는 『가라앉은 오보에*Oboe sommerso*』(1932)와 『에라토와 아폴리온*Erato e Apollion*』(1936) 같은 시집들은 난해하고 기교 넘치는 문체의 에르메티스모 시들을 담고 있지만 1940년대 이후로는 에르메티스모 시학과 결별하고, 그리스·라틴의 고전주의로 기울었다. 중요한 후기 작품으로 『비할 데 없는 대지*La terra impareggiabile*』가 있으며 이 작품으로 비아레조 상(Premio Viareggio)을 수상했다. 1968년 나폴리에서 사망했다.

- 에우제니오 몬탈레Eugenio Montale(1896-1981)

이탈리아의 시인이자 산문작가, 번역가인 몬탈레는 1896년 북부 이탈리아 항구도시 제노바에서 태어났다. 어릴 적부터 몸이 약해 정규학업을 받는데 어려움을 겪었다. 음악에 매료되어 에르네스토 시보리(Ernesto Sivori)에 성악을 사사했으나 스승의 사망 후에 성악공부를 그만두고 문학과 시에 열중했다. 1917년 군에 소집되어 파르마에서 복무했다. 이곳에서 장교 과정을 이수하면서 시인이자 평론가 세르조 솔미(Sergio Solmi)를 알게 되어 친분을 쌓았다. 1919년 제대 후, 많은 문인들과 교류를 시작했고 당대 수많은 지식인들이 모여들었던 토리노의 문화적 환경에 녹아들었다. 1925년 첫 시집이자 대표작 『오징어 뼈*Ossi di seppia*』를 출간하고, 같은 해 크로체(Benedetto Croce)가 주도한 "반파시즘 지식인들의 선언문*Manifesto degli intellettuali antifascisti*"에 서명했다. 국내외 여러 지식인들과 교류의 폭을 넓히는 한편, 문예지들에 문학비평 글들을 실었다. 1926년 스베보(Italo Svevo), 사바(Umberto Saba), 미국 시인이자 평론가인 에즈라 파운드(Ezra Pound) 등과 교류하면서 영미문학에 관심을 갖기 시작했다. 1927년에 피렌체 벰포라드(Bemporad) 출판사의 편집인으로 일하면서 경제적으로 자립할 수 있었고, 보다 자유롭게 글쓰기에 매진할 수 있었다. 여러 문예지에 활발하게 시들을 발표하는 한편, 번역작업도 시작했다. 1939년 시집 『기회*Le occasioni*』를, 1943년에는 스위스에서 시집 『땅끝*Finisterre*』을 출간했다. 후기의 주요작품으로는 1956년 출판한 시집 『폭풍우 외(外)*La bufera e altro*』(1956), 신문과 잡지에 기고한 글들을 모은 『신앙을 위한 행위*Auto da fé*』(1966), 1971년 출간한 시집 『포화(飽和)*Satura*』 등이 있다. 자신의 작품들을 직접 번역하기도 하고 셰익스피어, 토마스 엘리엇, 멜빌, 유진 오닐 등을 비롯한 여러 외국작품들도 번역하는 등 번역가로서도 왕성하게 활동했다.

전후 동시대인들에 내재되어있던 참담한 현실에 대한 절망과 위기의식, 불안과 고독 등 심리 상태를 암시적으로 드러내 보이는 그의 시들은 신비롭고 아름다운 언어들로 가득하며 대자연, 특히 바다를 통해 치유와 회복을 염원했다. 1975년 노벨 문학상을 수상했다. 1981년 밀라노에서 사망한 몬탈레는 피렌체 근교, 아내 곁에 묻혔다.

- 다리오 포Dario Fo(1926-)

극작가이자 연출가, 배우, 시나리오 감독, 화가로 다재다능한 재능을 겸비한 다리오 포는 1926년 이탈리아 북부 바레제(Varese)

지방의 산쟈노(Sangiano)에서 태어났다. 밀라노로 이주하여 건축학을 전공했으나 학업을 중단하고 극작가의 길로 들어섰다. 대학에서 학위를 받지 못했지만 훗날 그는 수많은 명예학위를 받게 된다. 서민적 문화가 몸에 배인 그는 생기와 활력이 넘치고 직관적이고 즉흥적인 작업방식으로 주변 사람들을 놀라게 했으며 그의 작품은 풍자와 재치, 기지와 해학이 넘친다. 1951년 여배우 프랑카 라메(Franca Rame)를 만나 1954년 결혼했다. 그녀는 아내로뿐만 아니라 동료이자 동지로 그의 곁을 지키게 된다. 주스티노 두라노(Giustino Durano), 프랑코 파렌티(Franco Parenti)와 공동작업한 사회 정치 풍자극 『눈 속의 손가락*Il dito nell'occhio*』(1953)과 정치적 갈등에 휩싸인 이탈리아에서의 일상을 풍자한 『묶어둬야 할 정도로 제정신인자들*Sani da legare*』(1954)은 당국과 교회의 심한 검열을 받고 공연을 중단해야 했다. 1968년에 이탈리아 공산당의 지원 하에 극단 <누오바 쉐나*Nuova Scena*>를 설립해 순회공연을 갖기 시작했다. 이 시기에 나온 포의 가장 유명한 작품이자 대표작 『우스꽝스러운 비밀*Mistero buffo*』(1969)은 사회비판적인 시각과 날카로운 풍자가 돋보이는 작품이다. 1970년에 또 한편의 중요한 작품 『어느 무정부주의자의 우연한 죽음*Morte accidentale di un anarchico*』(1970)은 다리오 포가 세운 또 다른 극단 <라 코무네*La Comune*>에 의해 1970년 12월 5일 바레제에서 처음으로 공연되었다. 1969년 12월 12일 밀라노 '폰타나 광장의 참극(Strage di Piazza Fontana)'으로 알려진 폭탄테러 사건의 용의자로 심문을 받던 무정부주의자 주셉페 피넬리(Giuseppe Pinelli)가 4층에서 떨어져 죽은 사건을 배경으로 탄생한 이 작품은 피넬리의 죽음에 헌정된 것인데, 풍자적 제목에서 알 수 있듯이 '갑작스런 질환'으로 종결된 수사결과와는 달리 살인을 암시하고 있어 수많은 논란을 낳았다. 민중적 시각을 견지하면서 구태와 권위에 대한 신랄한 풍자와 비판을 서슴지 않고, 불합리한 사회현실 속에 있는 인간의 기본적 존엄과 자유를 위한 정치사회적 고발을 담고 있는 포의 작품들은 그에게 시대를 통찰하는 작가라는 평을 안겨다주었다.

이미 1975년에 후보자로 지명된 바 있는 포는 1997년 노벨문학상을 받았다. 이것으로 그는 새뮤얼 베케트(1969년 수상) 이후 극작가로서는 두 번째로, 이탈리아인으로서는 여섯 번째로 노벨문학상 수상자가 되었다.

1) 842년에 체결된 슈트라스부르크 맹약에서도 속어 기록을 볼 수 있다. 프랑크 왕 루드비히 1세의 사후, 둘째 아들인 동프랑크왕 루드비히와 막내아들인 서프랑크왕 카를 2세가 협력하여 큰 아들인 서로마황제 료타르 1세에 대항하면서 세력다툼이 일어나고 이듬해인 843년 베르됭 조약으로 마무리되는데 이는 유럽의 지도를 크게 프랑스, 이탈리아, 독일로 삼분하는 근대의 모습으로 만든 조약이다. 슈트라스부르크 맹약은 루드비히 왕과 카를 왕의 연맹을 약속한 일종의 군사조약으로, 속어로 쓰인 최초의 문헌이자 현존하는 가장 오래된 문헌으로 꼽힌다. 그 내용을 군사들이 잘 이해할 수 있도록 초기 프랑스어와 옛 독일어로 쓴 이 문헌을 통해 정치, 행정 등의 공식 문서에서도 라틴어 대신 쓰이고 인정받은 속어의 발전을 볼 수 있다.

2) 단테 알리기에리, 김운찬 역, 『신곡』, <천국>, 11곡, 95-96행, 열린 책들, 2008, p. 473.

3) Paolo Balboni & Mario Cardona, *Storia e testi di letteratura italiana*, Guerra Edizioni, Perugia, 2002, p. 16. "스투포르 문디Stupor mundi"는 라틴어로 '세계의 경이'라는 뜻이다.

4) Giulio Ferroni, *Storia della letteratura italiana, Dalle origini al quattrocento*, Einaudi scuola, Milano, 2000, p. 135

5) Giacomo da Lentini의 "나는 신을 섬기기로 마음 먹었네Io 'aggio posto in core a Dio servire"로 시작되는 소네트의 구절. "[...] blonda testa e claro viso, [...] e lo bel viso e 'l morbido sguardare: ché lo mi teria in gran consolamento, veggendo la mia donna in ghiora stare."

6) 단테 알리기에리, 같은 책, <연옥>, 24곡, 52-56행, p. 349.

7) 단테 알리기에리, 『신곡』, <지옥>, 1곡 1행, "Nel mezzo del cammin di nostra vita".

8) Giulio Ferroni, 같은 책, p. 189.

9) https://it.wikipedia.org/wiki/Ugolino_della_Gherardesca#/media/

File:Museo_d%27Orsay_auguste_rodin,_conte_ugolino_01.JPG

10) 1250년 페데리코 2세가 사망한 후 호엔슈타우펜 왕가는 급격히 기울어졌고, 시칠리아·나폴리 왕국을 통치한 호엔슈타우펜 왕가의 마지막 왕이 된 페데리코 2세의 서자 만프레디가 베네벤토 전투에서 앙주의 샤를 1세에게 패배함으로써 시칠리아와 이탈리아 남부 지방은 프랑스 앙주 왕가의 통치 아래 놓이게 되었다. 아들 샤를 2세를 거쳐 손자인 로베르 1세가 시칠리아·나폴리 왕국의 왕(재임 1309-1343)으로 있던 1341년 초, 페트라르카는 계관시인이 되려는 야망을 안고 나폴리로 가 로베르 1세에게 인정을 받은 뒤, 드디어 4월 8일 로마에서 원로원 의원 앙귈라라의 오르소(Orso dell' Anguillara)로부터 월계관을 받는다.

11) Giulio Ferroni, 같은 책, p. 242.

12) Francesco Petrarca, *Familiares*, XXIII, 19, vv. 13-14.

13) https://it.wikipedia.org/wiki/Canzoniere_(Petrarca)#/media/File:Manuscrito_de_Petrarca.jpg

14) Giulio Ferroni, 같은 책, p. 268.

15) https://it.wikipedia.org/wiki/Decameron#/media/File:Boccaccio_-_Decameron,_MCCCCLXXXXII_ad_di_XX_de_giugno_-_3852856_Scan00015.tif

16) Giulio Ferroni, *Storia e testi della letteratura italiana, l'età delle guerre d'italia(1494-1559)*, Mondadori Università, 2006, p. 62

17) https://it.wikipedia.org/wiki/Ludovico_Ariosto#/media/File: Orlando_furioso_canto34.jpg

제4장
이탈리아의 문화 정체성: 유산의 탄생

by 최병진

1. 이탈리아의 르네상스와 '근대성'

르네상스는 이탈리아 더 나아가 유럽을 이해할 수 있는 전환기였다. 이 시기 이탈리아는 유럽 문화의 보편성에 기여하기 시작했고 이후 이탈리아 자체의 역사적, 문화적 정체성이 형성되어갔던 시기라는 점에서 이탈리아를 이해할 수 있는 가장 중요한 시기 중 하나일 것이다.

또한 르네상스는 유럽 예술사 속에서 관습적인 시대 구분을 위한 용어로 사용되고 있지만 이후 매너리즘, 바로크, 로코코, 신고전주의와 같은 다양한 변화 속에서 유럽 문화의 연속성의 토대를 구성했고 이런 점을 고려해보았을 때 유럽 문화사에서 근대성의 거대 담론을 구성한다는 점에서도 중요한 의미를 지닌다.

오늘날 르네상스에서 19세기까지를 근대성의 태동기 혹은 근대라고 설명한다. 마셜 버먼(Marshall Berman)은 『현대성의 경험*All That Is Solid Melts Into Air: The Experience of Modernity*』에서 근대성(modernity)의 문제가 인문학과 사회 과학에서 사용하는 용어로 근대의 변화를 설명하는 용어이며 사회 문화적 규범들이나 유럽 중세 이후에 등장한 세계관들을 둘러싼 특정한 태도를 지시한다고 설명한다.[1] 그의 설명에 따르면 근대성은 유럽 정체성의 문제이다. 정체성이라는 개념은 선택과 태도의 문제와 연관되어 있기 때문이다.

이런 점을 고려해서 이 글은 르네상스부터 계몽주의 시대까지 유럽 '근대성'의 변화 과정을 이탈리아의 이미지의 용례를 통해 검토할 것이다. 이미지는 제작자의 사회적 관점과 메시지를 통해 문화와 역사를 읽을 수 있는 통로이기 때문이다. 또한 이를 바탕으로 이탈리아가 유럽에 기여한 바와 유럽의 문화적 보편성의 기여가 이후 이탈리아의 정체성에 역으로 어떤 의미를 지니는 지 확인하고자 한다. 따라서 본문에서는 이 같은 목적을 위해서 이탈리아에서 이미지와 사회 공간에서 재현된 장소의 관계를 역사적으로 살펴볼 것이다.

2. 르네상스를 바라보는 관점들과 동시대의 역사 인식

르네상스라는 표현은 프랑스의 역사가였던 쥘 미슐레(Jules Michelet)가 1855년 『프랑스 사*Histoire de France*』를 설명하면서 중세와 극적으로 대조되는 근대를 표현하면서 등장했다.[2] 이후 '부흥' 혹은 '재생'이라는 의미로 사용되었던 르네상스는 다양한 시대상의 변화를 설명하기 위한 관습적인 표현이 되었다. 하지만 움베르토 에코(Umberto Eco)는 오히려 이런 역사적 선택의 이면에 중세에 대한 편견이 놓여있다고 지적한다. 그는 중세를 암흑기로 보고 유럽의 근대를 새로운 시기로 바라보는 문화적 관점 뒤에는 어둡고 좁은 중세 도시의 구조, 페스트에 대한 공포, 그리고 천년이 구성되었을 때 종말론을 둘러싼 세기 말의 공포가 더해져 사람들의 상상력을 자극해왔기 때문이라고 설명했다. 실제로 좁고 어두운 골목은 로마 제국의 몰락 이후 이민족들에 대한 방어를 위해서 기획된 부분들이 있고, 십자군 원정 이후 등장한 페스트는 인구를 감소시켰지만 인구가 줄면서 재화를 줄인 것이 아니었다는 점에서 유용할 수 있는 재화들이 다음 세대에 도시의 부흥을 가져왔던 계기를 제공한다. 또한 1000년의 종말론은 에코의 지적처럼 달력이 상용화되지 않았다는 점에서 그렇게 큰 의미를 지니기 어렵다.[3)] 따라서 중세가 천년 이상 지속되었다면 그 안에서도 유럽 문화나 이탈리아 문화의 맹아를 찾는 것도 얼마든지 가능할 것이다.

따라서 르네상스를 바라보는 동시대의 관점을 보다 오히려 르네상스 시대를 살아갔던 동시대 인물들의 역사 인식의 문제를 검토하는 것이 더 적절할 수 도 있을 것이다. 분명히 당대의 지식인들은 역사를 통해 동시대의 문화적 정체성을 강조했다. 예를 들어 르네상스 시대의 예술과 사회를 이해할 수 있는 흥미로운 저서를 기술한 조르조 바사리(Giorgio Vasari)는 1550년, 1568년 출간했던 『르네상스 예술가 평전*Le vite de' più eccellenti pittori, scultori e* *architettori*』에서 이탈리아 미술이 비잔틴 즉 동로마 제국에서 관찰할 수 있는 그리스 식 용례를 넘어서 새로운 동시대의 용례를 만들어냈다는 점에서 라틴 식 용례로 대치되었다고 설명한다. 또한 이를 바탕으로 그는 로마 제국의 문화적 전통, 즉 고전 문화가 야만인들에 의해 단절되었다는 점을 아쉬워하며 타자를 통해 이탈리아의 정체성을 구성하고자 했다. 하지만 동시대의 역사가이면서 정치 사상가인 마키아벨리(Niccolò Machiavelli)는 반대로 바자리가 야만인이라고 판단했던 랑고바르드 족의 역사를 관찰하며 이탈리아가 처음으로 정치적 정체성을 구성할 수 있는 기회를 잃어버렸다는 점에서 아쉬움을 토론하고 있다.[4)]

당시 과거의 역사 속에서 자문화의 정체성에 대한 두 인물의 상반된 관점을 고려해볼 때, 굳이 미슐레 식의 부흥이라는 의미를 강조할 필요는 없어 보인다. 오히려 주목해야 하는 것은 당시 이탈리아에서 살아갔던 지식인들이 역사의 해석을 토대로 동시대에 대한 의견을 통해 구성하는 문화적 정체성에 대한 질문을 던지고 있다는 점이다.

만약 이들이 동시대를 평가하는 과정에서 역사를 통해서 정체성을 구성하고 있다면 이 자의식 자체가 르네상스 이후 유럽과 이탈리아의 변화를 이끌어간다고 보아야 할 것이기 때문이다. 따라서 지금부터 해야 할 일은 역사적 정체성의 선언을 관찰할 수 있었던 르네상스 시대 이후의 이탈리아의 변화들을 추적하는 것이다.

3. 르네상스의 모뉴먼트: 역사적 정체성의 선언

이 같은 역사적 인식의 이면에는 동로마 제국의 몰락과 근동의 맹주로 성장한 이슬람 문화권과의 경쟁이 놓여있다. 1204년 4차 십자군 전쟁 중에 이루어진 콘스탄티노플의 점령, 라틴 왕조와 이후 팔라이올로고스 왕조의 등장과 몰락으로 이어지는 동로마 제국의 역사는 유럽의 변화를 자극했다. 특히 동로마 제국의 몰락으로 유럽에 유입된 지식과 재화는 로마 제국에 대한 역사적 정체성을 구성하는 데 영향을 끼쳤으며, 이슬람이라는 타자와의 경쟁 속에서 들어온 과학적 지식은 유럽 세계관의 변화에 중요한 계기를 구성했다.

예를 들어 이탈리아의 권력자들은 비잔틴의 시각적 이미지를 활용해서 가문의 역사를 강조했으며, 상인이나 교회는 이슬람의 교역물을 통해 힘과 재화를 과시하는 경우도 찾아볼 수 있다. 이 같은 사례로 잘 아려진 경우는 피사 근교의 로마네스크 교회나 로마의 산타 마리아 마조레 바실리카(Basilica di Santa Maria Maggiore, Roma)의 종탑에 배치된 이슬람의 넓은 접시를 확인해 볼 수 있다(도1).[5] 이 같은 이국적 이미지는 소유자의 희소성으로 인해서 특정 계급의 힘과 권력을 강조했다.

도 1. 오늘날 남아있는 산타 마리아 마조레 바실리카의 종탑. 창 위에 있는 작은 원들은 아랍의 대형 접시로 장식되어 당시 이국적 희귀성을 통해 권력과 경제적인 부를 과시적으로 재현하고있다.

물론 이 전에도 권력을 위한 과시적 재현을 위한 이미지의 용법이 없었던 것은 아니었다. 이미 그리스-로마의 역사 속에서 사용된 '모뉴먼트(monument, 역사적 조형물)'는 라틴어인 '마네레(manere)'와 '모네레(monere)'가 결합된 표현으로 그 장소에 남아 이야기를 전달한다는 의미를 가지고 있다. 이전과 다른 점은 이탈리아 내부의 정치적 맥락과 결합되어 교황청과 여러 도시 국가 간의 경쟁 속에서 모뉴먼트가 증가했으며 정치적인 이데올로기의 전달 수단으로서 가장 효과적인 장치라고 받아들여지기 시작했다. 특히 도시와 도시는 상호 경합하며 도시를 대표하는 교회 혹은 시청의 건축과 이미지를 놓고 경쟁하기 시작했으며 이 같은 조형물이 들어설 때마다 조형물을 주문했던 사회 계급이나 권력자의 존재를 전달할 수 있는 메시지들이 배치되기 시작한 것이다.

모뉴먼트가 증가하는 과정 속에서 타자에게서 유래한 새로운 지식은 르네상스 시대의 예술의 양식까지도 변화시켰다. 새로운 지식을 응용해서 이탈리아 르네상스 예술사의 첫 페이지를 장식하는 상징적인 사건 중 하나는 1401년 피렌체 세례당의 청동문의 부조를 놓고 일어난 조각가들의 경합이었다. 피렌체를 대표하는 산타 마리아 델 피오레 주교좌 교회(Cattedrale di Santa Maria del Fiore)의 세례당을 위한 경합에서 최종적으로 기베르티(Lorenzo Ghiberti)와 브루넬레스키(Filippo Brunelleschi)가 남았지만 작품의 주문자는 원근법이라는 새로운 변화를 지향했던 브루넬레스키 대신 전통적인 이미지의 서사 구조를 채용했던 기베르티를 최종 선정했다.[6] 그러나 이 사건은 브루넬레스키를 사회적으로 인정받는 예술가로 발돋움할 수 있는 계기가 되었다.

피렌체의 경제적 번영과 맞물린 이 경합에 참여한 브루넬레스키는 르네상스 시대 타자의 문화와 경쟁하며 다가섰던 역사적 정체성이 적용되었던 당대 상황을 보여줄 수 있는 적절한 예술가였다. 그는 역사를 구성하기 위한 조형물을 제작했지만 한편으로는 새로운 표현의 규칙으로서 원근법을 도입했기 때문이다. 원근법을 이론적으로 정립한 인물은 그의 친구 알베르티(Leon Battista Alberti)였지만 그 역시 피렌체의 세례당 앞에서 원근법을 증명하는 실험을 했고 당시 수학자였던 마네티(Antonio Manetti)는 이를 역사로 기록했다.[7]

그러나 알베르티가 설명했던 원근법은 동로마 제국에서 유입되었던 유클리드 기하학을 토대로 현실적 경험을 이차원의 지지체에 번역하는 기준을 제시했다. 그는 이전의 유클리드 기하학이 지닌 한계를 뛰어넘고 있다. 그가 원근법의 기준이 되는 소실점을 두 평행한 직선이 만나는 점이라고 정의하지만 이 소실점은 유클리드 기하학으로는 설명할 수 없기 때문이다(도 2).[8]

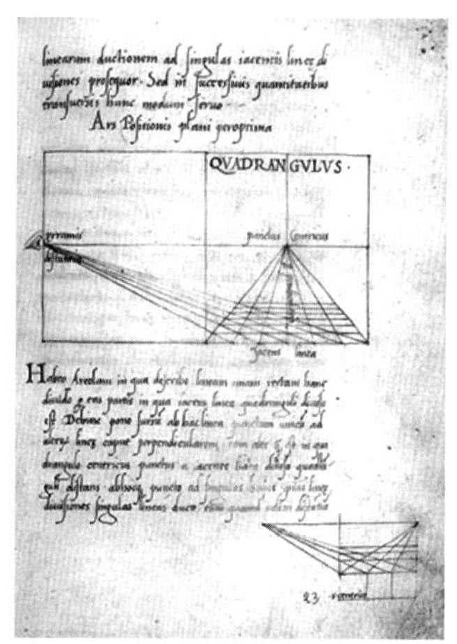

도 2. 레온 바티스타 알베르티, 『회화론』 중 원근법의 소실점을 설명하는 부분(1435)

현실에서 존재하지 않는 다는 점에서 이 소실점을 구성하는 인식론적 기준은 당시 이슬람을 통해서 유입된 0의 개념, 즉 새로운 과학적 사유의 영향으로 구성된 개념이라고 보아야 할 것이다.

당시 피렌체가 새로운 경제적인 중심지로 발전할 수 있었던 이유 중의 하나는 새로운 문화적 관점을 적절히 적용했기 때문이다. 크리스티앙 메츠(Christian Metz)가 설명했던 것처럼 0은 현실에 없지만 새로운 질서를 만들어내며, 수표와 같이 은행을 구성할 수 있는 중요한 개념들을 발전시켰다.[9] 이는 이탈리아의 경제적 재화를 효율적으로 관리하는 은행의 시스템을 구성했으며 이 과정에서 예술가들은 매우 중요한 역할을 담당했다. 은행이 발전하며 재화를 관리하기 위해서는 재화의 현실적인 가치를 계량화 할 수 있어야하기 때문이다. 이런 점에서 당시 금이나 은과 같은 재화를 관리하고 수량화할 수 있는 방법, 즉 주화를 찍어낼 수 있는 기법을 다룰 수 있는 인물들은 당시의 예술가였다. 예를 들어 페루지아에 있는 <통화의 방(Collegio del Cambio)>에 페루지노(Pietro Perugino)는 스스로 자신의 자화상을 그려 넣기도 했다. 이런 점을 고려해보았을 때 예술가의 사회적 지위는 오늘날과 비교해보았을 때 낮지 않았다.

은행과 예술가는 서로 다른 직업을 구성했지만 밀접한 연관성을 가지고 있었고, 사회적으로 새로운 수학에 대한 관심은 이 두 분야를 연결시켜주었다. 이런 점은 토스카나 지방을 중심으로 13세기부터 은행에서 일해야 하는 사람들과 예술가들을 함께 교육했던 산술학교(Scuola d'Abaco)를 통해서 당시의 상황을 확인하는 것도 충분히 가능하다.[10] 그리고 피에로 델라 프란체스카(Piero della Francesca)와 같은 화가는 회화를 위한 소고인 『원근법에 관하여*De prospectiva pingendi*』를 기술하기도 했지만 동시에 은행 업무를 위한 『산술서*Trattato d'Abaco*』를 기술하기도 했다.[11]

르네상스 시대의 미술품을 표현 형식을 변화시켰던 문화적 고

안물(cultural invention)으로서 원근법은 현실을 수학적인 관점에서 읽을 수 있는 도구를 제공해주었고, 점차 세계를 해석하는 기준을 변화시켜나갔다. 산술학교에서 예술가로, 은행을 위한 교재를 쓰기도 했으며, 이후 정치가로 활동하기도 했던 피에로 델라 프란체스카(Piero della Francesca)의 저술을 연구했던 루카 파치올리(Luca Pacioli)는 1497년 『신성한 비례를 위해서*De Divina Proportione*』를 통해서 성서에서 언급하는 인간의 신체를 기준으로 분석한 황금률과 플라톤의 다면체(solido platonico)에서 유래한 기하학적 원소의 개념을 바탕으로 세계를 분석하는 방법론을 집필했으며, 이 과정에서 레오나르도 다 빈치(Leonardo da Vinci)는 파치올리의 책의 삽화로 <비트루비안 맨*Uomo vitruviano*>을 그려주었다(도3).[12]

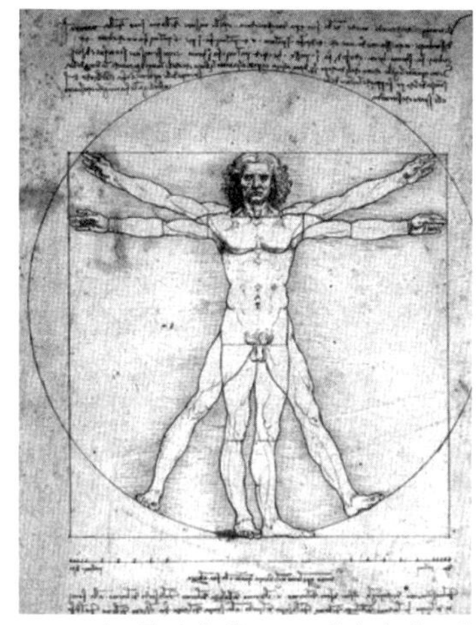

도3. <비트루비안 맨>으로 알려진 레오나르도의 인체 비례도는 인간의 척도를 기준으로 세계를 바라보는 인간중심적인 세계관의 상징으로 남아있다.

이 같은 변화는 르네상스 시대의 예술가들이 세계를 보는 과정에서 보이는 대상 뒤에 숨겨진 질서를 기준으로 다양한 표현들을 만들어내고 있다는 사실을 알려준다. 이들은 이제 현실을 표현하는 기준을 점차 새로운 현실을 구성할 수 있는 수단으로 변화시켜나가고 있는 것이다.

르네상스 시대 브루넬레스키의 다음 세대 예술가였으며 원근법

도4. 마사초, <삼위일체>, 피렌체 산타 마리아 노벨라 교회, 1425.

을 적용한 회화로 유명한 마사초(Masaccio)의 <삼위일체*Trinità*>는 현실의 표현 수단이 역사적 이야기, 그리고 더 나아가 관람객과 작품의 관계를 구성해가며 효율적인 메시지를 구성하기 위한 조건들에 대한 연구를 통해서 작품을 구성한다는 점에서 당시 르네상스 시대의 변화를 읽을 수 있는 중요한 사례를 제공한다. <삼위일체>는 미술작품을 분석하는 미술사가들이 공간의 거리를 재구성할 수 있을 만큼 시각적 경험의 규칙을 효율적으로 반영한다. 그러나 이 경우 원근법은 이야기를 확장하는 기준이 되기도 한다. 원경부터 근경까지의 이미지를 해석해본다면 원경에 배치된 세계를 창조한 창조주, 세계를 구원하러 온 십자가의 그리스도, 이를 전달하기 위한 두 성인, 그리고 성인들을 통해서 이 사건을 접한 중심 공간의 밖에서 기도하는 주문자들, 그리고 아담의 뼈라고 알려진 죽음과 이후에 찾아올 부활의 메시지가 근경으로 이어진다. 베아토 안젤리코의 <수태고지*L'annunciazione*>나 피에로 델라 프란체스카의 <책형의 그리스도*Flagellazione di Cristo*>에서도 관찰할 수 있는 것처럼 원근법은 단순히 공간을 묘사하는 시각적 규칙으로만 사용된 것이 아니라 서사의 기준으로 활용되기도 했던 것이다.[13] 이 같은 이야기의 서사, 즉 스토리텔링을 둘러싼 기준이 등장하기 시작했다는 점은 모뉴먼트의 역사가 권력을 드러내는 것이 아니라 역사를 구성하고 반영하는 모뉴먼트의 의미가 당시 더 중요성을 지니기 시작했다는 점을 알려준다.

4. 이미지와 도시 공간: 과시적 재현의 구조화

앞서 특수한 실례를 통해서 검토했던 원근법의 문제는 르네상스 시대에 현실과 역사의 연관성을 설명해준다. 타자와 경쟁하는 과정 속에서 인식했던 정체성의 문제는 역사적 정체성을 구성했고, 이런 점은 권력자를 위한 과시적 재현의 형식으로서 이미지의 문화를 발전시켜나갔다. 그리고 이탈리아 내부의 사회 역사적 조건의 변화는 이미지의 사회적 기능을 강화시켜나갔다.

이탈리아의 경우 여러 도시 국가들의 경쟁과 프랑스, 독일, 교황 간의 정치적 관계로 인해서 불안정하던 상황들이 피렌체가 토스카나 공국으로 변화하는 경우나, 세속적인 세계에 대한 종교적인 영향력을 바탕으로 성장한 로마의 교황령처럼 안정적인 사회적, 문화적 공간(space)이 구성되기 시작했다. 권력자의 통제와 새로운 사회적 관계들이 다양한 계급을 바탕으로 적용되고 규칙을 만들어내는 과정 속에서 하버마스가 중세의 문제부터 추적해오며 사용했던 용어였던 '과시적 재현'이라고 불렀던 권력의 재현 형식이 사회적인 소통의 구조 속에서 도시 공간과 결합되어 보편적인 삶

을 둘러싼 문화적 이데올로기의 전달 수단으로 효율적으로 조직되었다.[14)]

4.1. 권력을 반영한 도시 공간의 탄생과 유용성: 역사를 위한 이미지의 구조

메시지를 강조하고 화려한 표현들을 보는 사람의 관점에서 구성하는 바로크 시대 이미지의 정치적 재현 형식은 로마에서 잘 관찰할 수 있다. 로마는 의심할 여지없이 종교와 권력, 경제와 문화를 둘러싼 다양한 이야기들이 도시에서 중첩되고 사람들을 설득해가는 도시 공간을 만들어냈다. 하지만 이런 점은 이탈리아 반도 내의 다른 여러 도시에서도 확인할 수 있다. 특히 이미지의 시퀀스를 위한 도시 구조가 르네상스 시대부터 관심을 가지고 있었던 역사를 통해 설득을 위한 공간으로 변해가는 과정 속에서 도시 구조 자체의 기획은 매우 중요한 의미를 지니기 시작했다. 특히 피렌체의 사례는 이런 변화를 잘 관찰할 수 있다.[15)]

르네상스 시대부터 시작된 피렌체의 오랜 권력 투쟁이 종결되었던 것은 16세기 중반 메디치 가문을 중심으로 피렌체의 권력 구조를 공고하게 만들었던 코시모 1세(Cosimo I)의 시기였다. 그는 적절한 정치적 수완을 발휘했다. 48인 위원회를 구성해서 정치적 안정과 내실을 다졌으며, 1569년 오트만 제국의 확장을 견제하기 위한 정치적 동맹인 레가 산타(Lega Santa)에 참여하는 대가로 '토스카나 대공'이라는 명칭을 통해서 외부적으로 독립적인 국가로서 인정받았다.[16)] 피렌체의 경우 15세기 초부터 이 시기까지 이미지의 재현과 제작의 의도가 대체로 가문과 가문, 도시와 도시의 경쟁이었다면 독립적이고 안정된 사회 구조를 갖추게 되면서 이 시기부터 이미지의 사회적 용법이 변화되기 시작했다.

1559년 7월 코시모 1세는 화가이자 건축가였던 바사리에게 새로운 건물을 발주했다. 1560년부터 바사리는 이 건물의 제작에 착수했다. 이후 코시모 1세는 1565년 아들인 프란체스코 1세(Francesco I)와 조반나 다우스트리아(Giovanna d'Austria)의 결혼을 기념해서 바사리에게 메디치 가문의 새로운 거주지 팔라초 피티와 우피치, 팔라초 베키오를 연결할 것을 주문했다. 바사리는 이를 위해서 약 6개월의 작업 끝에 '바사리의 복도'를 제작했다.[17] 이 복도는 단순히 권력자를 보호하기 위한 통로가 아니라, 도시를 관통하고 누구나 이를 볼 수 있는 모뉴먼트가 되었으며, 로마의

표1. 피렌체 도시 기획의 역사적 공간

피렌체 도시 구조의 변화

A 로마시대의 피렌체(사각형의 틀)

B 피렌체 대성당-시청을 축으로 구성된 르네상스 초, 피렌체의 중심지(노란색 화살표)

C 바사리와 부온탈렌티가 메디치 가문의 건물을 이어 재구성한 토스카나 공화국 시대의 피렌체의 중심지(청색 화살표)

도시기획을 바탕으로 두오모와 시청의 축으로 연결되었던 전통적인 피렌체의 중심가를 시청과 메디치 가문의 거주지로 구성된 축으로 변화시켰다(표1).

1574년 코시모 1세와 바사리가 건축물의 구조를 완성한 후 이전에도 코시모 1세를 대신해서 섭정으로 활동했던 토스카나의 대공이던 프란체스코 1세는 1575년 반란을 계기로 정치적 활동을 줄이고 오히려 연금술과 문화의 후원자로서의 역할에 더 관심을 가졌다. 우피치의 회랑에는 위인의 초상화와 함께 메디치 가문의 초상화가 걸려 이들과 동일한 가치를 부여받았고, 가문의 역사적 정통성을 강조하기 위한 고대 조각상들이 배치되었다. 시청에서 우피치를 방문하는 사람들은 이를 통해서 메디치 가문의 역사를 읽어냈는데 이런 점은 접견실의 용도로 사용되었던 트리부나에서 절정을 이룬다. 이곳은 <메디치가의 비너스*Venere de' Medici*>처럼 당시 컬렉션 중 가장 높은 평가를 받았던 작품들을 배치했다. 흥미로운 점은 트리부나가 메디치 가문의 문장이 지닌 동일한 색채로 공간을 구성했다는 점에서 아름다운 예술품은 곧 가문의 메타포이자 상징으로 변화되었다는 점이다.[18] 이런 상황은 바사리가 세상을 떠난 이후에도 지속되었다. 이 같은 기획의 중요성을 이해했던 프란체스코 1세는 바사리의 기획은 이어받은 책임자였던 부온탈렌티(Bernardo Buontalenti)는 1585년 <로지아 데이 란치 *Loggia dei Lanzi*>를 완성했다. 윗부분은 정원으로 음악을 연주하는 무대가 되었으며, 시뇨리아 광장과 마주하기 때문에 누구나 볼 수 있는 아래 부분에는 코시모 1세가 주문하고 수집했던 조각 작품 중 승리를 의미하는 도상(圖像)으로만 구성해서 메디치 가문의 정치적인 승리를 환기했다. 정치에 관심이 없었던 프란체스코 1세는 아버지가 시작했던 피렌체의 도시 기획에 적절한 메시지가 담긴 미술 작품을 배치해서 정치적 이데올로기와 역사의 서사 공간으로 변화시켜나갔던 것이다.

도5. <마넬리의 탑>의 동시대 장면. 이 탑은 기존 마넬리 가문의 권력의 상징을 파괴하지 않고 남겨 놓았지만 바사리의 복도를 관통시키고 시민들에게 드러내면서 역사를 보존하고 동시에 당대의 권력을 강조하고 있다.

1581년 바사리부터 부온탈렌티로 이어지는 흥미로운 피렌체의 도시와 예술품의 전시 기획은 어느 정도 완성되었다. 피렌체의 시청인 팔라초 베키오는 작은 다리를 통해서 우피치와 연결된 후 회랑을 통해서 트리부나로 이어졌고, 우피치에서 나가는 바사리의 복도는 베키오 다리를 지나 마넬리의 탑을 관통한 후, 산타 펠리체 교회의 뒤편을 통과해서 보볼리 정원으로 그리고 메디치 가문의 공식 거주지였던 팔라초 피티로 이어진 동선을 구성한다. 이 장소는 메디치 가문과 도시 권력이 유기적으로 통합된 사례를 제공하며, 도시가 곧 메디치 가문의 역사와 사회적 권력을 강조하는 공간으로 변해갔다는 사실을 알려준다.

이제 피렌체의 중심지는 피렌체 대성당-시청을 축으로 하는 도시가 아니라 메디치 가문의 건축물들로 구성된 새로운 중심지로 대체되었다. 이 과정에서 바사리와 부온탈렌티의 기획은 건물의 사회적 기능을 고려하면서 동시에 이미지의 정치적 재현 공간을 체계적으로 구성했다. 특히 <마넬리의 탑*Torre dei Mannelli*>은 정치적으로 메디치 가문과 경합하던 가문이었지만 시각적으로 메디치가의 승리와 도전에 대한 경고를 직접 드러낸다.(도5) 마넬리 가문은 메디치 가문에 반기를 들었기 때문에 진압되고 축출되었지만 이 가문의 권력을 상징하는 탑을 무너트린 것이 아니라 바사리의 복도가 이 탑을 뚫고 지나가는 모습을 보여주었다. 메디치 가문의 권력은 과거 역사를 지워나간 것이 아니라 역사를 통해서 구성되고 있는 것이다.

또한 두 세대에 걸쳐 각 장소들에 배치된 예술품들은 원본성의 문제를 넘어 예술품들의 시퀀스로 구성된 연극무대를 도시에 펼쳐놓았다. 이들이 작업한 도시 공간의 건축물을 그 자체로 메디치 가문의 힘과 권력을 드러내고, 이곳을 중심으로 메디치 가문의 예술품들을 도시와 가문의 역사를 기록했다. 그리고 이 공간은 이후 지속적인 변화 속에서 새로운 역사를 기록하기 위한 공간으로 사용되었다.

이 과정에서 이들이 구성한 도시 공간은 장소의 사회적 기능에 따라 방문자의 사회적 지위에 적절한 이미지들을 분류하고 권력을 재현한다는 점에서 미술품의 용법도 분화되기 시작했다. 로지아 란치의 경우 위층에는 음악을 연주해서 권력자를 위한 취향의 공간을 구성했지만 시뇨리아 광장을 채워가는 음악은 로지아 란치의 아래 부분에 배치된 메디치 가문의 승리라는 메시지를 모든 시민들에게 여과 없이 전달하는 개방적 공간이 되었다. 하지만 시청에서 방문자를 맞이하는 국가의 사무공간으로서 우피치의 회랑은 상류층의 인물들에게 고대 그리스 로마의 미술작품에서 시작된 역사를 드러내는 미술작품과 메디치 가문의 역사를 결합해서 전달했고, 트리부나는 역사 속에서 동시대 메디치 가문의 현재를 화려하게 강조하며 미학적 가치가 높은 작품의 경연장으로 변했다. 반면 바사리의 복도에는 메디치 가문의 사적 취향의 공간으로 변했다.

흥미로운 점은 이미지가 배치되는 도시 구조이자 전시 공간은 이후 사회적 담론을 위해 개방되기도 하고, 이야기의 기준으로 확장되어나갔다는 점이다. 초기 이 도시 구조와 이미지가 사회 계급을 위한 특정한 메시지로 사용되었지만 역사의 의미를 획득하면서 종종 방문을 허용하고 공간을 개방하는 사례도 등장하기 시작했다. 예를 들어 우피치(Uffizi)는 1591년 요청을 받는 경우 오늘날 우피치 미술관으로 알려진 회랑(Galleria degli Uffizi)을 공개하기 시작했다. 이 구조는 이후 메디치 가문의 컬렉션이 확장되는 기준이 되었고, 대표적인 실례는 빗토리아 델라 퀘르치아(Vittoria della Quercia)의 경우처럼 가문의 구성원들에 의해서 지속적으로 확장되었다.[19] 그 결과 우피치 갤러리는 메디치의 권력자들이 지닌 교육적 의도에 따라 메디치 왕조의 권력을 강조할 수 있는 작품들을 점차 국가의 재현공간이자 개인적 권력의 상징으로 배치했다.[20] 이후 1620년경에 구성된 팔라초 피티의 신 팔라티나 갤러리도 완성되었다. 하지만 이곳은 구조적이고 공적인 공간보다는 미학적이고 개인적 취향의 공간으로 구성되었다.

이런 점을 볼 때 바사리는 마치 토스카나 공국의 문화 장관처럼 메디치 컬렉션을 분류하고 자신이 구성한 도시의 무대를 바탕으로 이미지의 재현을 둘러싼 정치적 실험공간으로 활용했고, 이 과정에서 컬렉션의 여러 가지 용법을 구성하고 있음을 알 수 있다.[21)] 이 과정에서 바사리는 역사의 가치를 이해하고 있었다. 그가 기술한 『르네상스의 미술가 평전』은 작품의 양식과 수준을 분류하기 위한 지침서라는 점에서 초기 우피치의 트리부나의 작품을 선정하는 사유의 기준을 제공했지만 이후 델로 델리(Dello Delli)의 일대기에서 컬렉션의 역사적 가치를 강조했다. "이런 오래된 사물들은 여러 기억들을 전승하는 데 도움이 된다. 코시모 대공의 궁에서 나는 델로 델리의 몇몇 작품을 보관하도록 했다. 이곳에서 이 작품은 늘 관심의 대상이 되었으며, 적어도 이 작품은 적어도 제작된 시기의 여성과 남성의 다양한 의상들에 대한 정보를 전달해 주었다."[22)]

피렌체의 사례는 도시가 왜 예술품의 경연장이 되었는지 알려준다. 도시는 과거의 역사와 동시대의 과시적 재현을 이어주는 공간이었을 뿐만 아니라 이야기를 구성하기 위한 시퀀스를 제공하는 구조로 변화되었다. 그리고 이 과정에서 공유된 사회적 함의는 도시공간에 담긴 이미지들은 과시적 재현을 목적으로 구성한 역사적 이데올로기와 동시대 권력의 당위성을 넘어 사회적 유산으로 변화되어 나갔다는 점을 보여주고 있다.

4.2. 역사의 무대가 된 로마의 도시 기획: 베르니니의 로마

르네상스 후기 혹은 문화사에서 매너리즘 시대에 등장했던 북유럽의 종교개혁에 대한 문제를 해결하기 위해서 1545년 톨렌트의 공식 회의로 시작되어 베스트팔렌 평화조약(1648)까지 계속되었던 교황과 남유럽의 입장은 반종교 개혁으로 알려졌고, 유럽의 사회 정치적 정체성의 문화적, 지리적 경계를 구성했다. 특히 이 과정에서 이미지는 정치적 이데올로기를 쉽게 전달할 수 있는 효율적이 도구였고 권력을 둘러싼 사회적 당위성을 만들어낼 수 있었다. 특히 로마의 교황령의 경우에는 종교 개혁과 반종교 개혁의 정치적인 이항 구조 속에서 이미지는 종교의 사회적 권위와 권력자에 대한 보편적인 재현의 형식으로 발전했다. 이런 점은 '대희년(Giubileo)'이나 '성인의 해(Anno dei Santi)'와 같은 종교적 행사를 기반으로 도시 전체가 이미지로 구성되는 사례를 만들어냈다.

물론 이 과정에서 르네상스 시대에 등장한 역사와 현실의 관계를 통제하기 위한 보편적 이미지가 구성될 필요성이 생겼다. 이런 점은 밀라노의 암브로시아나 도서관(Biblioteca Ambrosiana)의 경우를 통해서 확인할 수 있다. 이곳은 밀라노를 관할했던 페데리코 보로메오(Federico Borromeo) 추기경에 의해서 기획된 공간으로 원래 이곳에는 종교적인 이미지를 구성하기 위한 여러 텍스트와 그 적용의 실례로서 예술 작품들을 모두 관찰할 수 있는 장소였다. 예술가들은 이미지를 제작하기 위한 모델로서의 작품과 그 근거를 이해할 수 있는 공간이었던 것이다.[23)] 따라서 종교화를 그려야 하는 화가는 이야기와 이미지의 모델을 한 장소에서 관찰할 수 있는 공간을 가지게 되었던 것이다. 그러나 오늘날 이 곳은 도서관으로만 남아있다. 이곳에 있었던 대부분의 예술 작품들은 이탈리아의 통일 이후 수도원과 종교 단체의 재산에 대한 압류의 과정에서 공적 유용성을 부여한다는 이데올로기적 맥락 속에서 미술작품들을 브레라 아카데미의 교육적 용도로 구성된 브레라 미술관

(Pinacoteca di Brera)으로 이관했기 때문이다.[24] 그러나 페데리코 보로메오 추기경의 기획은 반종교개혁의 이미지의 문화가 종교적으로 보편적인 기준에 대한 제시와 설득의 기준을 제공했다.

이 같은 이미지의 사회적 기준을 공유한 후, 이미지는 공간 속에서 유기적으로 결합해서 의미를 확장해갔다. 예를 들어 화가, 조각가, 건축가로 당시의 시각문화를 주도했던 베르니니(Gian Lorenzo Bernini)는 유명한 성 베드로 대성당의 양편에 아케이드를 만들었다(도6). 기능적으로는 중앙에 있는 성 베드로 광장을 구성하고, 오늘날도 그렇지만 오른편 아케이드가 입구가 되고 내부를 방문한 후 왼쪽 아케이드가 출구가 되는 구조로 이는 로마를 주기적으로 방문하는 수많은 순례자의 그룹과 인원을 통제하기 위한 것이었다. 그러나 그는 단순히 기능적인 목적을 충족시키기 위해서 성 베드로 대성당의 광장의 공간을 기획한 것이 아니었다. 이 공간은 성 베드로 대성당의 전경에 대한 시야를 확보했고, 로마의 직선으로 구성된 도시 계획은 순례자가 온 마지막 종착점으로서 왔던 길이자 돌아가야 할 길과 대성당의 이미지를 극적으로 대비시켜주었다.

도6 베르니니의 <성 베드로 대성당의 아케이드>(조망도)

베르니니가 구성했던 권력을 드러내는 건물의 극적 재현은 도시의 공간과의 기능적인 관계를 통해서 완성된다. 베르니니는 단순히 특정한 건물을 기획한 것이 아니라 도시의 각 부분의 기능들을 토대로 순례의 여정을 구성한다. 그는 포폴로 광장(Piazza Popolo)의 건물과 르네상스 시대 식스투스 4세 교황의 도시 기획의 구조를 순례의 여정으로 구성한다. 포폴로 광장에서 로마를 대표하는 7개의 교회가 직선의 도로를 중심으로 연결되었고, 이는 광장을 중심으로 유기적인 시퀀스를 구성했다. 교회의 이름으로 대표되는 성서의 인물들은 성서의 이야기를 환기했고, 성서의 이야기를 동시대에 전달했던 성인이나 복자의 삶과 이야기들은 다시 중심 교회를 기준으로 이어지는 길들의 양편에 배치되어 있으며, 이는 성서뿐만 아니라 교회와 삶의 관계를 바탕으로 구성된 역사의 이야기들로 재구성되어 현실에 대한 정치적 당위성을 설파한다. 로마의 경우 이 교회는 단순히 종교적인 의미를 지닌 건물로 남는 것이 아니라 순례의 여정을 통해서 로마의 경재적인 재화를 구성하며, 도시의 중심지들은 다시 역사 속에서 교회의 권력에 대한 정치적 당위성을 설명해준다.

이런 점을 설명하기 위해서 오늘날 연구자들은 이를 바로크 시대의 극장주의라는 용어로 설명한다.[25] 도시의 모든 공간들은 동시대의 권력과 경제, 문화적 관점이 펼쳐지는 세계의 극장이라는 의미를 획득하게 되었던 것이다. 그 결과 베르니니의 기획 속에서 로마의 광장들은 앞에 서 있는 교회의 권위에 대한 과시적 재현이라고 볼 수 있지만 이는 삶을 구성하는 도시 공간을 통해서 유기적으로 연결되었고, 교회들의 시퀀스는 동시대의 사회, 정치, 문화의 재현 공간으로서 그 자체로 세계를 이해할 수 있는 무대가 되었다.

5. 과학혁명과 계몽주의: 이미지의 의미를 읽기 위한 새로운 패러다임의 등장

이탈리아 내의 르네상스 시대의 도시 국가들은 시간이 지나면서 정치적인 안정 속에서 프랑스나 독일과 같은 인접 지역에서 발전했던 절대 왕정이 만들어낸 국가 정체성 속에서 자신의 정체성의 문제를 인식하기 시작했다. 르네상스 시대의 이미지가 공공 공간에서 점차 권력자의 과시적 재현의 형식으로 기념비와 같은 의미를 지니게 되었다면, 바로크 시대는 이 같은 이미지의 기능이 도시 전체로 확장되어 동시대의 권력에 대한 역사적 당위성을 뒷받침하기 시작했다. 그러나 이 같은 이미지의 사회적 기능의 변화 속에서 새로운 변화가 등장했다. 이는 16세기부터 발전하기 시작했던 과학혁명의 사유 구조의 변화를 동반하며 17세기 이후 계몽주의 시대에 이미지의 유용성에 대한 생각을 구성했다.

이탈리아의 유럽에 대한 기여는 단순히 종교적, 정치적, 경제적 상관관계 속에서 발전한 것이 아니다. 과시적 재현의 형식은 16세기 절대왕정처럼 왕국과 권력자와 피권력자의 관계 속에서 보편적으로 등장하는 문화적 현상이었으며 역사와 현실을 이어주었다. 그러나 과학혁명이라고 알려진 새로운 사유의 전환은 현실의 대상에 대한 유용성이라는 개념의 등장과 더불어 현실을 바라보는 관점 자체를 변화시켰다.

5.1 변화의 맹아: 이탈리아의 과학혁명 – 갈릴레이의 달

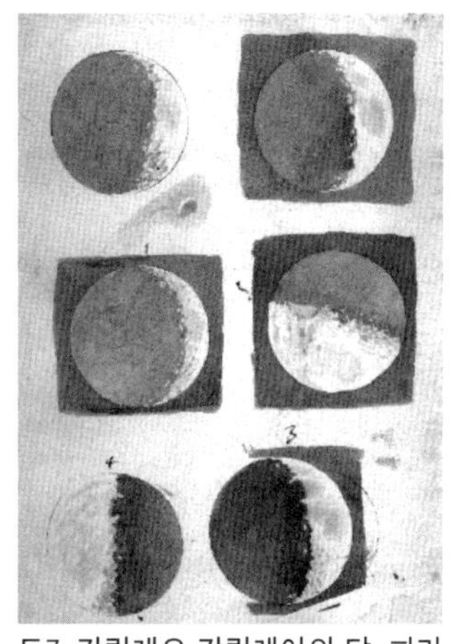
도7. 갈릴레오 갈릴레이의 달, 파리 국립도서관 사본.

1610년 갈릴레이는 망원경으로 태양의 흑점, 달의 표면, 금성의 차고 기움, 목성의 4개 위성을 관찰했고 이를 토대로 지동설이 과학적으로 더 절적하다고 공표했다. 이 근거는 망원경이 과거에 눈으로 관찰할 수 있는 것과 다른 정보들을 전달할 수 있었기 때문이다(도7). 예를 들어 그는 달의 표면을 관찰하며, 달이 기울 때의 그림자의 이미지와 달이 찼을 때의 이미지가 동일하다는 점을 관찰했고 이를 태양과 지구, 그리고 달의 상관관계를 통해서 빛과 그림자의 문제로 규명하고자 노력했다. 이에 따라 그가 제시한 가설을 설명하기 위해서는 천체의 구조를 논리적으로 규명할 필요가 있었다. 그러나 그는 이 사실을 직접적인 경험의 형태로 구성할 수 없었다. 달을 직접 방문할 수 없었기 때문이다. 그렇기 때문에 그가 구성한 시스템은 과학적인 사실성의 여부를 떠나 현실에서 얻은 데이터들을 통해서 유추한 세계에 대한 결론이었다. 이런 점에 대해서 영국의 예술과 과학의 관계를 통해서 현실을 보는 문화적 관점에 대해서 연구했던 마틴 캠프(Martin Kemp)는 이를 『보이는 것과 보이지 않는 것*Seen Unseen*』이라는 대중적인 서적을 통해서 역사적 맥락들을 검토했다.[26)]

이 과정에서 갈릴레이의 시스템을 구성하는 전제는 지구에서 그가 바라보는 달과 태양의 거리였다. 그는 이런 점을 수학의 삼각함수의 원리를 바탕으로 구성된 측량술을 기반으로 거리를 추정해야 했다. 로마 시대부터 토지의 측량에 대한 문제로 오랜 시간 다루어왔던 거리에 대한 측정의 개념은 직접 가서 확인하는 방법이 아니라면 관찰자의 위치 변화를 토대로 수학적 관계를 구성해야 했으며, 이는 관찰자의 상대적인 위치에 대한 개념이 반영되었을 때, 관찰하는 대상의 거리와 위치를 파악할 수 있으며 이는 기존에 루제로 2세(Ruggero II) 시대의 프라하에서 왕의 운명을 위해 천체를 연구했던 티코 브레헤(Tycho Brahe)나, 이를 토대로 새로운 가설을 구성했던 코페르니쿠스(Nicolaus Copernicus)의 모델들을 검토하고 더 적절한 구조를 선택한 후 달의 차고 기우는 현상에 대한 과학적인 설명을 논리적으로 구성하고자 노력했다.

그럼에도 불구하고 갈릴레이의 이런 관점은 동시대 지식인들, 특히 교회의 반발을 불러일으켰고 유명한 법적 공방을 불러일으킨다. 특히 당시 예수회 소속 추기경이자 교황청 금서목록 위원이었던 벨라르미노(Roberto Bellarmino) 추기경의 경고를 받은 후 갈릴레이는 1616년 2월 26일에 지동설을 논하거나 옹호하지 않겠다는 서약을 했고 태양은 하늘의 중심에서 부동(不動)이며, 지구는 하늘의 중심에 있지 않으며, 부동이 아니라 이중 운동을 하며 움직인다는 관점의 명제를 부정했다.

갈릴레이의 분석에 대한 제도적인 제약과 검열은 이 문제를 단순히 과학적 가설과 검증의 문제로 다루어지지 않았다는 점을 보여준다. 실제로 갈릴레오 갈릴레이의 가설이 논란에 휩싸였던 이유는 과거의 사회 역사적 지식이 권력의 구조에 기여했던 부분을 무너트리기 때문이다. 예를 들어 르네상스 시대부터 발전했던 점성술은 교황이나 왕과 같은 권력자들이 왜 다른 사람들과 다른지 그들의 운명을 설명하기 위한 의도로 활용되었고, 의학 분야의 4체액설의 경우처럼 인간의 보편적인 특징을 설명하는 과정에서도 적용되었다. 천체의 문제는 단순히 과학적 대상이 아니라, 신이 만든 유기적인 세계관 속에서 인간과 환경에 대한 문제이자 인간의 운명과 역사에 대한 이야기들을 구성해왔었다. 그러나 갈릴레이의 시도가 이를 대상화해서 새로운 시스템으로 구성하게 된다면 이 같은 지식의 권위가 무너지기 때문이다. 물론 갈릴레이가 이를 통해서 기존 지식의 패러다임과 문화적 해석의 관계를 부정하고 사회적인 혁명을 일으키기 위해서 자신의 분석을 공표한 것은 아니었다. 그러나 이는 관찰자의 상대적인 위치에 따라 구성되는 세계에 대한 이해의 출발점을 구성하였고, 이 같은 분석이 신학이나 다른 분야에도 영향을 끼친다는 점에서 이후 사람들의 세계관을 변화시켰다.

르네상스 시대에 사유했었고 바로크 시대에 들어서 사회적인 의미들을 구성했던 유기적이고 보편적인 세계관이 무너지면서 상대적인 관점에 따른 가설과 결론들이 제시하는 분석적 세계관로의 이행은 자신이 속한 직업이나 도구 속에서 세계를 해석하는 문제가 아니라 세계의 일부를 해석하는 문제, 그리고 그 결론을 통해서 유추할 수 있는 세계의 다른 문제들을 다루고 있다.

문제의 핵심은 신과 같은 보편적 기준으로 바라본 세계관이 개인의 상대적 관점에 따라 재구성될 수 있는 새로운 세계관이 충돌

도8. 바티칸 지도의 방의 '시칠리아'를 재현한 부분. 로마를 기준으로 지도를 배치하는 과정에서 오늘날의 일반적인 지도와 비교해보면 윗부분과 아랫부분이 뒤집어져 있다.

하기 시작했다는 점이며, 이는 하나의 기준에서 통용되던 세계에 대한 이해가 점차 개인이나, 특정 분야의 전문가들에 의한 여러 지식 집단의 관점에서 재구성되는 문화적 현상이 등장했다는 점이다. 이런 점은 사회적 구성원들의 유용성을 바탕으로 공공성의 문제가 사회적 담론에 바탕을 둔 공론장을 구성해갔다는 점에서 새로운 시대의 문화적인 정체성을 구성해 간다는 점을 알려준다.

이러한 세계관의 승리는 문화적 패러다임에 바탕을 둔 세계관으로 이행하는 다양한 이미지의 재현 문제와 결합되어 있으며, 권력자의 공간 속에서도 등장한다. 대표적인 경우가 바티칸의 지도의 방(Sala delle carte geografiche)에서 살펴볼 수 있는 지리적 데이터의 재현 형식이다. 지도의 방은 세계에 대한 권력자의 지식을 확장하는 문화적 공간으로서의 의미를 지닌다. 그러나 바티칸의 지도의 방의 경우 시칠리아의 재현을 예로 들면, 우리가 이해하고 있는 지도의 형식이 아니라 시칠리아 자체가 뒤집어져 있는 형식을 지니고 있다는 점에서도 확인할 수 있다(도8). 이는 로마를 기준으로 바라본 시칠리아에 대한 지리적 데이터를 표현했기 때문이다. 이는 관찰자의 위치에 따라서 방위가 바뀌는 지도의 재현 형식의 등장을 의미한다. 또한 이 지도는 다른 세부에서 위에서 내려다본 지도, 그리고 당시에 '새의 관점'처럼 공중에서 바라본 것과 같은 재현 형식을 구성하고 있으며, 이는 관찰자의 관점에서 재구성된 지식을 드러낸다. 이 경우도 갈릴레이의 경우처럼 지도 제작자는 비행기가 없었던 시대에 공중에서 직접 경험을 통해서 구성된 데이터가 아닌 시스템을 구성하고 재구성한 이미지였다. 이 같은 변화는 르네상스부터 시작된 보편적 기준이 개인이나 집단의 상대적 기준에 따라서 세계를 재해석하기 시작했다는 점을 보여주며, 이는 보편적 기준과 결합된 문화적 해석이 구성했던 정체적 담론을 무너트렸다는 점을 통해서 확인할 수 있다.

결과적으로 과학혁명을 통해 등장한 새로운 이미지에 대한 관점은 이미지 뒤의 구조적인 시스템을 드러내며, 이 시스템은 사회적 유용성을 바탕으로 새로운 학문 분야의 데이터로 재구성되기 시작했으며 계몽주의 시대 백과사전이 드러내는 지식의 구조적 틀로 변화되기 시작했다. 따라서 이미지는 이미지의 재현 의도 뒤에 숨겨진 문화적 지식의 구조를 표상하게 된 것이다.

6. 역사의 재구성: 사회적 유용성과 이미지의 문화 – 피렌체의 레오폴드 대공의 계몽주의

앞서 살펴보았던 코시모 3세에서 프란체스코 1세의 시기에 바사리의 기획을 바탕으로 피렌체 도시공간을 구성했던 이데올로기의 재현형식은 과학혁명의 새로운 문화적 사유를 바탕으로 재구성되었다. 이런 상황은 토스카나 공국의 권력 구도의 변화 속에서 등장한 사회적 제도의 재분류 과정을 통해서 확인할 수 있다. 메디치 가문의 권력을 중심으로 재편되어 새로운 국가의 형식을 지니고 있었던 토스카나 공국은 이를 상속할 수 있는 직계 후손의 부재를 마주해야 했다. 결국 권력자의 가문의 마지막 직계 후손이었던 안나 마리아 루이사 데 메디치(Anna Maria Luisa de' Medici)는 토스카나 공국을 오스트리아의 로렌 가문(Famiglia Lorena)에게 계승해야 했으며, 그 결과 로렌가문과 1737년 협약을 통해서 피렌체의 메디치 컬렉션을 도시에서 분리되지 않는 조건 하에 권력을 이양했다. 이때 우피치 미술관과 도시의 역사적 이미지는 시민에게 개방되고 도시를 떠날 수 없게 되었다.[27)]

로렌 가문의 프란체스코 스테파노에게 계승되었던 토스카나 공국은 섭정의 형태로 관리되었다가 결국 이 장소를 관리하기 위해서 피에트로 레오폴도 대공(Pietro Leopoldo di Lorena)이 피렌체에 오면서 국가의 구조 자체를 재편하기 시작했다. 레오폴드 대공은 피렌체에서 생활하며 정치, 경제, 문화적 정책들을 통해서 새로운 도시로 변화시켰다. 이 과정에서 그는 메디치 컬렉션의 공공성과 협약을 받아들였지만 이 협약에 명기되지 않았던 조건을 적극적으로 활용했다. 앞서 관찰했던 것처럼 위 협약의 내용은 메디치 컬렉션이 피렌체에 남아있다는 조건이었지, 그 장소의 변경에 대해서는 다루지 않았기 때문이다. 그는 이 과정에서 계몽주의 군주의 이상을 자신의 정치적인 이미지로 변화시켰다. 그는 교회와 수도원을 통제하고, 코시모 1세의 토스카나 공국의 근간을 구성했던 농업을 중심으로 발전했던 지역 경제 구조를 자유경쟁에 바탕을 둔 상업 구조로 바꾸어놓았다. 또한 당시의 백과사전적인 기준에 따라 메디치 컬렉션을 다양한 제도와 공간들로 재구성했으며 새로운 컬렉션을 구성하고 기존의 컬렉션에 덧붙임으로서 원 컬렉션의 사회적 의미를 변화시켰다. 그 결과 수많은 컬렉션들이 다시 새로운 기준에 따라 이합집산을 거듭하며 오늘날 피렌체에 있는 자연사 박물관, 아카데미 미술관, 바르젤로 국립 박물관, 고고학 박물관, 산마르코 박물관, 팔라초 피티의 아르젠티 박물관, 그리고 도자기 박물관이 이 시기에 설립되었다. 당시 이 문화적 격변의 소용돌이의 중심에는 우피치 미술관이 있었다. 이 과정에서 루이지 란치의 주도로 우피치 미술관의 컬렉션도 확장되었다. 컬렉션을 이관하는 과정에서 에트루리아 컬렉션을 도입해서 메디치 가문의 컬렉션을 넘어서 미술품을 통해 지역의 역사를 확장하는 작업이 이루어졌다.[28] 메디치 가문의 역사적 지평을 넘어서기 위한 시도는 이후 지속적인 작품들의 구입으로 이어졌고, 1782년부터 유색석 표본실(Gabinetto delle Gemme)와 삽화본 표본실(Gabinetto delle Miniature)를 통해서 우피치 미술관의 컬렉션을 위한 컬렉션도 구성 정비되었다. 이 공간 기획을 담당했던 자노비 델 로소(Zanobi del Rosso)는 이후 바사리의 기념비적 계단을 수리한 후 우피치 미술관의 새로운 출구를 구성해서 우피치 미술관의 이미지를 제고하기도 했다.

이 사건을 통해서 확인할 수 있는 점은 두 사람의 문화적 관점이다. 안나 마리아 루이사 데 메디치가 토스카나 공국의 권력을 이양하는 과정에서 메디치 컬렉션의 반출을 금지했던 것은 이전의 이미지들이 공공장소에 재현되는 과정을 통해서 국가의 역사를 구성했지만 동시에 메디치 가문의 역사를 드러냈기 때문이다. 권력의 이양과 더불어 이 작품들이 그 장소를 떠나게 된다면 이는 곧 메디치 가문이 주도하던 토스카나 공국의 역사가 해체되기 때문이다. 그러난 레오폴드 대공의 경우, 메디치 가문의 역사가 새로운 정치적 권력자의 역사가 아니기 때문에 이를 사회적 유용성에 바탕을 둔 체제로 재편했고, 이 재편 기준은 사회적 유용성의 개념으로 전환되었다. 유용성이라는 개념은 과거의 역사에 의해서 구성되어 전승되는 것이 아니다. 유용성은 이를 보는 동시대의 관점에 따라서 재구성되고 변화되는 유동성을 지닌다. 이 때문에 사회적 유용성은 권력자의 관점이 이용자의 관점으로 변화되는 출발점을 제공한다.

결론적으로 과학혁명의 새로운 문화적 패러다임은 사회적인 권력자를 구성하는 지식의 기준을 넘어서 동시대의 이용자들의 유용성을 통해 제도적으로 재편되기 시작했고, 이는 상속되는 권력에 대한 정당성을 사회적 유용성을 제시할 수 있는 사회적 동의에 바탕을 둔 제도적 정당성으로 이행하는 과정을 이끌어냈다. 그리고 이는 이후 헌법처럼 제도적 관점에 따라 권리와 의무로 재구성된 새로운 근대 국가의 구조를 만들어내는 데 영향을 끼쳤다.

이 과정에서 이미지의 재현은 도시의 공공장소에서 구성된 역사적 의미를 넘어서 이용자의 유용성에 바탕을 둔 사물의 관계성에 따라 구성된 새로운 세계관의 출현을 구성하면서 동시에 이후 이탈리아의 문화적, 정치적, 경제적 관점이 태동하는 토대를 구성했다.

7. 나가는 말

'이탈리아의 문화 정체성: 유산의 탄생'이라는 제목으로 시작한 이 글에서 연구자는 15세기부터 17세기까지 이미지의 용법과 장소성의 관계를 통해 이탈리아의 도시들이 역사적 미술품의 공간으로 재구성되었던 과정을 추적했다. 처음에 권력의 과시적 재현의 장이던 도시는 점차 역사를 기술하기 위한 예술품의 공간이 되었고, 피렌체의 사례에서 볼 수 있는 것처럼 도시 구조는 역사 기술의 기준으로 작동하면서 새로운 지식을 확장하고 역사를 설명할 수 있는 컬렉션으로 지속적으로 채워지기 시작했다. 그리고 이런 점은 도시 건축물들의 사회적 기능에 따라 세분화되고 로마의 사례처럼 설득력 있는 공간으로 발전했다. 이 같은 과정을 통해서 도시와 미술품은 역사가 되었고 계몽주의 시기 이후 이미지와 공간의 역사성을 인식하면서 동시대의 유용성을 바탕으로 끊임없이 재해석되고 재구성되는 문화적 정체성의 놀이로 변해갔다. 특히 과학 혁명이 만들어낸 유추에 바탕을 둔 구조적 사유는 이미지가 아니라 이미지의 의미를 구성하는 동시대의 관점을 통해서 의미를 부여하기 시작했다.

이 글에서 이탈리아의 수많은 도시의 역사와 이미지의 사례를 모두 보여주기는 어렵지만 이탈리아의 수많은 도시는 유사한 변화들을 겪었다는 점을 확인하는 것은 어렵지 않다. 계몽주의 시대 등장한 유용성과 구조적 사유의 패러다임을 통해 지속되었던 역사와 해석의 놀이는 점차 역사적 기록으로서의 문화재를 넘어 역사를 보는 관점에 따라 가치가 부여된 문화유산의 개념으로 확장된다.

이탈리아의 통일까지 이어지는 근대 도시 계획, 모뉴먼트와 예술품으로 구성된 역사적 관점의 재구성과 재생산은 유사한 역사를 구성하고 있는 도시들을 비교하고 보편적인 역사를 향해 나아갈 수 있는 출발점을 제공한다는 점에서 오늘날 이탈리아의 문화적 정체성을 이해할 수 있는 중요한 이야기들로 남아있다. 따라서 이탈리아가 유럽에 기여했던 이미지의 용법과 과학혁명의 자유로운 사유는 동시에 이탈리아의 정체성을 정의하고 역사에서 수용한 것이 아니라 새로운 이탈리아의 정체성을 찾아갈 수 있는 여정을 예비하고 있는 것이다. 그리고 무엇보다 이탈리아가 유럽 문화에 기여했고, 동시에 자신의 문화적 정체성을 확장시켜나가는 데 있어서 중요한 변화 중의 하나는 도시를 문화유산의 무대로 구성했을 뿐만 아니라 피렌체의 레오폴드 대공이 주도한 변화처럼 사회적 담론을 구성하고 논쟁하며 재생산할 수 있는 박물관과 같은 제도적 변화를 구축했다는 점이다.

1) Marshall Berman, *All That Is Solid Melts Into Air: The Experience of Modernity,* London and Brooklyn: Penguin Books, 2010.

2) Jules Michelet, *History of France*, trans. G. H. Smith, New York: D. Appleton, 1847.

3) 움베르토 에코 편, 『야만인, 그리스도교도, 이슬람교도의 시대. 중세』, 김효정, 최병진 역, 서울: 시공사, 2015, pp. 12-46.

4) Angiola Maria Romanini, *L'arte medievale in Italia*, Milano: Sansoni, 1988.

5) Berti Garziella, *Gruppo di bacini islamici di chiese romaniche pisane,* Genova: AGIS STRINGA, 1971.

6) Giulia Brunetti, *Ghiberti*, Firenze: Sansoni, 1966.

7) Filippo Camerota, *"L'esperienza di Brunelleschi", Nel segno di Masaccio, L'invenzione della prospettiva*, Firenze: Giunti, 2001, pp. 27-31.

8) Leon Battista Alberti, *De pictura*. ed.by. Lucia Bertolini, Roma: Polistampa, 2011.

9) Metz, Christian, *Essais sur la signification au cinéma,* Paris: Èditions Klincksieck, 1972.

10) Franci R., Toti Rigatelli L., "La matematica nella tradizione dell'abaco nel XIV e XV secolo", *Storia sociale e culturale d'Italia,* Roma: Bramante, 1989, vol. V, pp. 68-94. 토스카나 지방에서 설립된 이 학교에 대한 기록은 1290년대 피렌체, 루카, 시에나를 중심으로 발전했다는 사실을 알려주며, 은행업을 관리할 수 있는 수학자와 예술가들이 교육 대상이 되었다. 이러한 제도가 발전하는 과정 속에서 앞에서 언급한 도시 뿐만 아니라 베네치아, 파도바, 베로나, 비첸자에도 은행과 학교가 개설되었다. 이 학교는 10살 혹은 11살 때부터 학생들을 받아들여 라틴어의 교육 과정은 이후 대학이라는 제도로 발전했다. 또한 한편으로는 은행을 위한 인원뿐만 아니라 공증인들과 더불어 공방의 도제들을 제공하기 시작했다. 하

지만 이 과정에서 보편적인 소통을 위한 라틴어뿐만 아니라 이탈리아어 방언(volgare)을 통해서도 교육이 진행되었고, 이들은 현실을 바라보기 시작했다.

11) Enrico Gamba e Vico Montebelli, "Piero della Francesca matematico", *Le Scienze (Scientific American)*, n. 331, marzo 1996, pp. 70-77.

12) 최병진, "피에로 델라 프란체스카의 <그리스도의 책형>에 대한 도상학적 해석과 대수적 사고", 미술이론과 현장, 제18호, 2014. 12: 33-61; Roman Sosnowski, *Origini della lingua dell'economia in Italia. Dal XIII al XVI secolo*, Milano: Franco Angeli, 2006.

13) Antonio Pinelli, *La storia dell'arte. Istruzioni per l'uso*, Roma: Laterza, 2009; 최병진, "르네상스 예술 장르의 상호 관계성과 시각 문화", 이탈리아어문학, 제40집, 2013. 12. pp. 241-278.

14) 위르겐 하버마스, 『공론장의 구조변동』, 서울: 나남, 2001; Donatella Calabi, *La città del primo Rinascimento*, Roma: Laterza, 2001.

15) 최병진, "메디치 컬렉션의 자전(autobiography)과 계몽주의 시대의 공공성: 우피치 미술관을 중심으로", 서양미술사학회, 42집, 2015.2, pp. 171-197.

16) George Frederic *Young, I Medici*, Firenze: Salani, 1969.

17) Bemporad Nello, *Il restauro del corridoio vasariano a Firenze*, Firenze: Tip. L'impronta, 1954; Luciano Berti, *Gli Uffizi e il Corridoio Vasariano*, Firenze: Becocci, 1989.

18) 최병진, "서구 전시공간유형의 역사적 발전과 문화적 의미", 한국미술사교육학회, 26호, 2012. 8: 261-293.

19) Alessandro Cecchi, *Carlo Gasparri, La Villa Medicis. 4. Le collezioni del cardinale Ferdianado: i dipinti e le sculture*, Roma: Ecole francaise de Roma, 2009.

20) Giuseppe Olmi, "Dal 'teatro del mondo' ai mondi inventariati. Aspetti e forme del collezionismo nell'eta moderna", Gli Uffizi, quattro secoli di una galleria, ed.by. Paola Barocchi, Firenze: 1983, pp. 233-269.

21) Maia Wellington Gahtan, Giorgio Vasari and the Birth of the Museum, Farnham: Ashgate, 2014, pp. 2-15.

22) Paola Barocchi e Rosanna Bettarini, Le vite, vol.3. p. 39.

23) Angelo Paredi, A History of the Ambrosiana, University of Notre Dame Press, 1983.

24) Sandrina Bandera, ed.by. Brera. La Pinacoteca e i suoi capolavori, Milano: Skira, 2009.

25) Maurizio Fagiolo dell'Arco, L'immagine al potere - Vita di Giovan Lorenzo Bernini, Bari: Laterza, 2001.

26) 마틴 캠프, 『보이는 것과 보이지 않는 것』, 서울: 을유문화사, 2010.

27) Cristina De Benedictis, Per la storia del collezionismo italiano. Fonti e documenti, Firenze: Ponte alle grazie, 1991. 그러나 이 과정에서 유일하게 배제된 메디치 가문의 컬렉션은 아이러니하게도 초기 메디치 가문의 컬렉션을 구성했고, 이후 지속적으로 외교적 관계에 따라 증가했던 이국적 컬렉션이었다. 이 이국적 컬렉션들은 이후 원본성에 대한 가치를 주목받지 못했기 때문에 일부 다른 목적으로 유용되었으며, 오늘날 이 컬렉션의 많은 부분들이 이후 팔라초 피티의 아르젠티 박물관에 남아있다.

28) 오늘날 이 컬렉션은 다시 분류과정을 거쳐 피렌체 국립 고고학 박물관으로 이전되었다.

제5장
네오리얼리즘과 이탈리아 영화의 오늘

by 정란기

영국의 시인이자 비평가인 매슈 아널드는 문화를 "사고되고 말해진 최고의 것"이라고 정의하면서 지식인들은 문화가 타락되는 것을 막아야 한다고 주장했다. 반면 인류학자들은 문화라는 용어를 삶 전반에 적용하고, 인간이 살아가는 방식과 행동에까지 그 의미와 가치를 확장시켰다. 그럼으로써 특정 계층의 전유물이었던 문화는 모든 계급으로 확대되어 대중의 문화가 될 수 있었다. 대중문화의 아이콘인 영화는 1895년 뤼미에르 형제에 의해 탄생한 후 현대에 이르기까지 사회, 예술, 테크놀로지 그리고 산업에 영향을 주었다. 이러한 영화가 특정한 시기와 국가에서 어떻게 기능했는지 살펴보는 것은 당대의 역사에 접근하는 것과 같다. 또한 영화는 역사적 사건들과 복합적으로 연관되어 존재할 뿐 아니라 다른 시스템들인 대중, 여타의 매체, 국가의 정치 경제 상황 그리고 다른 예술들과도 분리될 수 없는 종합예술이다. 이러한 메커니즘을 바탕으로 이탈리아 영화의 전반적인 특징을 이해하고자 한다. 본 글에서는 이탈리아 영화의 정체성이 되었다 해도 과언이 아닌 '네오리얼리즘(Neorealismo)'을 하나의 현상으로 보고, 그 현상이 나타난 역사적 사건의 배태 양상과 오늘날 이탈리아 영화에 대해 살펴보고자 한다.

독일이나 소련은 전체주의 체제에서 영화에 대해 강력한 통제를 가했지만 1920년대 무솔리니 정권은 그렇지 않았다. 이탈리아 파시즘은 초기에는 매체를 장악하지 않았고, 루체 국립위원회를 통해 기록영화와 뉴스릴을 관리했다. 하지만 자국의 영화산업이 위축되고 평론가들과 관객들에게 호응을 얻지 못하자 국가법인 기관인 시네스 스튜디오를 재구성하여 1930년에 최초의 유성영화를 제작하게 된다. 이 영화는 루이지 피란델로의 『말없이*In Silenzio*』라는 단편소설을 바탕으로 제작된 <사랑의 노래*La canzone dell'amore*>[1](1930, 젠날로 리겔리)이다. 1931년에는 시네스의 경영자인 피달루가의 발의로 외국 영화를 수입하거나 더빙하는 제작사에 세금을 부과하게 하고 매출액에서 일정 수익을 제공하는 영화법이 생기게 된다. 이 영화법으로 이탈리아 영화 제작이 증대되고 영화 시장이 활발해지는 데 도움이 되었다. 이후 문학과 영화 평론가인 에밀리오 체키가 시네스의 경영을 맡게 되면서 당대 최고의 작가, 배우, 시나리오 작가, 음악가들과 협업하여 영화를 제작하기도 했다. 하지만 체키가 제작한 영화들은 특별히 실패하지 않았지만 정치적 지지를 받지 못해 시네스는 매각되어 버린다.

파시즘 정권은 영화산업이 중요하고 영향력이 있는 이데올로기라고 깨닫고 영화가 지식인들에 의해 장악되는 것을 막기 위해 영화종합관리소[2)]를 설립한다. 그리고 무솔리니의 홍보부 수장이던 루이지 프레디를 내세워 영화 제작의 모든 단계인 대본 수정, 영화 줄거리 구성, 캐스팅, 스튜디오 임대, 홍보에까지 관여하게 된다. 그러나 그는 파시스트 선전을 감독했지만 정부가 영화산업을 도와주고 포상해야지 통제해서는 안 된다고 주장한다. 그리고 홍보의 중요성을 인식하고 있었기에 국내외 인맥을 동원하여 영화 연구와 전문화가 목적인 영화전문잡지 《로 스케르모*Lo schermo*》, 《치네마*Cinema*》, 《비앙코 에 네로*Bianco e Nero*》와 제작과 관련된 내용인 《필름*Film*》을 창간하는 데 도움을 준다. 이러한 장려를 바탕으로 영화에 대해 단지 기술적인 측면뿐 아니라 이론적으로 구축함으로써 감독, 이론가, 평론가들 간의 친밀성이 오늘날까지도 영향을 주고 있다. 하지만 1930년 중엽부터는 사전검열 형태로 엄격한 제재를 가하기 시작하였다. 그와 동시에 국가적으로 영화 문화를 증진하기 시작했다. 1932년부터 베니스국제영화제를 개최하여 이탈리아 영화를 해외에 소개하는 자리를 마련했고 1934년에는 정부 직속 영화국을 창설했으며 이탈리아 주요 대학에 영화학부를 개설한다. 1935년에는 국립영화학교인 영화실험센터를 설립하여 전문적인 배우, 감독, 기술자들을 양성하기 시작했다.[3)] 1937년에 영화스튜디오인 치네치타(Cinecitta)를 조성하게 되는데, 이곳은 영화에 대한 아이디어만 가지고 들어오면 완성된 결과물을 들고 나갈 수 있을 정도로 완벽한 시설을 갖춘 곳이었다. 이처럼 정부의 지원으로 이탈리아 영화 제작에 활기를 주게 되었지만 한편으로는 국가가 검열과 지원에 관여하면서 영화를 통제하기 시작한다. 하지만 훗날 이탈리아 영화를 대표하게 될 로베르토 로셀리니, 미켈란젤로 안토니오니 같은 감독들이 정부의 지원으로 양질의 영화 제작 교육을 받을 수 있었다. 이런 점으로 미뤄 보아 네오리얼리즘 영화는 정책적인 영화산업의 토양에서 탄생한 것이라 볼 수 있다.

파시즘 시기의 영화들은 인기 있는 멜로드라마나 스타를 중심으로 전개되는 로맨스 같은 유형인 '백색전화영화(Telefoni Bianchi)'가 주를 이루고 있다. 백색전화영화는 부자들의 삶을 전형적으로 그려내는 낭만 멜로드라마로 전화로 대화하는 방탕한 인물들이 현실을 거부하는 데 초점을 맞춘 영화다.[4] 사치스러운 차림으로 권태로워하는 상류계급 여인과 잘 생겼지만 가난한 청년이 전화로 밀담을 나누지만 진정한 행복은 자신의 계급 구성원들 사이에 있음을 깨닫는 내용이다. 당시 이탈리아 경제는 소득이 높아지고 실업자가 줄어들었으며 여가 시간을 즐기는 시민들이 늘어나 무도장, 음악회, 영화관은 항상 사람들로 붐볐다. 이처럼 영화에 대한 관심이 높아지자, 1938년에 정부는 외국 영화를 구매하고, 배급권의 전매를 관여하는 반자유적 경제 조치를 취해 수익을 증대시켰다. 또한 흥행에 성공한 작품에 더 많은 지원금을 받을 수 있는 법을 제정하여 영화사들 간 경쟁을 부추겼다. 이탈리아 영화계는 1940년을 전후하여 두 경향으로 나뉘게 되는데, 19세기 문학이나 동시대 작가의 산문예술로 돌아간 영화인들[5]과 다큐멘터리 형식과 소련영화 형식의 영향을 받아 영화와 현실 간의 연계를 두려는 프랑스 유파들[6]이었다.[7] 정부가 미국 영화에 대한 금수 조치를 통해 자국의 영화 제작에 통제를 약화시키는 효과를 일으키면서 질적으로, 특히 정치적으로 자유를 얻게 된다. 이러한 분위기가 이 시기 네오리얼리즘의 선구적인 역할을 하게 되는 데시카의 <아이들이 우리를 보고 있다*I bambini ci guardano*>(1943)와 비스콘티의 <강박관념*Ossessione*>(1943)이 나오게 된 배경이 된다. 영화 제목들의 변화나 주인공이 미혼모, 간통한 아내, 자살하는 남편들이 나오는 것만으로도 당시 20년 동안 억압해 오던 강요된 가면으로부터 벗어나는 변화의 조짐을 살필 수 있다.[8)]

1. 삶을 비추는 기울, 네오리얼리즘

네오리얼리즘은 1942년부터 10여 년간 "있는 것을 그대로 보여주자"는 리얼리즘을 지향하는 이탈리아 영화운동이었다. 네오리얼리즘은 짧은 기간이지만 세계적으로 명성과 호응을 얻었으며, 오늘날까지도 이탈리아 영화의 정체성으로 인식되고 있다. 네오리얼리즘을 한마디로 규정하기는 어렵다. 왜냐하면 정치, 심리, 미학적 측면에서 고려해 보아도 그 정의를 내리기 어려울 정도로 다층적이고 복합적이기 때문이다. 심리적으로는 전쟁으로 인한 공포와 수치심에 대한 반응으로 이 시기 모든 영화인은 인간의 실존적 가치와 사회적 공동체 의식을 살리려는 노력을 보인다. 정치적으로는 파시즘에서 비롯된 오류들에 대한 해명의 일환으로 볼 수 있다. 이러한 문제점을 표현하기 위해서는 새로운 언어가 필요했으며 영화인들은 영화 언어를 통해 시대의 양심을 돌아보고, 자유를 위한 새로운 의지를 표현할 수 있었다. 리노 미치케는 "유사성에 대해 대립이나 이탈을 보여주는 현대 영화의 토대가 되는 것은 네오리얼리즘이다. 영화를 통해 참모습을 발견하고 여기에 관객 자신의 견해를 부여하는 영화가 진정한 영화"라고 말했다.[9] 현실에서 간과되었던 진실을 드러내며 현실의 혼돈으로부터 우리를 구제하는 것이 네오리얼리즘 영화의 사명임을 잘 보여준다.

1.1 네오리얼리즘 영화 개념의 탄생

'네오리얼리즘'은 1920년대부터 이탈리아 문학[10]에 이미 사용되고 있었는데, 'neorealistic'이라는 형용사로 영웅이 등장하지 않고 일상적인 인생을 묘사하고 있는 작품들을 설명하는 데 사용되었다. 이 용어가 처음으로 영화에 적용된 것은 훗날 영화감독이 되는 편집기사 마리오 세란드레이가 <강박관념>(1942)을 언급할 때였다고 비스콘티는 회상했다. 로베르토 로셀리니의 <무방비도시*Roma città è aperta*>(1945)[11]는 네오리얼리즘의 경향과 형식을 잘 반영한 최초의 네오리얼리즘 영화로 평가받고 있다. 하지만 실제로는 루키노 비스콘티의 <강박관념>(1942)[12]이 네오리얼리즘 운동의 시작이라고 볼 수 있다. 그 이유는 당시 표현의 자유를 억압하는 것에 불만을 느꼈던 감독의 정서가 영화에 직접적으로 담겨 있기 때문이다. 비스콘티에 의하면 네오리얼리즘은 학파나 사조가 아니라 자연스럽게 등장한 '움직임' 혹은 '운동'이라고 주장하면서 당시 현실 문제에 대한 저항보다는 사람들에게 현실이 곧 개선될 것이라는 긍정적인 제안을 하고 있다고 말했다.[13] 비스콘티는 그 흐름에 진정으로 새로운 성격을 강조할 필요성을 느끼고 네오리얼리즘적 의미를 영화에 적극 반영했다.

네오리얼리즘에 대한 여러 견해가 있지만 어느 것이 그 규정에 맞는가에 대한 의견은 일치하지 않고 있다. 루이지 키아리니[14)]는 다음 네 가지 특징을 제시하고 있다. 첫째, 현실에 등장하는 인물이 내러티브적이다. 둘째, 사람들의 일상적인 삶에서 추려낸 사건, 스토리가 소설이나 코미디처럼 허구적인 것들을 대체한다. 셋째, 그 시대의 현실과 사건을 세밀하게 기록한 리얼리즘적인 요소가 회화적이고 은유적인 기교를 대체한다. 넷째, 사람들이 실제 거주하는 도시와 시골을 배경으로 한다. 키아리니는 이처럼 네오리얼리즘이 개념 체계에 얽매이지 않고 실제 현실에서 일어나는 생각과 감정을 표현하려는 욕구에서 탄생한 것이라고 생각했다. 관객은 영화 속 스크린에서 자신의 비극을 본 것이며, "관객은 더 이상 단순한 스토리가 아닌 역사에 따라 스크린에 비친 삶을 보았다"라고 언급한다.[15)] 무엇보다 네오리얼리즘 영화는 전쟁 후의 가난, 실업으로 인한 사회 문제를 다루었다는 측면에서 당시 파시스트 정권 동안 지배했던 가치관과의 단절을 의미한다.

전쟁 직후 초기 네오리얼리즘의 두드러진 특징은 반파시즘이었다. 많은 예술가는 진정한 예술의 재탄생을 가능하게 하고, 고통받는 영혼의 깊이를 탐구하는 양식을 만들고자 했다. 이러한 리얼리즘적인 요구는 예술가들을 스튜디오 밖으로 내몰았으며 다큐멘터리와 같이 거친 형식을 통해 삶을 표현하려는 열망을 드러냈다. 또 다른 중요한 발전은 《치네마》지를 중심으로 모인 급진주의자들 사이에서 이루어졌으며 그들은 백색전화영화를 단순한 현실도피오락이라고 신랄하게 비판했다. 주세페 데 상티스, 미켈란젤로 안토니오니는 이탈리아 영화가 베르가 및 기타 진실주의 작가들에게서 영감을 얻어야 한다고 주장했다. 당시 이 생각은 영화뿐 아니라 전반적인 이탈리아 문화사 면에서도 매우 혁명적이었다. 진실주의는 프랑스 자연주의의 이탈리아 버전으로 독자에게서 도덕적 반응을 유도하기 위해 농민 및 가난하고 억압받는 사람들의 삶을 객관적으로 기술하고자 했다. 진실주의의 가장 위대한 대가는 조반니 베르가였으며 루이지 카푸아나는 주요 이론가였다. 카푸아나는 외부의 객관적인 것들을 기술함으로써 심리적 과정을 탐구했다. 이것은 종종 운명론으로 퇴화된 일종의 실증주의였으며, 현실에 대한 기술은 자연이 결정하는 불멸이라는 의식을 전달했다.[16] 하지만 바쟁에 의하면 이탈리아 네오리얼리즘 영화는 분석을 거부한다는 점에서 자연주의 및 진실주의와 차이가 있다고 한다. 이것은 등장인물의 행동이 정치, 도덕, 사회적으로 의도하는 바를 이해할 수 없다는 것이 아니고 현실 그 자체를 그대로 보여준다는 의미에서 그렇다.

네오리얼리즘의 의의는 주로 그것이 제공하는 미학, 윤리적 이상의 차원이었고 이탈리아 현실을 반영하는 것이었다. 사회 현실에 대한 표현은 거리를 다니는 실제 평범한 사람들을 캐스팅해 현실감을 더욱 강화시켰으며 감독들은 배역들로부터 훌륭한 연기를 끌어냈다. 예를 들면 데시카의 <자전거 도둑*Ladri di Biciclette*>(1948)과 <움베르토D*Umberto D*>(1950)의 주연은 비연기자였으며 비스콘티의 <흔들리는 대지*La terra Trema*>(1947)는 일반인을 전체 배역으로 구성한 유일한 영화였다. 이처럼 네오리얼리즘의 논제는 키아리나가 정의했던 것처럼 스크린이 '현실'을 보여주는 마법의 창이며, 훌륭한 예술 작품의 토대는 현실에 대해 생각하는 것이 아니라 현실의 실제 모습이라는 것이다.

1.2 네오리얼리즘 영화의 쇠퇴

네오리얼리즘의 이데올로기적 자유는 오래가지 못한다. 냉전 체제로 전화되는 세계 정치의 흐름 속에서 이탈리아 정부는 영화에 대한 검열을 본격화했고 사회주의적 이데올로기를 담고 있던 네오리얼리즘 영화는 탄압을 받게 된다. 반파시스트 풍조는 전쟁 후까지 살아남지 못하고 당시 이탈리아를 지배하고 있던 기독교 민주당과 충돌하게 된다. 가톨릭교회와 정부는 밀접한 관계를 가지면서 이탈리아 영화산업에 영향을 끼치게 된다. 이탈리아의 각 교구에 '좋은 영화'를 상영할 것을 권장하여 주로 코미디나 서부극 같은 대중적인 영화들을 상영했다.[17] 1934년에 설치된 '가톨릭 영화 검열 사무소'는 전쟁 이후에도 그 역할을 지속하였다. 가톨릭 영화 검열 사무소는 정부 내 기구가 아니라 교회 내 기구였는데 이탈리아에서 개봉되는 모든 영화에 대한 윤리적 판정을 내렸다. 가톨릭 교구에서 내린 판정은 교회 출판사에서 인쇄하여 기록하였고, 미사에서 사제의 강론을 통해 그 내용이 공표되었다.[18] 또한 전체 극장 수의 1/3을 차지했던 교회 소유의 극장에서의 상영 여부를 결정짓던 영화에 대한 교회의 검열은 사회의 어두운 면을 담고 있던 네오리얼리즘 영화에 특히 가혹해서 어렵게 제작되었다 하더라도 상영할 극장을 찾을 수 없는 최악의 상황이 초래되었다. 이처럼 영화에 행해진 검열 역시 교회가 담당한 사회 교리의 한 방법이었으며 네오리얼리즘 영화는 환영받지 못하는 영화들이었다.[19)]

그 결과 네오리얼리즘 영화는 국가의 국제적 평판을 흐린다고 비난받았으며 영화산업은 간접적으로 국가가 통제하게 되었다. 1947년 이후 점차 검열이 강화되었다. 시나리오나 캐스트 리스트를 미리 제출해야 하는 것은 아니었지만 제작자들은 영화의 상영과 지원금 혜택 등에서 불이익을 받고 싶지 않았기에 네오리얼리즘 경향의 영화 제작을 기피하였다. 사실상 비공식적으로는 사전 검열이 행해진 것이나 다름없었다. 특히 1948년 줄리오 안드레오티가 영화산업을 책임지는 공연예술 감독으로 임명되면서 강력한 영화정책들이 펼쳐지는데 1949년 개정된 영화정책은 '안드레오티법'[20)]이라 불릴 만큼 그의 영향력이 진하게 반영된 정책이었다. 이 법으로 이탈리아 영화 제작은 점차 활기를 띠기 시작하였다. 이처럼 영화산업의 모든 것이 증가하고 풍부해지던 시기였지만, 반대로 네오리얼리즘 영화계는 영향력이 감소하고 빈약해지기 시작했다. 이탈리아 영화산업을 부흥시킨 새 보수 정부의 영화정책은 네오리얼리즘 영화들의 제작 단계에서 주 수입원인 수출 단계까지 제약을 가했기 때문에 안팎에서 제작 원동력이 사라지게 되는 결과를 낳았다. 보수 정부의 이탈리아 영화진흥 정책은 오히려 네오리얼리즘 영화에는 쇠퇴의 지름길을 제공하였다.

1.3 네오리얼리즘 감독과 영화 – 로셀리니, 비스콘티, 데시카

'네오리얼리즘의 3대 감독'이라 불리는 로베르토 로셀리니, 루키노 비스콘티, 빗토리오 데시카는 영화세계를 통해서 네오리얼리즘이 영화를 통해 현실의 참모습을 반영하며 관객의 내면을 투영하려 한 진정한 영화미학의 면모를 보여주었다. <시네마천국*Cinema Paradiso*>의 감독인 주세페 토르나토레는 "현대 영화가 네오리얼리즘에서 시작되었다면, 그 네오리얼리즘은 로셀리니에 의해 틀이 갖춰졌기 때문"이라고 말한다. 그만큼 로셀리니 감독과 네오리얼리즘은 불가결한 관계임을 알 수 있다.

로베르토 로셀리니(1906~1977)는 파시스트 통제 하에 영화수업을 받았고, 녹음과 편집 기사를 거쳐 1941년 <하얀배*La bianca neve*>로 감독 데뷔를 했다. 로셀리니는 근본적으로 파시즘과 타협할 수 없는 자유주의적 휴머니스트였다. 그의 전쟁 3부작으로 알려진 <무방비 도시>(1945), <전화의 저편*Paisa*>(1946), <독일 영년*Germania anno zero*>(1947)은 감독 내면세계의 도덕적 선택, 필연성, 가능성을 영화 속의 제스처와 행동으로 표현하고 있다. 이 작품들은 공통된 주제를 가지고 있다. 첫째는 허무주의에 가깝도록 전쟁의 참혹함을 그려내는 것이고, 둘째는 전쟁과 같이 개인을 말살시키는 역사적 사건과 사회 속에서 파괴되는 개인의 실존을 말했다. 이러한 경향은 이어지는 고독의 3부작 <신의 땅 스트롬볼리*Stromboli terra di Dio*>(1950), <1951년 유럽*Europa 51*>(1952), <이탈리아 여행>(1953)에서 더욱 명백하게 드러난다. 이처럼 그의 후기 영화는 주로 역사에 대한 관심보다는 개인 심리의 탐구가 주조를 이루었다.[21] 네오리얼리즘의 첫 영화로 알려진 <무방비도시>는 이탈리아 영화의 새로운 시대가 열렸음을 알려준다. 실제로 일어났던 사건을 재현하고 있으며, 주연배우 안나 마냐니를 제외하고는 아마추어 배우를 기용했고, 실제 사건이 벌어졌던 장소[22]에서 촬영했다. 로셀리니는 도식적인 연기보다는 배우들의 일상 속에서 생생한 몸짓과 전후 이탈리아 사회의 혼돈과 황폐함을 화면에 담으려 했다. 미국 군대가 도착하기 전 레지스탕스 단원의 대장이며 공산주의를 신봉하는 한 지성인과 지역 교구 신부의 갈등을 보여주고 있다. 이념적으로 서로 다른 입장이지만 죽어야 할 운명이라는 같은 상황에 직면해 있으며 일상의 현실로부터 영감을 찾고 현실성에 절대적인 우선권을 주고 있다. 피할 수 없는 비극과 마주한 인간의 심리적인 반발력을 중요시하고 있다. 1963년부터 로셀리니는 상업영화 제작을 포기하고 역사 다큐멘터리 TV 시리즈를 만든다. 당시 그는 "나는 시네아스트가 아니다"라고 공공연히 선언하고 다녔는데, 이는 '영화의 죽음'을 선포한 것과 매한가지다. 기존 영화에 대한 비판이 TV라는 새로운 매체에 대한 지지로 이어진 것이다. 이후 로셀리니는 영화가 오락이 아닌 지식을 전달하는 교육 매체가 되어야 한다고 주장하며 역사를 통해 현대인을 깨우쳐 줄 교육적인 영화 제작에 힘을 쏟는다.

루키노 비스콘티(1906~1976)는 청년기 이전에 귀족 가문의 자손으로 살았는데 1941년 무렵부터 자신의 삶에 적극적으로 도전하며 감독으로서 길을 걷게 된다. 네오리얼리즘의 시작을 알린 작품으로 알려진 <강박관념>은 제임스 케인의 『포스트맨은 벨을 두 번 울린다*The Postman Always Rings Twice*』를 각색하였다. 이 영화는 원작의 선정성을 파시즘 치하의 시골 생활이 주는 암울함으로 바꾸었으며 일상적인 세팅과 역사적 맥락에서 사회상의 표현, 정치적 주장, 리얼리즘을 의도한 스타일 등은 네오리얼리즘 영화 운동과 맥을 같이한다.[23] 영화에 등장하는 인물들은 시골의 허름한 여관 식당의 부인 조반나와 그의 남편 그리고 방랑자 지노이다. 이들은 설정상 치정극으로 예상되지만 비스콘티는 불륜이라는 정열보다 내면의 잘못된 가치관으로 인하여 어떻게 살인과 죽음에 다다르게 되는지 보여주고 있다. 결국 예술적인 관점을 유지하여 인간의 이중성을 중심으로 드러나는 사회문제를 재해석하고 있다. 이러한 <강박관념>을 시작으로 비스콘티는 이탈리아 진실주의 문학 작품인 베르가의 『말라볼리아 가족』에서 영감을 받은 <흔들리는 대지>(1948)를 만들었다. 이 영화는 시칠리아 아치트렛자(Aci Trezza)에서 촬영했는데, 어부들의 삶과 투쟁을 서사적 방식으로 접근하여 리얼리즘 영화의 근본 취지를 상기시켰다. 무엇보다 마르크스적 세계관을 영화로도 표현할 수 있다는 가능성을 확장시켰다.[24] 비스콘티가 보여주고자 한 것은 표면화된 저항의지가 아니라 생활에 깃든 불평등한 사회에 맞설 때 정의가 실현된다는 것이다. 이러한 방법으로 얻은 감흥에 정치적인 참여까지 이끌어 낸다는 것이 본래 네오리얼리즘의 취지였으며, 비스콘티 영화는 양식보다는 오히려 그 제재와 제작 방법에서 네오리얼리즘적이라고 할 수 있다. 하지만 비스콘티의 영화는 네오리얼리즘에서 출발했지만 점점 스타일과 주제 면에서 다소 변화를 주면서 발전해 갔다. 그의 초기 작품은 마르크시즘과 원근도법의 바로크적 취미가 결합되어 있지만 전체 작품의 주조를 이루는 것은 귀족주의의 퇴폐에 대한 재창조와 실험 정신이다. 그래서 비스콘티의 작품세계는 네오리얼리즘 정신이 깃들어 있는 리얼리즘과 퇴폐주의적 요소로 나뉘게 된다.

비토리오 데 시카(1901~1974)는 감독이 되기 전에 영화배우로 유명했다. 그의 영화세계는 전쟁과 빈곤으로 허덕이는 사람들의 주변화 과정을 동시대의 일상적이고 실존적인 문제로 명백하게 드러내기를 주저하고 꺼린다. 그래서 영화의 침울한 분위기를 초현실적인 의미로 전환해서 동화적인 차원으로 승화시킨다. 그의 데뷔작은 <아이들이 우리를 보고 있다>(1944)이며 네오리얼리즘의 이상에 가까운 작품은 <자전거 도둑>(1948)이다. 영화는 당시 사회문제인 실업을 주제로 다루고 있으며, 불행한 두 주인공인 아버지와 아들이 훔친 자전거를 찾으러 가면서 불행한 사건들과 만나게 된다. 실업에 신음하던 중년의 노동자 아버지는 가족의 생계를 꾸리는 데 꼭 필요한 자전거를 도둑맞는다. 자전거를 되찾기 위해 애쓰는 과정 속에는 사회와 정치적 상황에 대한 비판이 스며들어 있다. 로마의 거리, 아파트, 사무실 등 모든 촬영이 현장에서 이루어졌기에 전후 노동자들의 일상생활과 궁핍한 현실이 더욱 사실적으로 표현될 수 있었다. 아버지 역할을 맡은 사람은 배우가 아닌 실제 기계공이었고, 그의 아들 역을 맡은 소년은 로마의 신문배달원이었다. 두 사람의 연기는 기적이라 할 만큼 뛰어났다. 이 영화는 다른 네오리얼리즘 영화처럼 열린 결말, 즉 이들에게 어떤 해결책을 제공하지 않는다. 단지 마지막 장면에서 군중 틈에 서 있는 아버지와 아들의 뒷모습을 보여주는데 두 사람은 수치심에 슬퍼하지만 카메라는 아들의 여린 손으로 아버지의 손을 더듬어

맞잡은 두 손이 유일한 위안임을 강조해서 보여주고 있다. 데 시카는 개인의 삶과 사랑을 세밀하게 묘사하고 분석하는 기법이 뛰어난데 장 콕도는 데시카의 영화가 "삶에 대한 솔직한 시선, 일상적인 것과 환상적인 것의 혼합"이라고 말하고 있다.

1.4 네오리얼리즘 이후 세대의 유산과 계승

1960년대를 대표하는 이탈리아 영화들은 루키노 비스콘티, 페데리코 펠리니, 미켈란젤로 안토니오 등 전후 네오리얼리즘에 뿌리를 둔 경력 있는 감독들에 의해 만들어졌다. 2차 대전으로 인해 정치, 경제, 사회적으로 큰 변화를 겪으면서도 이탈리아 사회는 놀라우리만큼 빠른 회복 속도를 보였다. 그러나 부자들은 자기 선택에 따라 인생을 누릴 수 있기 때문에 도덕적 진공상태에 빠져 있었고, 경제의 기적은 무의미한 쾌락주의자들을 양산했을 뿐이었다. 네오리얼리즘에 뿌리를 둔 감독들은 하층 계급과 상위 계급 사이에서 발견되는 현대생활의 불만족스러움을 영화에 반영하기 시작했다. 스캔들 속에서도 대성공을 거둔 비스콘티의 <로코와 그의 형제들*Rocco e i suoi fratell*>(1960), 칸국제영화제에서 황금종려상을 받은 펠리니의 <달콤한 인생*La dolce vita*>(1960), 대중들의 야유에도 불구하고 심사위원상을 받은 안토니오니의 <정사*L'avventura*>(1960)가 이 시기 영화들이다. 비스콘티를 제외하고 두 감독은 프랑스 누벨바그의 혁신적인 테마나 스타일을 어느 정도 공유하고 있다. <달콤한 인생>과 <정사>는 주제나 스타일 면에서 사르트르, 까뮈, 파베세의 소설에서 유래하는 실존주의적 토대가 있으며, 의사소통의 불능과 소외를 특히 강조했다. 또한 세계를 이해하는 데 신에 대한 믿음이 사라지고 인간의 사랑이 부재한 시대로 파악하는 점에서는 베르히만의 작품세계와 유사하다.[25)]

2차 세계대전이 끝난 후 프랑스에서는 젊은 감독인 트뤼포, 고다르 등이 나타나 전쟁 이전에 활동한 감독의 영화들이 시대에 뒤떨어진 작품이라고 대항하며 세대 간의 갈등을 일으켰다. 반면 이탈리아에는 이탈리아 네오리얼리즘의 사회적, 미학적 중요성이 대두되며 베르톨루치, 파솔리니, 로시 등의 감독들이 과거 네오리얼리즘 영화에 대한 애착을 드러냈다. 하지만 전후에 태어난 젊은 감독들 중심으로 1970년대 이후 위기에 처한 이탈리아 영화산업을 구하기 위해 미학적, 경제적 해결책을 찾으려는 움직임이 감지되었다. 이들은 이탈리아 영화의 전통을 참작하면서 새로운 영화에 대해 탐구하고자 했다.

2. 시네아스트의 탄생[26)]

지금까지 살펴본 네오리얼리즘 영화가 짧은 기간 동안 세계적으로 많은 명성과 호응을 얻어 현재까지도 이탈리아 영화의 정체성으로 인식되고 있다. 예를 들면 1988년에 오스카상 외국어영화상을 수상하면서 국제적으로 성공을 거둔 주세페 토르나토레의 <시네마천국>(1988)에 대해서 알베르토 모라비아는 "이 영화는 지역성이 강하고 이탈리아 내부의 저변에서 볼 수 있는 이미지를 상기시키는데, 이런 이미지는 이미 네오리얼리즘을 통해 널리 알려진 것이다"라고 말한 바 있다. 또한 2014년 오스카 외국어 영화상을 수상한 파올로 소렌티노의 <그레이트 뷰티*La grande bellezza*>(2013)를 펠리니의 <달콤한 인생>의 현대판이라 칭할 뿐 아니라, 마테오 가로네는 <고모라*Gomorra*>(2008)로 평단은 물론 관객들의 전폭적인 지지를 받아 이탈리아 영화계의 새로운 거장이란 타이틀을 얻었고, <리얼리티*Reality*>(2012)에서는 리얼리즘과 펠리니를 떠오르게 하는 이탈리아식 코미디를 넘나드는 스타일을 구사했다. 오늘날 주목받는 이탈리아 영화들과 대표 감독들이 자국의 한계를 벗어나지 못한다는 비평도 있지만 그보다는 장점을 최대한 활용할 줄 아는 현명한 선택이었다.

2.1 난니 모레티 – 시대를 반영하는 우발의 미학 〈우리에게 교황이 있다〉

새로운 움직임을 주도한 이탈리아 신세대 영화감독들 가운데 난니 모레티는 과거 이탈리아 영화에 대한 반항에 가까운 영화들을 제작했다. 1인 제작 시스템이라는 이탈리아 영화계의 전형적이고 특징적인 모델을 보여준 감독이 바로 난니 모레티이다. 그는 8밀리 카메라로 촬영한 첫 작품부터 35밀리 상업영화로 옮겨가면서 직접 영화제작사인 사케르를 설립했으며, 젊은 감독들의 단편영화를 상영하는 사케르영화제를 운영했다. 모레티는 시나리오, 감독, 배우뿐 아니라 제작과 배급까지 직접 하면서 기존의 상업영화와 이탈리아 영화계에 대항하는 작품들을 내놓고 있다. 이처

영화 <우리에게 교황이 있다>, © Ph.Philippe Antonello, CliCaik

럼 그가 기존 체제와 다른 방식을 선택한 것은 유럽 영화시장에서 자신과 자신의 예술에 대한 독립성을 지키고 싶었기 때문이다. 그는 유럽과 이탈리아에서 호평을 받은 <나는 자급자족한다*Io sono autarchico*>(1976)를 시작으로 칸국제영화제에서는 <에체봄보*Ecce Bombo*>(1978)로 호평을 받았다. 또한 베니스국제영화제에서는 <좋은 꿈*Sogni d'oro*>(1981), <비앙카*Bianca*>(1983)로 심사위원 대상을, 베를린 영화제에서는 <미사는 끝났다*La messa è finita*>(1985), <빨간 비둘기*Palombella Rossa*>(1989)로 은곰상을, <나의 즐거운 일기*Caro Diario*>(1994), <4월*Aprile*>(1997)로 감독상을, <아들의 방*La stanza del figlio*>(2001)으로 황금종려상을 수상했다.

모레티의 영화들은 장르로 구분하기 어렵다. 하지만 내용상으로는 현대 이탈리아의 사회적, 정치적 생활의 복잡한 전통과 여러 모로 관련이 있다. 그는 남성성과 권위의 위기, 정치적 좌파의 위기, 국민과 국가의 관계 변화를 중심으로 권력에 대항하는 영화를 제시하고 있다. 또한 영화의 중심에서 자서전적으로 활용된 페르소나를 만들어내는데 이 효과는 관객이 감독의 삶을 보고 있다는 것을 의미하며 그의 영화 연출의 독특한 특징에 해당한다. 또한 사회학자나 정치학자들이 추구하는 방식으로 남성성, 가족, 공적 영역이 변화되는 상황을 제시하고 있다. 모레티는 영화에 대한 '새로운 언어'를 창조했다고 주장하면서 자신의 영화언어를 '이질적이거나 우발적인 헌정의 미학'이라 칭하는데, 마르쿠스에 따르면 감독과 페르소나의 대유법적 손길이라고 한다. 예를 들면 <나의 즐거운 일기>에서 첫 프레임은 명시적 저술을 제시하고 있으며, 이 프레임에서 비주얼적이고 이미지와 내러티브의 즉각적이고 구체적인 요구를 벗어나 구어처럼 유연하고 미묘한 글쓰기 수단이 되는 영화를 요구하고 있다.

<우리에게 교황이 있다*Habemus Papam*>(2011)는 이탈리아에서 부활절 직전 개봉된 영화로, '누구나 우울증에 걸릴 수 있는데, 과연 교황은?'이라는 의문을 갖게 한다. 이 영화는 바티칸 추기경들이 새로운 교황을 선출하기 위해 모인 콘클라베(Conclave, 가톨릭에서 교황을 선출하는 추기경단 선거회)를 보여준다. 그런데 이 회의를 통해 선출된 교황은 무거운 책임감에 불안 증상을 보이며, 성 베드로 광장에 모인 군중 앞에 나서기를 거부하는 상황이 종종 발생한다. 바티칸은 정신분석가에게 교황을 치료할 것을 의뢰하지만, 교황은 도주하여 일반 시민으로 위장한다는 내용이다. 이 영화에 대해 모레티는 기자들과의 인터뷰에서 "나는 직무에 적

합하지 않다고 생각하는 이 약한 인물에 대해 이야기하되, 코미디 형식으로 하고 싶었다"라고 말했다. 이탈리아에서는 교황에 대해 언급하는 것을 금기시하는 경향이 있는데 이러한 이유로 코미디 형식을 통해 이 주제에 접근했을 것이다. 모레티는 교황이라는 인물을 통해 교회와 대중 간의 거리를 강조하고 있다. 교황은 처음에 정신과에서 자신을 분석하면서 도움을 받지만 결국에는 무언가를 찾기 위해 로마를 홀로 걷는다. 이 영화에서도 모레티는 개인적인 문제보다는 정치적 동기와 혼합시킨 자전적 요소를 반영한다. 즉, 심리 치료사로 등장하는 인물과 교황의 불안과 무능력에 자신의 모습이 투영되어 있다고 말하는 것이다. 이 영화는 반어적 코미디로 메시지를 강조하기 위해 감정에 의존하지 않고 비극적인 개인 상황을 극복하고자 분투하는 한 사람의 이야기이며, 또한 자신의 발언권을 찾고 자아를 찾아가는 사람들에 대한 이야기이기도 하다.

2.2 마테오 가로네 – 펠리니를 떠오르게 하는 이탈리아식 코미디 〈리얼리티: 꿈의 미로〉

<고모라>로 평단은 물론 관객들의 전폭적인 지지를 받아 이탈리아 영화계의 새로운 거장이라는 타이틀을 얻은 마테오 가로네는 자신의 후속 작품인 <리얼리티>에 대해 "TV가 현세의 천국이라고 착각하는 이야기이다"라고 말하고 있다. 영화는 '꿈의 미로'라는 부제로 주인공이 꿈을 이루지 못한다는 것을 어렴풋이 암시한다. 이 영화는 나폴리에서 생선 장사를 하고 있는 평범한 가장

<리얼리티>, © Ph.Eduardo Castaldo, CliCaik

이 스타가 되고 싶다는 강박관념에 빠져 꿈과 현실을 구분하지 못한다는 내용을 우화적으로 다룬 블랙 코미디다. 리얼리즘과 펠리니를 떠오르게 하는 이탈리아식 코미디를 넘나드는 스타일로 감동과 슬픔, 게다가 잔혹하다고 느껴질 정도로 씁쓸한 영화다. 감독이 현대판 피노키오의 씁쓸한 우화라고 언급해서 그런지 영화의 전체적인 색조와 느낌에서는 동화를 보고 있는 듯한 편안함이 느껴지기도 한다.

영화의 시작은 경쾌하고 즐거운 결혼식 파티장을 보여주고 있다. 우스꽝스러운 옷차림을 한 사람들의 스타일은 마치 서커스 단원들이 일을 끝내고 휴식을 취하며 즐기는 듯한 모습이다.

주인공 루치아노는 아이 셋을 둔 가장으로서 평범하고 성실하게 자신의 직업에 만족하면서 가족을 위해 살아간다. 그는 결혼식에서 우스꽝스러운 여자 분장을 하고 사람들을 즐겁게 해주었으며, 그런 노력 때문에 가족, 친구, 주변 사람들에게 인기가 많았다. 어느 날 그가 사는 지역에 유명 리얼리티 서바이벌 쇼인 '빅 브라더스'의 오디션이 열렸고, 그는 아이들의 부탁과 가족의 기대를 한몸에 받은 채 참여하게 된다. 우연히 1차에 통과하였고 2차 면접을 치르기 위해 가족들과 함께 로마에 간다. 영화에서는 루치아노가 오디션을 받는 장면은 나오지 않고 차례를 기다리며 즐겁게 시간을 보내고 있는 행복한 가족의 모습을 보여준다. 이런 모습은 마치 현실과 꿈의 괴리감을 느끼게 해주는 듯하다. 그는 가족에게 자신이 심사위원들을 감동시켰다고 말하고 분명히 합격할 것이라며 자신감에 차서 마을로 돌아온다. 마을 사람들과 가족은 그가 이미 대단한 스타라도 된 것처럼 추켜세우자 그는 자신의 생선가게를 팔고는 방송국에서 연락이 오기만 기다린다. 하지만 아무리 기다려도 합격했다는 소식은 오지 않는다. 자신의 불합격을 받아들일 수 없는 루치아노는 자신의 진실을 밝히기 위해 방송국에서 감시하고 있다는 착각에 빠져 자선 활동을 벌이는 등 엉뚱한 행동을 하게 된다. 루치아노의 우화적인 모습은 절망에 빠져야 할 현실을 익살스러운 시선으로 보여줘 오히려 영화는 쾌활한 느낌을 준다. 이러한 모순적 분위기처럼 주인공은 현실을 가짜라 여기고 오히려 이룰 수 없는 꿈을 진짜라 여긴다. 결국 자신을 가장 아끼는 가족들마저 지쳐가는 상황에서 전혀 관련이 없는 사람들의 "네버 기브 업!"이라는 말로 인해 그는 여전히 헛된 희망을 버리지 못하게 된다.

가로네 감독은 영화의 주인공을 현대판 피노키오라고 여러 번 강조한다. 미디어가 만들어 놓은 환상에 매혹되어 그곳에 가려고 애쓰는 루치아노는 피노키오를 닮았다. 그는 주제 면에서 다소 무거운 이야기를 동화처럼 만들고 싶다고 했는데, 영화는 시종일관 현실과 꿈이 뒤섞인 세계를 매우 밝고 강렬한 색채로 담아내고 있다. 오프닝은 눈이 부실 정도로 컬러풀하고 시끄러웠지만 밤에 촬영된 엔딩 장면의 하얀 빛으로 꾸며진 오디션 세트장 휴게실은 환상적인 분위기를 자아낸다. 그 분위기에 취한 듯 주인공이 긴 의자에 행복하게 누워 있는 모습 또한 환상적이다. 현실과 초현실의 경계에 서 있는 이야기에 균형을 맞추는 빛과 음악으로 슬픈 스토리의 영화지만 끝날 때까지 절망적인 정서를 느끼지 못한다. 감독이 의도하여 연출한 착각의 늪에 관객도 빠져들게 되는 것이다. 《뉴욕타임즈》의 다음 평처럼. "한 사람의 인생뿐 아니라 현대인의 영혼을 들여다보는 작품!"

2.3 파올로 소렌티노 - 이탈리아 차세대 거장의 〈그레이트 뷰티〉, 〈유스〉

영화 <그레이트 뷰티>는 지식인 젭의 눈을 통해 현대 로마를 보여준다. 시적으로 표류하는 로마의 관능주의자인 젭은 누렇게 물든 커다란 이 사이에 담배를 물고 등장한다. 사방에서 사람들이 밀려오고 그 군중을 흥분하게 만들어 모두는 마치 유기체처럼 음악에 맞춰 몸을 흔들고 있다. 젭 역시 몸을 흔들며 두 팔을 벌리고 눈을 감은 채 웃고 있다. 이런 모습은 마치 로마의 전역에 서 있는 대리석 성인들 중 하나를 연상시킨다. 젭이 다른 사람들과 어울려 춤을 추고 있는 모습들은 환상적이다 못해 영적인 광란에 빠져 있는 것처럼 보인다. 파올로 소렌티노 감독은 유물과 관광객으로 가득한 불멸의 도시인 로마를 배경으로 과거의 유산이 현재와 미래를 어떻게 짓누르는지를 다루고자 했다. 소렌티노의 영화에 자주 등장하고 연극계에서 실력을 다진 배우인 토니 세르빌로가 주인공 젭을 너무도 매력적으로 만들었다. 젭은 작가지만 40년 전에 걸작으로 칭송받던 유일한 소설인 『인간 기구』 이후에는 글을 쓰지 않는다. 그는 기자로 일하면서 콜로세움이 내려다보이는 테라스 딸린 아파트에 살고 있다. 그는 늙어가는 자신을 통해 로마의 촌스럽고 추한 모든 것을 인식한다. 하지만 그는 재담과 웃음을 통해 인생을 관조하며 파악할 수 없는 영감의 원천을 찾는다. 그는 스트리퍼에게서 그것을 찾으려고 하지만 그들에게 로맨스는 없다. 영화에서 주인공 젭은 자신의 문제가 무엇인지 알 만큼 똑똑하지만 해결할 준비가 되어 있지 않다. 자신이 살아가고 있는 환경이 얼마나 편안한지 자랑하지만 또한 이미 알고 있는 것 외에 무언가 더 있기를 바란다. 소렌티노의 다른 영화들의 주인공처럼 젭 역시 자신의 집착을 해결하고자 노력한다. 젭의 삶에 어리석은 사람들이 들어오고 나간다. 그들은 깨닫지 못하지만 모두 젭을 좀 더 현명하게 만든다.

테베레 강의 언덕을 배경으로 시작되는 <그레이트 뷰티>에서 관광객은 중요한 역할을 한다. 이탈리아 통일 운동인 리소르지멘토 영웅 흉상들 주변에 이탈리아 사람들 몇 명만 있을 뿐 한 무리의 일본인 관광객이 풍경, 도시, 사람, 역사를 관광하고 있다. 젭은 26세에 로마에 도착했을 때 '상류사회의 왕'이 되고 싶다고 자신이 생각했음을 보이스 오버로 설명한다. 하지만 파티에는 가고 싶

<그레이트 뷰티>, © Ph. Gianno Fioritto, CliCaik

지 않았고 '그것을 실패로 만들 힘'을 갖고 싶었다고 계속해서 말한다. 이러한 사소한 해설이 의미 있는 이유는 젭이 1970년 로마에서 파티를 시작하면서 이탈리아의 붉은 여단과 정치적 폭력의 시기를 경험했기 때문이다. 이처럼 그의 기억에는 폭력적이고 우울한 로마의 순간이 담겨 있다. "장례식은 하나의 사교장이다"라는 젭의 대사처럼 그의 화려한 현실 속에는 파괴와 죽음의 순간이 각인되어 있는 것이다.

'로마와 죽음'이라고 새겨진 가리발디 동상부터 젭이 눈물을 머금고 관을 들어 올리는 장례식까지 <그레이트 뷰티>는 항상 죽음이 따라다닌다. 느슨하게 연결된 일련의 에피소드로 구성된 이 작품은 젭의 생일 직후에 집중된다. 바로 그가 바닷가 풍경의 기억 속에서 자신을 보고 미소 짓는 신비로운 금발 여인인 첫사랑이 죽었음을 알게 되는 순간이다. 그녀의 남편이 젭에게 비보를 전하고 두 사람은 함께 울먹인다. 소렌티노는 이 장면을 애가 형식으로 보여주는데 처음에는 수영하는 모습을 지켜보는 죽은 여인에 대한 집의 기억을 환기시킨 후, 퍼붓는 빗속에서 두 남자가 끌어안는 눈물겨운 절정으로 시선을 이끈다. 1968년 및 그 혁명 징후와 상징적으로 연결되는 연인의 죽음이 이야기를 떠나지 않고, 젭이 로마를 배회하고 친구들과 식사하며 고백조로 들리는 내레이션으로 자신의 인생을 관조하는 동안 그의 주위를 맴돈다. 우아한 복장에 은발을 뒤로 빗어 넘겨 목 부분에 컬이 지게 하고, 재킷 호주머니에 손수건을 꽂은 젭은 바로 19세기에 도시를 어슬렁거리며 구경하던 한량의 모습과 같다. 과거의 기억에 직면한 젭은 현재를 더 철저히 주시하기 시작한다. 그는 아이들이 즐겁게 노는 모습을 지켜보고, 거리와 강을 따라 걸으면서 아름다운 풍경과 건축물을 만끽한다. 그는 파티, 식사 등 모든 친숙함 속에서 잃어버린 아름다움을 인식하기 시작한다. <그레이트 뷰티>는 첫사랑에 대한 기억이 얼마나 아름다우며 그리운지 말해준다. 어느 시점에서 주인공은 미래에 대한 믿음이 없는 사람들에게 유일한 희망은 '향수'라고 말한다. 그리고 기린을 나타나게 했다가 사라지게 하는 마술사 친구에게 자기도 사라지게 할 수 있느냐고 묻는다. 그리고 친구가 한 말인 "모든 건 속임수다"에서 진실을 깨달으며 다음과 같이 읊조린다. "결국, 이건 그냥 속임수다." 젭은 아름다움을 재발견하면서 두 번째 책을 쓰려고 생각하지만 결국 쓰지 못하고, "나는 위대한 아름다움을 찾고 있었지만 찾지 못했다"라고 말한다. 하지만 영화가 우리에게 스스로도 느끼지 못하는 감명을 주는 것은 우리가 늘 갈망하는 아름다움이 이미 우리 주변에 존재한다는 깨달음 때문이다. 영화의 주인공이 가장 아름답게 여겼던 첫사랑에 대한 기억들, 평범한 일상의 행복, 우리가 살고 있고 경험하는 바로 지금은 누구에게든 똑같이 아름다운 것들이다. 멋진 이탈리아 풍광을 볼 수 있는 시퀀스가 엔딩 크레디트 중 테베레 강에서 배를 타고 고요히 흘러가는 동안 반복되는데 지금까지 본 영화들 중에서 가장 긴 엔딩 크레디트 같다. 소렌티노 감독은 우리가 가장 아름다운 것을 다 같이 보고 있다는 것을 알게 하려는 듯하다. "65살이 되어서야 깨닫게 된 것은 더 이상 무의미한 것들을 하느라 시간을 허비할 수 없다는 것이다."

2.4 도약하는 이탈리아 영화의 오늘[27)]

이탈리아 영화 하면 떠오르는 것은 베니스국제영화제로[28)] 1932년에 개최한 이후 지속적으로 국제적인 명성을 이어가고 있다. 개최 당시 이탈리아 정부의 경제부흥정책 중 하나로 시작되었지만 영화제에 정치적 개입을 허락하지 않는 조건이었다. 2013년에 재임하게 된 알베르토 바르베라 집행위원장은 "영화제가 지속적으로 발전을 도모하기 위해서는 변화와 개혁을 통해 거듭나야 한다"라고 강조했다. 자국영화 보호주의와 같은 안이한 태도가 영화제를 망친다는 바르베라의 기본 시각을 반영한 이후, 영화제 내에서 이탈리아 영화 선정에 후하지 않다고 한다. '영화에 대한 새로운 발견과 도전'이라는 슬로건으로 71번째 영화제를 치르게 되었다. 비슷한 시기에 개최되는 토론토영화제의 등장으로 선두주자 자리가 위태로워지고 있음을 의식한 것인지 바르베라 집행위원장은 “토론토영화제에서도 비슷하게 상영되는 영화들을 반복해서 보여주는 것은 무의미하다”라고 말하며 올해 영화제 선정은 예기치 않은 영화, 신진 감독들, 새로운 경향들에 대해 포커스를 두었음을 강조했다. 이러한 그의 발언은 스타나 유럽 작가들만 진열하는 구태의연함을 벗어나자는 취지였다. 하지만 로마국제영화제와는 달리 국내 영화를 상업적으로 마케팅하는 역할은 못하고 있음을 알 수 있다. 그는 이탈리아 영화 제작이 늘어나고 있는 현 상황에서 베니스영화제의 역할을 흥행이나 이익타산이 아닌 가능성을 여는 것에 두는 것이 바람직하며, 그것이 영화제가 해야 할 일 중 하나라고 말한다. 칸영화제가 필름마켓을 병행해 상업적인 면에 무게를 두고, 또 베를린영화제가 포럼을 통해 학술적인 면에 치중하고 있다면, 베니스영화제는 중도 노선을 견지하면서 세계 3대 영화제라는 위상을 지키고 있는 것으로 보인다.

이탈리아 영화의 두드러진 특징 가운데 하나는 문학이 영화화되었다는 것과 주제 면에서는 이탈리아의 사회상을 잘 드러내는 가족 내 소통의 불안정과 세대 간의 단절을 주로 다루고 있다. 일례로, 마리오 마르토네 감독의 <아름다운 청년, 자코모 레오파르디*Il Giovane Favoloso*>(2014)는 레오파르디 시인의 후견인이지만 억압적인 주인과도 같은 아버지와의 갈등을 그린 영화다. 도서관과도 같은 집에서 읽은 책들과 세상은 다르다는 것을 깨닫게 되는 레오파르디에 대한 이야기로 치아라 우골리니(Chiara Ugolini)의 소설이 원작이다. 감독은 레오파르디라는 시인의 일대기를 다루려는 게 아니기 때문에 그의 시구를 영화에서 인용하지 않는다고 말했다. 그는 ‘영화라는 도구’를 통해 레오파르디가 삶에 맞서 지키려는 사상의 자유, 아이러니 그리고 편견 없는 사회, 즉 자유를 추구하는 영혼의 이야기를 보여주려 한다.

프란체스코 문지 감독의 <암흑의 영혼*Anime Nere*>(2014)은 지아키노 크리아코의 소설이 원작으로 작가의 고향인 마피아 범죄 조직 도시인 칼라브리아 지역의 가족 이야기를 다루었으며 엄밀히 구분하면 대가족에 대한 이야기다. 감독은 지인들의 만류에도 불구하고 현지에서 편견과 위험을 무릅쓰고 촬영을 지속했고 촬영 도중 그곳에서 복잡하게 얽히고 얼룩진 현실을 보았다고 한다. 칼라브리아 지역의 아프리코(Africo)라는 마을은 구도시와 신도시로 나뉘어 있다. 구도시는 무지와 가난으로 이탈리아 남부 문제의 표상이 되는 곳이었으며, 신도시는 은드랑게타('Ndrangheta)라는 이탈리아 마피아 범죄 조직의 본거지였다. 영화는 마피아 가족의 구세대와 신세대의 갈등이 낳은 비극을 그려내고 있다. 사베리오 코스탄초 감독의 <굶주린 마음*Hungry Heart*>(2014)은 마르코 프란초조의 『사색의 어린아이*Il bambino indaco*』를 원작으로, 젊은 부부의 관계가 아이의 출산 이후 멀어져가는 이야기인데, 지나치게 강한 모성애로 강박을 가진 아내와 남편의 갈등을 다루고 있다. 헤르만 코크드의 『만찬*La cena*』이 원안인 부모와 자식 간의 갈등을 다룬 영화로는 이바노 데 마테오의 <우리 자식들*I nostri ragazzi*>이 있다. 문학이 원전은 아니지만 에도아르도 데 안제리스의 <페레츠*Perez*>도 가족을 테마로 다룬 영화다. 또한 다큐픽션을 포함한 다큐멘터리 영화들을 빼놓을 수 없는데 아벨 페라라 감독의 <파솔리니*Pasolini*>, 과거 이탈리아 산업화의 꿈을 그린 <악마의 스프*La zuppa del demonio*>, 사비나 구잔티 감독의 <협

<아름다운 청년, 자코모 레오파르디>, © Ph. Mario Spada, CliCiak

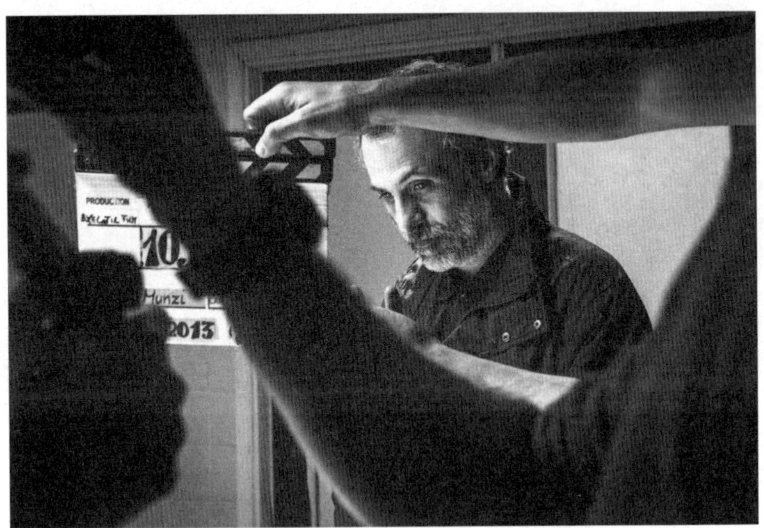

<암흑의 영혼>, © Ph. Francesca Casciarri, CliCiak

상*La trattativa*>은 90년대의 상황을 잘 그려냈다.

영화제의 현주소를 파악하기 쉬운 영화상으로는 5~6월에 개최되는 다비드 디 도나텔로(David di Donatello), 차크도로(Ciak d'Oro) 그리고 나스트리다르젠토(Nastri d'argento)가 있다. 이렇게 영화의 결산 시기가 다른 탓에 우리나라에 소개될 때 이탈리아 영화 제작 시기와 개봉 시기가 다르거나 자국의 평가와 다른 영화들이 알려지는 경우가 종종 있다. 국내에 소개되지 않았지만 파올로 비르지 감독의 <휴먼 캐피털*Il capitale umano*>(2014)은 현재까지 83개의 영화제에 공식 초청되었고, 국·내외에서 39개의 상을 받은 작품이다. 다비드 도나텔로에서는 8개 부문(작품상, 시나리오상, 여우주연상, 남녀 조연상, 편집, 음향상), 나스트로 아르젠토에서는 10개 부문(감독상, 남우주연상. 시나리오상, 편집, 음향, 촬영, 녹음상), 차크도로에서는 4개 부문(감독상, 여우주연상, 시나리오상, 편집상)을 수상했다. 2015년 오스카상에 출품하기 위해 선정된 영화라 하는데, 역시 가족 간의 비극을 다루고 있으며 스테판 아미돈의 소설을 영화화한 네오-느와르 스타일의 영화다. 이 영화는 1월 개봉으로 첫 주 만에 400개 극장에서 22억의 수익을 거두었다. 영화의 줄거리는 크리스마스이브에 자전거를 타고 가던 소년과 자동차가 충돌하는 사고로 시작하며, 이 사고로 인해 두 가정의 운명이 바뀌게 된다. 6개월 전에 일어났던 이 사고는 네 가지 다른 시점으로 전개되는데 각 시각은 비극을 둘러싼 상황들을 부각시켜 하나의 장이 되어 무감동하고 금전욕에 빠져 도덕적이지 못한 등장인물의 캐릭터에 관심을 집중시키고 있다. 또한 이 영화는 자본(부)에 집착해 파멸 위기에 처해 있는 오늘날 이탈리아를 상징적으로 보여주고 있다. 비르지 감독은 토리노국제영화제의 전년도 집행위원장이었으며, 그가 집권하면서 30퍼센트 이상의 관객이 늘었다고 한다. 토리노국제영화제는 난니 모레티, 잔니 아멜리오, 파올로 비르지오 감독 집행위원장들에 이어 올해부터는 지난 7년 동안 부집행위원을 지냈던 평론가 엠마누엘라 마르티니가 집행위원장으로 추대되었다. 그동안 세 명의 진보적인 감독들에 의해 진행되었던 토리노국제영화제가 새 수장을 만나 앞으로 어떻게 전개될지 기대된다.

2015년 칸영화제에서 잔니 카노바는 "이탈리아 영화는 최고지만 우리는 게으릅니다"라며 이탈리아영화가 예술적이고 크레딧 면에서는 세계적으로 우수하지만 산업적인 면에서는 뒤처지는 편인데, 이는 과거에도 그러했듯이 이탈리아 영화가 게으른데 현재도 그렇다는 것이다. 칸영화제에서 이탈리아의 가장 중요한 세 감독의 영화, 즉 오스카 외국어상을 받은 파올로 소렌티노의 <청춘*La giovinezza*>(2015), 난니 모레티의 <나의 어머니*Mia madre*>(2015), 마테오 가로네의 <테일 오브 테일즈*Il racconto dei racconti*>(2015) 등을 보면 카노바가 언급한 것처럼 이탈리아 영화가 아직도 세계적 수준의 영화를 만들어내고 있다는 것을 알 수 있다. 경제적인 불황에서 이탈리아 영화 제작 편수가 늘어나고 있으며 과거의 영광을 차지할 이탈리아 영화의 미래를 기대해본다.

1) 본 글의 영화의 제목은 국내 개봉제목과 동일하게 하며, 이탈리아 원어를 단다.

2) Direzione generale della Cinematografia, 국내의 영화진흥위원회와 같은 역할을 하는 기관으로 현재는 Ministero dei Beni e delle Attività Culturale e del Turismo 산하 Direzione Generale Cinema에 해당하다고 본다.

3) Hanry Bacon, *Visconti*, Cambridge University Press, 1988, p.12.

4) 크리스톰슨, 데이비드 보드웰, 『세계영화사』, 시각과 언어, 2000, 178쪽.

5) 마리오 솔다티, 알베르토 라투아다, 레나토 카스텔라니, 루이지 키아리이들이 주축을 이룬다.

6) 데 로베르티스의 <대해의 남자들>(1940), 잔니 프란촐리니의 <죄인>(1942).

7) 제프리 노웰 스미스 , 『세계 영화사』, 열린 책들, 2005, 425쪽.

8) 당시 역사적인 상황은 1940년 6월 10일 이탈리아가 연합군에 선전포고를 하고 독일과 공동전선을 펼치면서 이탈리아는 제2차 세계대전에 참전하기에 이르고, 정부 주도의 영화산업 재건은 잠시 주춤하게 된다. 1943년 7월 25일 무솔리니가 체포되면서 비토리오 에마누엘레 국왕의 지지를 받던 '바돌리오(Badoglio) 정권'이 들어서고, 독일과의 동맹관계를 유지할 것이 표명된다. 같은 해 9월 3일 연합군에 무조건 항복하기에 이르지만, 곧바로 이탈리아의 북부 지역은 독일에 의한 점령 시기를 맞게 된다. 약 9개월간 독일이 점령하는 기간에 이탈리아 공산당, 사회당, 노동 민주당, 행동당, 자유당, 기독교 민주당 등 연합한 '민족해방위원회CLN'의 반파시스트 움직임과 레지스탕스 투쟁이 이어졌고, 1944년 6월 4일 연합군에 의해 로마가 해방되었다. 그리고 1944년 6월 바돌리오 정권은 보노미(Bonomi) 정권으로 교체되며, 1945년 4월 29일 독일군은 연합군에 항복한다. 한편 이보다 하루 전인 28일에 스위스로 달아나려던 무솔리니는 붙잡혀 처형당했다(카즈오 야마다 저, 박태옥 역, 『영화가 시대를 말한다』,

한울, 1998, 159~164쪽).

9) Lino Micciche, *Visconti e il neorealismo*, Marsilio, 1990, pp.205~208.

10) 19세기 중엽부터 이탈리아의 통일운동이 열매를 맺어가면서 리얼리즘이 차츰 대두되기 시작한다. 이 시기에 문학 평론의 새 기원을 이루는 새로운 이론이 데 상티스에 의해서 제창되었다. 그는 문학을 국민생활과 밀접한 관계 속에서 묶어서 비평하고 연구해야 한다고 주장했으며, 사회의 모든 현상과 다른 학문들과 일치해 나가야 한다는 이론을 전개하여 당대 이탈리아의 문인들로 하여금 사실주의로 나가는 길을 터놓았다. 그에 의하면 문학은 그 사회와 역사의 반영일 수밖에 없다. 이탈리아가 독일 낭만주의, 프랑스 사실주의 및 자연주의를 수신자 입장에서 받아들이긴 하였으나 이탈리아만의 독특한 토양과 사회 배경 안으로 흡수하여 각색하였으니 이것이 바로 진실주의이다. 이 사조의 대표자인 베르가는 가난하고 현대에 와서 많은 시인, 소설가를 배출했던 시칠리아 출신으로서 그는 작품 세계의 배경을 항상 시칠리아에 두었다. 그는 가난한 사람들, 부자이긴 하여도 항상 갈등 속에서 몸부림치는 사람들을 객관적인 관점에서 모든 추상을 배격한 채 실증주의적 입장에서 담담하게 묘사해 냈다. 이와 같은 소재 선택과 표현 기법은 후일에 수많은 작가들, 특히 네오리얼리즘 작가들의 작품 경향을 특징지을 강력한 요소로 작용하기도 하였다(한성철, 「이탈리아 신사실주의 배태 과정과 전개」, 이탈리아이어문학회, 2쪽).

11) 이탈리아의 로마에서 처음 공개된 것은 1945년 9월이었다. 이는 1944년 6월 4일 연합군에 의해 나치 점령의 로마가 해방된 지 1년이 넘은 시기였다. 또한 반파시즘을 표방하는 '민족해방 위원회(Comitato di Liberazione)'가 기독 민주당, 사회당, 공산당 등의 연합으로 결성되어 반 나치 민족해방 투쟁이 시작된 지 2년이 지난 시기였고, 석 달 후면 기독 민주당의 데 가스페리(De Gasperi)가 이끄는 기독민주당, 사회당, 공산당 연합의 내각이 성립될 시기였다(야마다 카즈오 저, 박태욱 역, 『영화가 시대를 말한다』, 한울, 1998, 159~164쪽).

12) <강박관념>은 《치네마》지 그룹의 공동 프로젝트라는 의의뿐 아니라 이

루 다른 작품들을 실현 가능하게 해준 영화였다. 비스콘티는 이 영화에서 자신과 동료들이 공통적으로 가지게 된 관심이 1800년대 이탈리아 문학의 리얼리즘이나 유럽 문학에 국한되지 않는다는 것을 증명하고자 했다. 원작인 미국 소설은 리얼리스트 소설이지만 에밀 졸라나 조반니 베르가의 리얼리즘과는 다른 연대기적인 작품이었다. 이 작품을 실현하고 있던 1941년부터 2년여 동안은 예술, 문화적으로 개방되기 시작한 시기였으며, 영화와 문학에 대한 토론이 전조되어 새로운 시작을 알리는 정점이 되었다(정란기 편, 『뉴이탈치네마』, 본북스, 2014, 15쪽).

<강박관념>은 무솔리니 정권 하인 1942년에 제작되어, 무솔리니 본인의 개인 상영 이후 일반 공개가 허용되었다. 개봉 후 무솔리니의 아들 비토리오에 의해 상영이 금지되었다. 그 이유는 이탈리아를 잘못 표현하고 있다는 것인데, 신성하고 위대한 이탈리아에서 불륜과 살인을 다룬 영화는 적절치 않다는 것이 주된 이유였다(송영애, 113쪽).

13) 송영애, 114쪽.

14) 무솔리니 정권은 1935년 국립영화학교인 '영화실험센터(Centro Sperimentale di Cinematografica)'를 설립하여 전문적인 배우, 감독, 기술진을 양성하기 시작했다. 루이지 끼아리니는 이 학교의 교장으로 임명되는데, 그는 마르크스주의자로서 《백과 흑Bianco e Nero》이라는 영화잡지를 창간하기도 하고, 에이젠슈타인, 푸도프킨, 발라즈 등의 영화연구를 비롯한 이론과 기술을 가르쳤다(죠지 휴아코 저, 주윤탁 역, 『영화예술의 사회학』, 경성대학교 출판부, 199, 192~193쪽).

15) Lino Micciche, p.208.

16) 베이컨, 12쪽.

17) 송영애, 122쪽.

18) 김시홍, 240쪽.

19) 허인, 『이탈리아사』, 대한교과서 주식회사, 1991, 244~250쪽; 김시홍, 233~236쪽.

20) 안드레오티법은 외화에 대한 더빙 세금을 1편당 250만 리라를 부과하도록 했고, 이탈리아 영화 수익금의 10% 지원금을 제공하겠다고 약속했다. 특히 영화 제작비의 지원 정책은 그 예술적 질에 따라 8%의 추가 지원금을 제공하는 내용을 포함하고 있어서 실질적으로는 사전검열이나 마찬가지였다. 이 법에 힘입어 이탈리아 영화 제작은 점차 활기를 띠기 시작한다. 약 260개의 영화사들이 난립해 있던 시기였고, 이탈리아에 대한 부정적인 장면이나 윤리적, 사회적 문제가 될 수 있는 내용을 담아서는 안 된다는 제약이 발휘되고 있었기 때문에 다양한 영화들이 자유롭게 제작될 수 없었다. 또한 안드레오티는 이탈리아의 부정적인 이미지를 보여주는 영화에 대한 상영 금지는 물론 은행 대출을 통제하였고, 영화의 해외 수출을 금지시켰다. 안드레오티는 영화의 본질을 '상품'으로 규정하고, 수출 농산물 중 부패한 상품을 제외시키는 것처럼 수출 영화 중 네오리얼리즘으로 '오염된' 영화는 제외되어야 한다는 논리를 펼쳤다(한상준, 로베르토 로셀리니, 『세계영화작가론I』, 전양준 편, 이론과 실천, 1994, 225쪽).

21) 세계작가론, 220쪽.

22) 독일군이 남아있던 로마에서 촬영되었으므로 양질의 필름을 구하기가 어려웠고, 전통적 방식을 따라 완벽한 조건 아래에서 촬영하는 것도 힘들었다. 치네치타는 파괴되었으므로 거리에서 촬영할 수밖에 없었고, 때로는 나치의 눈을 피해 건물 내부에 숨어서 바깥을 찍어야 했다. 그 결과 거친 입자에 의한 뉴스릴적 화면들은 진실성을 그대로 보존할 수 있었다(한상준, 로베르토 로셀리니, 『세계영화작가론I』, 전양준 편, 이론과 실천, 1994, 218쪽).

23) 전양준 편, 242쪽.

24) 전양준 편, 244쪽.

25) 정란기 편저, 『뉴이탈치네마』, 28쪽.

26) 정란기 편저, 『뉴이탈치네마』, 43~76쪽을 편집한 글이며, 상세한 내용은 참고 바람.

27) 서울시네마테크 소식지에 '베니스인서울' 관련 특별기고한 글이다. 2014.12월호.

28) '물의 도시'라 불리는 베니스를 화려하게 장식하는 베니스국제영화제가 매년 8월 말부터 9월 초까지 개최된다. 베니스국제영화제 집행위원장인 알베르토 바르베라는 "역사는 달리고, 영화는 걷고, 영화제는 제자리걸음"이라는 말로 일축하고 폴 슈레이더가 언급한 "세상은 변하고 있다. 영화제가 이전보다 영향력이 강한 것은 박물관이나 갤러리의 새로운 큐레이팅 같은 인상을 주기 때문이고, 영향력이 약한 것은 영화제에 참가하는 새로운 독점권이 직접 배급 경로를 약하게 했기 때문이다"라고 베니스영화제를 소개하고 있다. 베니스영화제에 대한 자세한 사항은 출처 참고할 것(정란기 편, 『뉴이탈치네마』, 2014, 본북스, 60쪽).

제6장 이탈리아의 정치와 경제

by 김시홍

1. 통일 이후의 약사

이탈리아에 대한 프랑스의 지배가 종료되고 1814년 오스트리아 비엔나에서 나폴레옹 전쟁 이후의 상황을 처리하기 위한 국제회의가 개최되어 왕정복고가 이루어지자 이탈리아에서는 통일운동(Risorgimento)이 본격화되었다. 운동 초기에는 공화파에 의한 비밀결사가 활발하였으며 지식인 중심으로 활동하였다. 국제적인 사회주의 운동과 혁명으로부터 영향을 받았으나 일반대중인 농민의 지지를 획득하지는 못하여서 대중적 성격을 띠지 못하였다. 토리노 중심의 사르데냐 왕국은 실용주의 노선을 유지하여 당시의 수상이었던 카부르에 의해 외교활동에 중심을 두는 온건적 통일운동을 시도하였다.

1859년 공화주의에 심취해 있던 가리발디 장군과 그의 붉은 셔

츠대(le camicie rosse)는 시칠리아와 남부 이탈리아를 해방시키고 사르데냐왕국과의 충돌을 피하면서 입헌군주제가 탄생하게 된다. 입헌군주제하의 민주주의는 제한된 것이었는데 이는 당시 이탈리아 민중이 높은 문맹률을 보였다는 점과 교황의 가톨릭 신자들에 대한 정치 불 참여 권유 때문이었다. 1870년 군대의 로마 진입 후 교황은 이후 통일 이탈리아와의 어떠한 공식적인 관계도 맺지 않은 채 60여 년 동안 스스로를 '바티칸의 포로'로 명명하였다. 이를 두고 역사학자들은 로마의 문제(la questione romana)라고 부르는데 1929년에 와서야 라테란 조약에 의해 양자 관계가 정상적으로 변모하게 된다.

이탈리아 통일운동인 리소르지멘토에서 급진적인 공화파가 아닌 온건적 세력이 주도권을 잡았다는 사실은 통일 이후의 사회구조와 정치엘리트의 성격을 결정짓는데 중요한 요소로 작용하였다. 즉 북부의 부르주아가 남부의 농민대중의 이해와 별 관련이 없는 산업정책과 정치를 실시함으로써 남북 간의 격차를 더욱 벌어지게 했으며 이는 진정한 의미에서의 국민통합을 저해하는 요소로 작용하였다.

이탈리아의 통일은 북부의 산업자본가계급이 남부의 토지귀족(galantuomini)과 결탁한 사회변화이며 남부의 토지귀족은 농민들을 적절히 통제함으로써 결국 북부의 남부에 대한 지배 및 영향력이 고착화되는 결과를 낳게 되었다.

통일된 입헌군주제 하에서 초기의 우익정권은 정부기구의 합리화, 사회간접자본의 구축 등을 소극적으로 실시하였고 통일 전쟁 중의 과중한 부담을 안게 된 국가재정을 복구하려 노력하였다. 야당이었던 좌파는 이러한 정부의 편향적인 북부개발을 비판하였으나 역부족이었다.

야당이 정권을 잡은 1876년 이후에는 정치적 편의주의(trasformismo)가 의회를 지배하게 된다. 이는 다수파 공작으로도 불리는데 입헌군주제하의 이탈리아가 남부와 북부의 사회구조적 차이 때문에 통합의 어려움을 보였고 앞서 정치엘리트도 북부의 산업자본과 남부의 지주계급으로 그 성격이 달랐기 때문에 통일 이탈리아의 의회는 상이한 이해관계를 지닌 사람들에 의해 협상과 조정을 거치는 모습으로 나타났다.

이탈리아는 1882년 독일과 오스트리아와 맺은 삼국동맹을 깨고 연합국의 진영으로 들어가 1차 대전에 참가하게 되는데 전쟁을 통해 약 70만 명의 희생자를 내게 되었고 1915년에 영국과 프랑스 그리고 이탈리아 간에 체결된 런던조약(Patto di Londra)의 내용이 전후에 충실히 지켜지지 않자 공격적인 민족주의가 발흥하게 된다. 사회주의자들도 1917년의 러시아혁명에 고무되어 일부는 과격·폭력화를 추구하게 되는데 이로써 이탈리아는 파업의 연속으로 통치불능의 위기에 빠지게 되는 '붉은 두 해(Biennio rosso, 1919-1920)' 기간을 맞게 되고 졸리티 주도의 자유주의 국가는 실권의 위기에 봉착하게 된다.

무솔리니의 지도력에 의해 파시스트들이 결집하면서 행동을 취하게 되는데(Biennio nero, 1921~1922) 때로는 사회질서를 바로 잡기도 하고 때로는 도시정부에 몸담고 있던 사회주의자들을 축출하는 무력시위도 보였다. 1922년의 총파업(sciopero generale)은 파시스트들로 하여금 로마로의 행진(la Marcia su Roma)을 가능케 하여

왕은 무솔리니에게 정부를 구성하도록 요청하게 된다.

파시즘체제는 조합주의적이고 제국주의적이며 독재적인 정권이고 반대파들을 탄압하였지만 대외적으로는 국제연맹의 체제에 머물렀으며 히틀러와의 주축 국 구성 후에야 인종주의에 암묵적으로 동의하고 2차 대전의 주역의 하나로 참가하게 된다. 그러나 1943년 7월 25일 연합군이 시칠리아에 상륙하자 무솔리니는 추종자들에 의해 제거되었고 국왕은 바돌리오장군에게 조각을 의뢰하게 된다. 로마는 1944년 여름에 가서야 해방이 되었으며 새로 구성된 정부는 파시즘체제하에서 반체제운동을 벌였던 단체인 민족해방위원회(CLN)를 중심으로 만들어졌다.

해방 이후 1946년에 실시된 국민투표에서 공화정이 왕정에 대해 가까스로 승리를 거두게 되었고 동시에 선거에 의한 제헌의회가 구성되었다. 공화국의 초대 내각은 기독교민주당(DC)이 공산당과 사회당을 포함하는 거국내각의 성격을 띤 것이었으나 미국의 영향(Marshall Plan)과 1949년에 NATO에 가입한 후 기민당은 좌익과 15년 동안 결별하는 모습을 보인다. 기민당은 절대다수의 지지를 획득하였으나 중도의 소수당을 정부에 참가시켰고 경제재건에 경주하는 정책을 펴나갔다.

기민당이 절대다수를 점유한 때는 1948년의 선거에 불과하였고 타당과의 연정이 불가피하였다. 중도의 소수당인 자유당(PLI), 공화당(PRI), 사민당(PSDI) 등과의 연대가 불가피하였고 1963년 이후에는 사회당(PSI)도 포함되게 되었다. 그런데 기민당내에도 다양한 분파와 정치적 견해가 있었기 때문에 정치적 안정은 외견상으로만 가능한 것이었고 연립정부 파트너와의 조화는 물론이고 때로는 기민당 내부의 갈등으로 정권이 무너지는 일이 잦았다. 이는 부정적 의미에서의 정치적 타협이라는 측면에서 볼 때 기민당의 안정적 집권에도 불구하고 전후 수 십 차례의 내각이 들어서고 무너지는 불안정한 행태를 보이는 이유가 된다.

그 결과 공산당(PCI)으로 하여금 비록 정권에는 참여하지 못하더라도 정치프로그램에 일정한 영향력을 행사할 수 있는 계기를 제공했다. 공산당의 입장에서는 비록 국정에는 직접 참가할 수 없었지만 사회당과의 부분적인 제휴로 지방정부나 전국 단위의 노동조합에 영향을 미칠 수 있었으며 1970년대에는 역사적 타협(compromesso storico)으로 국영방송국의 운영권 그리고 사회보장과 연금공단 등의 관리권을 행사할 수 있었다. 또한 좌익성향의 노동조합을 통해 국가나 사용자와 직접 타협할 수 있는 권리도 구가하였다. 따라서 영원한 여당인 기민당과 영원한 야당인 공산당의 존재는 현상유지주의 혹은 불완전한 양당제(immobilismo, bipartitismo imperfetto)를 의미하기도 했으나 현실적으로는 적지 않은 개혁이 가능할 수 있었다.

이탈리아의 경제는 서구의 다른 선진산업국가들을 추월하였으며 복지국가를 시행하기도 하였다. 1950년대와 1960년대는 경제성장(miracolo economico)과 복지국가의 시대였다. 그러나 1970년대에 들어와 성장이 둔화되면서 여러 문제가 제기되었다. 3차 산업의 비대화는 공업부문의 약화를 가져왔으며, 공공부문의 비대는 재정적자와 인플레효과를 야기하였다. 1980년대에 들어와 이러한 문제점을 해결하려는 시도로 공공지출을 견제하면서 인플레를 줄이고 임금물가연동제 조항을 유보시키는 노력과 민간기업에 대한 통제를 줄이려는 시도를 보이기도 했다.

1980년대의 이탈리아는 정치적 안정과 함께 국제적인 삼저현상 등에 힘입어 다시금 경제가 활성화되었다. 국영기업집단인 산업재건공사(IRI)의 회장 직을 로마노 프로디가 맡으면서 성공적으로 개혁 프로그램을 실시하였으며, 민간 대기업들은 유럽 차원에서 주목 받았다. 중소기업 분야는 이른바 산업지역론(distretti industriali)에 입각하여 세계적인 주목을 받기도 했다.

그러나 1992년 밀라노에서 발생한 부패수사(Mane pulite)는 일파만파로 번지면서 그간 이탈리아 경제사회를 발전시켜온 방식이 더 이상 유효하지 않으며, 오히려 많은 문제를 내포하고 있다는 자성론이 제기되었다. 이른바 정경유착 현상이 심화되면서 정치가 경제의 발목을 붙잡는 고질적 문제가 구조화되어 이탈리아의 성장 동력을 약화시켰다. 1994년의 총선부터 새로운 정치세력과 인물들이 등장하였고 형식적으로는 정권의 교체가 원활하게 이루어졌지만 구태를 획기적으로 벗어나지 못하였고 그 결과 이탈리아는 일본과 유사한 형태로 잃어버린 20년의 기간을 보내게 되었다.

2013년에 들어와 새로운 기치를 내건 정치인인 마테오 렌치는 이탈리아 사회의 문제점을 개선하려는 다양한 개혁조치들을 시행하고 있는데 성공여부에 대한 평가에는 좀 더 시간이 필요하다고 본다.

2. 이탈리아 공화국 헌법

19세기 말 통일 이탈리아는 입헌군주제였다. 사르데냐왕국의 사보이아왕가가 통일 이후에도 군주로 존재하였다, 그러나 실권을 가진 것은 아니어서 선거를 통한 내각책임제적 국가운용이 되어왔다. 이차대전이후 이탈리아는 1946년의 국민투표를 통해 군주제를 폐지하고 공화제를 선택하게 되었다. 이어 제헌의회가 구성되고 1948년 공화국의 헌법이 공포되었다.

이탈리아 공화국의 헌법은 총 139조의 본문과 18조의 경과규정 및 최종규정으로 구성되어 있다. 총강에 이어 제1부는 국민의 권리와 의무에 대한 사항을 국민, 사회윤리적 관계, 경제 및 정치로 세분하여 나열하고 있다.

헌법의 제2부인 공화국의 조직에서는 6개의 분야로 나뉘는데 의회는 상원(Il Senato della Repubblica)과 하원(La Camera dei deputati)에 관한 부분, 입법과정으로 구성되며, 다음으로 공화국의 대통령(Il Presidente della Repubblica)이 다루어지고, 정부는 내각(Il Consiglio dei ministri), 행정부 및 보조기관으로 이루어졌다. 법원(La Magistratura)은 사법조직과 재판에 관한 규칙으로 구분되며 지방자치는 주, 현, 자치시에 대한 내용(Le Regioni, Le Province, I Comuni)으로 구성하고 있다. 마지막으로 헌법의 보장부분에서는 헌법재판소(La Corte costituzionale)에 관한 규정과 헌법개정 및 헌법적 법률에 관한 규정이 있다. 부칙부분에는 경과규정 및 최종규정으로 이루어져 있다.[1)]

이탈리아 헌법의 중요한 특징으로는 첫째, 국가의 형태인 국체

(forma dello Stato)가 공화국(repubblica)이라는 점이다. 헌법 제1조는 '이탈리아는 노동에 기초를 둔 민주공화국이다. 주권은 인민에게 있다. 인민은 헌법이 정하는 형식과 범위 내에서 이를 행사한다.(L'Italia e una repubblica democratica, fondata sul lavoro. La sovranita appartiene al popolo, che la esercita nelle forme e nei limiti della Costituzione.)'라고 밝히고 있다.

둘째, 헌법은 의회 민주주의에 기초한 내각책임제를 천명하고 있다. 국민에 의하여 직접적으로 선출된 하원과 상원의회의 결과에 따라 다수를 점한 정당이 단독으로 정부를 구성하거나 여러 정당들이 공동으로 내각을 구성하는 연정의 방식을 따른다. 그러나 형식적으로는 공화국의 대통령이 수상을 지명하도록 되어있다.

셋째, 제1조의 내용에서 파악될 수 있었듯이 노동의 신성성을 높은 가치로 간주하였다. 제헌의회의 헌법조문 초안 과정에서 좌파의 정당들이 기민당과 함께 양보와 타협을 거치면서 작업을 하였기 때문에 좌우의 조화가 선명하게 드러나고 있다. 가령 일부의 좌파주의자들은 노동에 기초한 민주공화국 대신에 노동자의 공화국(repubblica dei lavoratori)을 원하였지만 이는 결국 특정 계급에 대한 차별적인 우위를 인정하는 것이므로 부결되었으며, 결국 기민당이 제안한 안이 채택되었다. 여기서 중요한 것은 노동을 강조한 부분이 공화국 헌법의 제1조라는 점으로 이는 좌익이 헌법제정과정에서 소외되지 않고 적극적으로 참여하였다는 사실을 뒷받침하며 이는 긍정적인 결과로 평가될 수 있다. 사실 좌우는 민족해방위원회를 통해 반파시즘의 공동전선을 함께 투쟁한 전력이 있었으며, 해방 직후에는 새로운 국가의 건설을 주도한 세력들이기도 했다.

넷째, 기독교적 전통과 사회주의적 이념이 적당한 수준에서 타협된 헌법의 모습은 이탈리아의 현대적 유산을 대변하는 것으로 헌법의 조문들을 통하여 특히, 사회경제적 사항들에서 두드러진다. 이는 국가의 역할을 강조하는 내용은 제1부 제3장의 후반부에서 나타나며 노동, 복지, 평등, 파업권의 인정 등의 내용은 헌법이 자유민주주의적 기반과 사회주의적 성격을 혼합함으로써 절충적 성격을 드러내고 있다고 볼 수 있다. 또한 가족, 건강, 사유재산에 대한 성격 등에 대한 규정에서도 국가의 중재적 성격을 현시하고 있다. 이러한 시각에서 공화국 헌법은 사회민주적 전통에 근사하고 있음을 보여준다.

다섯째, 헌법은 또한 독재체제였던 파시즘을 혐오하여 반파시즘 정신을 천명하고 있다. 이는 부칙의 제12조에서 보듯이 해산된 파시스트당의 재조직을 금지하고 있으며 파시스트체제에서 고위직에 있었던 자들의 투표권 및 피선거권을 5년 동안 제한한다는 내용에서도 극명하게 드러나고 있다. 특정 정당의 비대화를 경계하는 의미에서 비례대표를 통한 다당제를 가정하고 있다는 점도 반파시즘 정신에서 나온 소산이다. 일당독재의 경험이 매우 불행했던 시절로 기억되기에 특정 정당이 절대다수를 차지할 수 있는 다수대표제를 회피하고 소수당에도 불리하지 않는 비례대표제를 선택함으로써 이러한 의지를 분명히 하고 있다.

여섯째, 이탈리아 공화국 헌법에서 특이한 부분은 가톨릭 교회의 위상에 대한 헌법적 보장이다. 제7조는 '국가와 가톨릭 교회는 각각 그 고유의 질서 내에 있어 독립적이며 주권적이다. 그 관계는 라테란 조약에 의하여 규정된다. 쌍방의 당사자에게 수락된 조약의 개정은 헌법개정의 절차를 요구하지 아니한다.'라고 밝혔다. 이로써 여타 종교에 대한 가톨릭교회의 독점적인 지위는 헌법적 보장을 받게 되었으며 가톨릭이 이탈리아 국가의 종교(religione di Stato)로서 대우받게 되었다. 그 결과 집권당이었던 기민당과 가톨릭 교회의 밀월이 정착될 수 있었다.

마지막으로 강조될 수 있는 부분은 이탈리아 사회의 전통적인 유산이기도 한 부분이다. 즉 개인과 국가를 이어주는 매개적 중간집단에 대한 강조를 지적할 수 있다. 헌법 제2조는 '공화국은 개인으로서나 또는 그 개인의 인격이 발휘되는 사회조직 내에 있어서나 인권의 불가침을 인정하고 또한 보장하며 정치적, 경제적 및 사회적인 연대의 필요상 없어서는 안될 의무의 이행을 요구한다.'라고 밝히고 있다. 또한 제45조에서 '공화국은 상호부조의 특징을 가지고 사적 투기의 목적을 가지지 아니하는 협동조합의 사회적 기능을 인정한다..... 법률은 수공업(artigianato)의 보호와 발전의 조치를 규정한다.'라고 언급함으로써 넓게는 매개적 중간집단의 위상을 강조하고 있으며 좁게는 보다 구체적으로 이탈리아 사회의 전통인 구중간계급이라 할 수 있는 수공업자와 중소기업 등의 조합을 발전·육성시킴으로써 조합주의적 전통을 살리려고 노력한 흔적이 명시적으로 드러나고 있다.

3. 이탈리아 공화국의 주요 제도와 기관

3.1 공화국의 대통령

이탈리아는 내각책임제를 채택하고 있기 때문에 공화국의 대통령은 상징적인 존재로 이해할 수 있다. 대통령은 상하원 양원의 연석회의에서 선출되는데 전체의원의 2/3 이상을 획득한 자가 대통령을 맡게 된다. 공화국의 역대 대통령은 엔리코 데 니콜라, 루이지 에이나우디, 조반니 그롱끼, 안토니오 센니, 주셉베 사라갓, 죠반니 레오네, 산드로 페르티니, 프란체스코 꼬시가, 오스카 루이지 스칼파로, 카를로 아젤리오 챰피, 조르지오 나폴리타노에 이어 2015년부터 제12대 세르지오 마타렐라 대통령으로 이어지고 있다.

대통령의 피선거권은 만 50세 이상이며 임기는 7년이고, 재선은 관례로 보아 불가능하나 나폴리타노 대통령이 경우 예외적이었으며 재선에 성공한 이후 단기에 사임한 바 있다. 대통령의 권한은 상징적인 국가의 원수라는 점과 형식상 총리의 임명권을 가지고 있다. 공화국 대통령의 권한이 중요한 시기는 정부의 위기시인데 이때에는 정부가 형성되기 전까지 통상적으로 협상이 벌어지게 되고, 이 과정에서 대통령이 일정한 역할을 담당하게 된다. 대통령은 또한 임기 후 평생상원(senatore a vita)의원으로 추대되며, 임기 중 5명의 헌법재판소 재판관에 대한 임명권이 있고 군대의 최고통수권자, 최고국방회의의장, 최고사법평의회의장 등을 맡으나 실권은 크게 제약되어 있다.

3.2 내각

행정부의 핵심은 내각이 맡게 된다. 내각은 총리와 장관들로 구성된다. 이탈리아의 내각은 잦은 정권교체 때문에 안정적이지 못하다고 볼 수도 있으나 집권당과 정치인들의 연속성이 그 어느 서구국가보다도 일관성을 보이기 때문에 어떤 면에서는 가장 안정적인 정권을 유지한다는 역설이 가능하다.

내각의 총리(il Presidente del Consiglio dei ministri)는 정부의 일반 정책을 지도하며 그에 대한 책임을 진다. 총리는 또한 각부의 장관의 활동을 촉진 및 조정하며 정치적, 행정적인 방침의 통일을 유지한다. 내각책임제하에서 총리는 실질적인 최고 권력자라고 볼 수 있으며, 정부의 수반(Capo del Governo)직을 행사한다. 2016년 현재 내각의 총리는 피렌체 시장 출신의 마테오 렌치가 맡고 있다.

내각에는 정부의 부처가 다양하게 존재하는데 최근의 경향은 국가의 재정적자를 감소시키고 작은 정부를 지향한다는 차원에서 부처의 수가 16개로 대폭 축소되었다. 정무장관직을 제외하면 실질적으로 13개 부처에 불과한 수준이다.

3.3 의회

공화국의 헌법에 의하면 이탈리아 의회는 대다수의 서구 선진국의 사례와 유사하게 공화국의 상원과 하원으로 구성되는 양원제(bicameralismo)를 실시하고 있다. 양원은 모두 국민의 직접선거에 의하여 5년의 임기로 선출된 의원으로 구성된다.

상원은 정족수가 315명이며, 선거권은 25세 이상이 되어야 가질 수 있으며, 피선거권은 40세 이상이 되어야 출마가 가능하다. 이탈리아의 상원의원은 여타의 유럽 국가들에 비하여 나이 제한이 높은 수준이어서 하원에 비해 보수적인 색채를 띠는 경향이 있다. 하원은 630명의 의원으로 구성되며, 18세 이상의 국민들이 투표에 참가하고, 하원의원에로의 출마는 25세 이상이 되어야 한다.

1992년까지의 국회의원 선출방식은 인구비례대표제 방식으로 치러졌는데 이는 파시즘의 유산을 극복한다는 차원에서 일당독재의 폐해를 막기 위한 합의에서 채택된 것이었다. 그러나 정치현실에서는 다당난립과 그로 인한 연립정권의 잦은 붕괴 등으로 부정적인 면모를 보이기도 하였다. 1992년 부패수사 운동이후 선거법이 다수대표제로 전환되어 소선거구 방식으로 전체의 3/4을 선출하고 나머지 1/4은 개정된 비례대표제를 병행하였다. 그러나 2005년 말 선거법이 다시 개정되어 현재의 제도는 비례대표제로 환원하되 상대적 다수당에게 프리미엄을 주는 내용이 핵심적이나 최근 선거법에 대한 개정 논의가 제기되고 있다. 즉, 균등한 권한을 갖는 양원제로 인해 입법 과정이 비효율적이라는 지적에 대해 상원의 규모와 권한을 대폭적으로 축소하는 변화를 도모하고 있는데 그 추이가 주목된다.

3.4 사법부

이탈리아의 사법부는 파시즘의 부정적인 유산을 극복하는 과정에서 발전하였다. 이는 새로운 공화국의 출범에도 불구하고, 사법부의 판사들이 구체제에서 충원되었던 인물들이고 권위주의적인 법문화에 젖어있었다는 점에서 적지 않은 논란을 야기하여 왔다. 이러한 민주적 요소와 권위주의적 요소의 혼재현상은 1970년대에 들어와서야 사법부의 관행이 개혁적인 방향으로 선회하는 모습을 보여주었다.

이탈리아의 법원은 법이 모두에게 평등하다는 만민평등법사상(La legge è uguale per tutti)에 기초하고 있다. 법원은 보통법원과 행정법원으로 이분화되어 있다. 보통법원은 우리나라와 마찬가지로 삼심제로 운영되는데 1심은 사건의 경중에 따라 단독심과 3인의 합의심으로 구분된다. 민사 및 형사소송을 다루는 2심의 역할은 고등재판소인 항소원에서 맡고 있으며, 최종재판은 대법원에서 실시된다.

행정법원은 공적이며 행정적 문제를 처리하는 기관인데, 개인을 행정기관으로부터 보호한다는 차원과 공공기금의 사용을 통제하기 위한 기능을 수행한다. 전자의 경우 2심제도로서 주행정법원과 국가평의회가 담당하며, 후자인 공공기금의 통제에 대해서는 회계감사원에서 처리되고 있다.

3.5 지방자치

이탈리아의 지역주의는 중세가 시작되면서부터 형성된 오랜 전통을 지니고 있다. 1860년대에 와서야 반도의 통일이 이루어졌다는 사실은 약 1400년 동안 통일된 정치공동체가 존재하지 않았다는 것을 말해주며, 이는 동시에 지역적 정체성이 매우 강하게 발전되어 왔다는 점을 시사하고 있다.

공화국의 지방자치제도는 헌법에 명시되어 있었으나 1950년대의 집권당이었던 기민당은 국가위주의 경제성장을 도모하면서 지방자치제도의 본격적인 실시를 유보하여 왔다. 그러나 1960년대에 들어와 비판적 사회이론의 등장과 함께, 여성운동, 학생운동, 노동운동 등의 사회운동은 개혁적 사회운용을 뒷받침하였으며 결국 1970년부터 본격적인 자치제의 실시를 가져오게 하였다.

이탈리아의 지방자치는 주, 현, 자치시로 구성되어 있다. 주(regione)는 광역자치단체로서 20개가 있으며, 주지사와 주의회가 주정부를 구성한다. 주정부는 중앙의 정치무대에서 실시되는 것과 유사한 방식으로 주의회 선거에 의해 다수당이 결성된 경우 형성되게 된다. 중앙정부의 과도한 부담을 완화한다는 차원에서 최근 주정부의 권한과 책임이 강화되는 추세에 있다.

현(provincia)은 중간단계의 행정계층인데 전국적으로 110개가 있으며, 주와 자치시의 연결고리로서 작용한다. 최근에는 현의 위상에 대한 의문이 제기되고 있으며, 폐지론이 조심스럽게 등장하고 있다. 실제로 2014년 의회를 통과한 법에 의하면 현의 상당 기능을 자치시와 주에 귀속시키며, 현의 구성도 주민투표가 아니라 자치시의 장과 시의원들에 의해 결정되는 방식으로의 전환을 앞두고 있다.

자치시(comune)는 기초자치단체로서 2016년 현재 전국적으로 8003개가 있다. 이탈리아의 행정체계는 단일화되어 있기 때문에 대도시 수준의 자치시가 있는가 하면, 농촌지역의 인구 5천명에 불과한 자치시도 존재한다. 자치시에는 시장과 시정부 그리고 시의회가 지방선거의 결과 구성된다. 대도시의 경우 시장을 시민의 직선에 의해 선출하는 방식이 1990년대에 들어와 도입된 바 있다.

4. 이탈리아의 정치 현실

4.1 1992년 이전의 정치상황

이차대전 이후 이탈리아의 정치문화는 단순비례대표제, 내각책임제, 연립정권, 잦은 정부의 붕괴로 대변된다. 1992년까지의 연립정권 역사를 보면, 기민당이 한 번도 정부의 구성에서 제외된 적이 없었다는 사실이 중요하다. 전쟁이 끝난 직후에는 기민당이 공산당 및 사회당과 함께 거국내각을 구성하여 공화국의 기초를 닦았지만 1940년대 후반에 본격화된 냉전체제의 등장으로 좌우파의 연정은 붕괴하게 되었다. 따라서 1950년대 이후 정부의 구성은 기민당이 중심이 되면서 좌우의 군소정당들을 마이너파트너를 삼는 연립내각이 주종을 이루었다.

1960년대에 들어와서는 좌익에게 문호를 개방하게 되는데 사회당을 정부에 포함시킴으로써 중도좌파연정이 가능하였다. 그러나 이탈리아 사회당은 1970년대 이후 보수화된 성격을 띠었으며, 밀라노를 중심으로한 신흥자본가계층의 이익을 대변하면서 이후 정경유착의 중심에 서게 되었다.

특히 1980년대에는 사회당의 당수였던 베티노 크락시가 직접 연정의 총리로 등극하면서 이러한 사회당의 보수화가 급진전되었으며, 피닌베스트 그룹의 실비오 베를루스코니와 손을 잡으면서 부정적인 모습을 보여주었다. 이는 급기야 1990년대 초반의 부패수사로 이어지는 결과를 초래하게 된다.

4.2 후견제와 정부의 비효율

후견제(sistema clientela)는 기민당에 의해 만들어진 부정적인 정치 유산이다. 이탈리아의 국회의원 선거제도에서는 선호도투표(voto di fiducia) 방식이 가미되어 정치인 개개인에 대한 지지율이 계산되었으며, 이는 지지자들과 정치인들의 야합을 가능케 하였다. 따라서 선호도투표율의 증가는 내각에서의 장관직과 연결되었으며, 이 지위를 이용하여 지지자들에게 특혜를 줌으로써 후견제의 메카니즘이 고착화하게 되는 것이었다.

그런데 문제는 이러한 후견제가 국영기업의 확장과 맞물렸으며, 또한 국영공사의 사업 발주과정에서 특정 기업들과의 유착이 관행화되게 함으로써 기업들의 기민당 정치인들에게 대한 정치자금의 부여, 정치인들은 이들 기업들에게 특혜를 주거나 입찰과정에서 정보를 사전에 유포함으로써 비리가 재확산되는 과정이 고착화되었다. 이러한 메커니즘은 1980년대 말에 이르면 정치인과 특정 기업 양자간의 교환조건이 악화되면서 파국으로 치닫게 되었고, 그 결과 부패수사가 전면적으로 진행되는 결과를 야기하였다.

이상의 정치문화를 볼 때 이탈리아의 전후 정치는 정부의 수로 측정한다면, 서구사회에서 가장 불안한 모습을 노정하여왔다. 즉 내각의 평균수명이 11개월에 그침으로써 안정적인 정부의 활동이 원천적으로 불가능하였다는 것이다. 심한 경우에는 1개월만에 내각이 붕괴되는 사례로 있었다.

그러나 이러한 불안정한 정치관행을 자세히 들여다보면 모순적인 논리를 발견하게 된다. 즉 정부의 수로 보면 이탈리아의 정치가 극도의 불안정을 보이고 있지만 만일 그 기준이 정당이나 특히 정치인의 기준으로 보자면, 상당한 지속성과 안정성을 보이고 있다는 사실을 간과할 수 없다. 가령 공화국 초기의 정치인이었던 알치데 데 가스페리는 8차례에 걸쳐 연속적으로 총리를 역임한 바 있으며 줄리오 안드레옷티는 여러 차례의 총리직과 함께 내무부장관, 외무부장관, 재무부장관 등을 수십 차례 역임하면서 역대의 정권에서 거의 빠지지 않고 내각에 참가하였던 것이다. 이러한 현상을 두고 불안정속의 안정의 변증법이라 칭하고 있다.

4.3 부패수사

1980년대에 세계적인 차원에서 진행된 현실사회주의권의 체제붕괴는 이탈리아의 좌파정당들에게도 부정적으로 작용하였으며 1984년 공산당의 존경받던 지도자인 엔리코 베를링게르가 사망한 후로는 구심점을 결여한 채 지속적인 세력의 약화를 방관할 수 밖에 없었다. 1989년의 베를린장벽의 붕괴와 소련사회의 해체는 이러한 현실을 가속화하여 결국 이탈리아 공산당은 1991년 전당대회에서 당명을 좌익민주당(PDS)으로 변경하게 되었다.

공산당의 이러한 약세적 변화는 집권당인 기민당에게도 심각한 영향을 미치게 되었다. 사실 기민당이 만년여당으로 군림할 수 있었던 비결중의 하나는 공산당을 만년야당으로 남게하는 방식에서 찾을 수 있는 것이었다. 따라서 비판의 대상이 사라지게 되면 비판을 하던 주체도 존재의 이유를 살필 수밖에 없는 것이었다.

이상과 같은 상황 하에서 1992년 2월 밀라노의 시립요양원을 둘러싼 수뢰혐의에 대한 비리수사에서 사회당이 연루되면서 시작된 '깨끗한 손(Mani Pulite)'운동은 이내 이탈리아 전체를 뒤흔들었으며, 사회당의 주요지도자들은 물론이고 기민당의 최고위 정치인들도 속속 비리에 연루되는 결과를 보여주었다.[2] 이는 지난 40년간의 정체된 정치 속에서 파생된 결과로서 기존의 정치체계를 근본에서부터 변화시키는 계기를 마련하는 것이었다.

4.4 정치개혁과 '제2공화국'의 탄생

부패수사는 총체적인 수준에서 진행되었고, 언론과 국민적인 지지에 힘입어 사회 전반에 걸친 개혁의 목소리가 드높게 되었다. 위기관리내각에 의해 주도된 정치개혁 일정에서 최우선시된 작업은 선거법의 개정이었다. 1993년 국민투표에 의하여 선거법의 개정이 확정되었으며, 다수대표제를 위주로 한 새로운 선거법이 마련되었다.

새로운 선거법은 다당제의 난립현상을 방지하고, 양대정당제로의 변화를 모색하며, 궁극적으로는 정권교체의 원활함을 추구하는 것이 그 기본정신이었다. 1994년 3월 개정된 선거법을 활용한 총선이 치루어졌는데 과거의 주요 정당들은 뚜렷한 세력의 감소를 경험한 반면, 신생정당이나 신진의 인사들이 대거 국회에 진출하는 모습을 보였다. 이로서 상징적인 의미에서의 '제2공화국'이 탄생하게 되었다.

정치개혁의 또 다른 과제는 유럽통합과정에서 이탈리아가 통합이 요구하는 수준에 미치지 못할 것이라는 우려와 함께 경제 분야에서의 노력이 요구되고 있었다. 구체적으로는 유럽단일통화의 출범과정에서 요구하는 조건들을 충족시키는 것이 시급하였다. 가령 공공재정적자를 국내총생산의 일정 비율 이내로 유지하는 것, 인플레의 억제, 환율변동폭의 축소 등이 주요 과제였다.

1994년 선거에서 승리한 베를루스코니 우파정부는 연립정권 내부의 마찰로 일년을 넘기지 못하고 붕괴하여 다시금 위기관리 내각이 들어서게 되었다. 1996년 총선에 의해 출범한 중도좌파 정권은 이상의 과제를 해결하기 위하여 유럽세(eurotassa)를 신설하는 등 노력을 경주한 결과, 유로화의 초기 회원국으로 참가하게 되었으며 지속적으로 비효율적인 국영기업의 민영화를 통해 경제의 효율성을 도모하였다.

1996년 4월의 총선에서 승리한 좌파 올리브나무동맹은 기본적으로 공산당의 후신인 좌익민주당이 최대주주였으나, 내각의 총리는 구기민당 출신이자 대학교수였던 로마노 프로디가 맡게 되었다. 프로디는 집권 초기 중도좌파 정부가 5년간 지속될 것이라는 자신감을 표명한 있다.

중도좌파 정권은 그 성격으로 보아 몇 가지 특성을 가지고 있었다. 우선 지역적인 측면을 들 수 있는데 이탈리아 중부지역 출신의 장관들이 대거 입각하였다는 사실이다. 이는 사회변화의 차원에서도 흥미로운 결과인데 좌익민주당의 전통적인 지지기반이 이 지역이며 프로디 총리가 볼로냐출신이고 디니 외무부장관이 피렌체에서 태어났다는 점과 부합된다. 산업적으로 보아도 대기업위주의 공업 삼각지대인 밀라노-토리노-제노바보다 이들 중부지역이 헤게모니를 잡았다는 사실은 중소기업위주의 경제정책이 보다 높은 비중을 갖게 될 것이라는 전망을 가능케 하였다.

프로디 정부는 연정의 파트너는 아니었지만 정책적 측면에서 정부를 지지하던 공산재건당과의 의견차이로 인해 1998년에 붕괴되었으나 이내 좌익민주당의 당수였던 마시모 달레마가 총리로 등극함으로써 정책적인 측면에서는 연속성이 유지하였다. 프로디는 총리 사임후 유럽연합 집행위원회의 위원장을 맡아 비중 있는 역할을 수행하였다.

달레마 중도좌파 연정은 2000년 4월 16일의 지방선거에서 참패하여 붕괴되었으며, 줄리아노 아마토가 이끄는 새로운 내각이 출범하여 총선까지의 위기관리내각으로 운영되었다. 2001년 총선에서는 우파가 압승하였다. 그러나 다시금 총리로 등극한 베를루스코니는 선거전에서 약속한 내용들을 충실하게 실현해나가지 못하였다. 오히려 언론재벌과 정부의 최고권력자라는 역할을 동시에 유지함으로써 이해관계의 충돌현상을 야기하였으며 국민들의 불만이 제고되었다.

2006년 총선은 우파에 실망한 좌파에 다시 기회가 오는 것이었지만 선거 결과 승부는 박빙을 기록하였다. 유럽연합 집행위원장 직을 마치고 돌아온 로마노 프로디가 재차 총리를 맡아 정부를 이끌게 되지만 연립정권 내부의 복잡다기한 사정으로 이년만에 낙마하고, 조기총선에 돌입하게 된다. 2008년의 총선에서 우파가 다시 승리하게 되지만 이것은 이탈리아 국민들이 우파에 대한 기대가 컸다기보다는 좌파에 대한 실망과 자포자기적 국민 여론이 반영된 결과였다. 베를루스코니는 세 번째 총리로 임명되지만 어려운 이탈리아 경제 상황을 개혁하기에 역부족이었으며, 오히려 갖가지 성추문 그리고 검찰로부터의 수사 등으로 입지가 위축되었으며 이탈리아의 대외신인도가 회복되지 못하는 상황이 전개되었다.[3] 설상가상으로 2008년의 글로벌 금융위기로 인해 이탈리아의 상황은 악화일로에 있게 되었다.

결국 베를루스코니 우파 정부는 삼년의 기간을 별다른 조치를 취하지 않으면서 연명하였지만 유럽차원의 압력으로 실각하고, 보코니대학의 총장과 이사장을 역임한바 있는 마리오 몬티가 위기관리내각을 이끌면서 재정위기 상황에 대처하게 된다. 2013년 2월에 실시된 총선에서 상하원 모두에서 안정적인 다수가 형성되지 못하였다.[4] 그 결과 좌파의 지도자였던 엔리코 레타가 좌우연정의 정부를 구성하게 되지만 오래 버티지 못하고 같은 정당 소속의 젊은 정치인이었던 마테오 렌치에게 정권을 물려주게 된다.

마테오 렌치 총리는 현직 국회의원이 아니면서 총리가 된 최초의 인물이다. 그는 가톨릭에 충실한 신앙인이면서도 개혁마인드가 강하여 국민적 지지를 얻고 있다. 그가 이끄는 내각에서 절반인 8명이 여성장관인 점도 새로운 추세를 반영하는 것으로 평가받고 있다.[5)] 렌치 정부의 개혁작업은 초기에 탄력을 받지 못하다가 2015년에 상당한 진전을 보게 되었다. 우선 양원제의 국회를 변모시켰다. 상원의 경우 의석수를 315에서 100석으로 줄이고 이마저도 주대표가 맡게 되면서 사실상 이탈리아의 의회는 하원이 실권을 가지는 단원제로 변모하게 되었다. 또한 정권의 안정을 위해 40% 이상을 점하는 단일 정당에게 프리미엄을 배정하여 다수당이 정책을 책임지고 실시할 수 있게 했다는 점에서 획기적이다. 노동개혁에서도 해고 규제의 완화를 골자로 하는 과거에 비해 진전된 결과를 얻어서 이탈리아 경제의 신인도가 높아지는 효과를 보고 있다.

5. 경제구조의 특징

5.1 전후 이탈리아 경제

이탈리아는 2차대전에서 독일, 일본과 함께 패전국의 멍에를 갖고 새로운 시대를 맞이하였다. 1940년대 후반의 이탈리아는 산업시설의 파괴, 일자리 및 물자의 절대부족 현상으로 인하여 극도의 혼란기를 경험하였다. 신사실주의 영화로 대변되는 일련의 작품들은 이러한 당시의 상황을 대변하여주고 있다. 가령 빗토리오 데시카 감독의 <자전거 도둑*Ladri di biciclette*>은 암울했던 사회현실을 극명하게 드러내고 있는 작품으로 이해된다.

그러나 1940년대 후반에 본격화되는 일명 마샬플랜으로 알려진 유럽부흥계획은 전후 유럽의 경제부흥에 중요한 요소로 작용하게 된다. 또한 1950년 동아시아에서 발발한 한국전쟁은 이탈리아에게 수출의 붐을 조성하여 경제회복을 하는데 결정적인 영향을 미치게 되었다. 마샬플랜과 한국전쟁은 국가주도의 1950년대 경제성장의 견인차 역할을 함으로써 이탈리아는 경제의 기적기(miracolo economico)를 맞이하게 되었다. 사회간접자본과 기간산업으로 대변되는 1950년대의 성장은 크게 보아 두 가지의 요인으로 설명될 수 있다. 우선은 이탈리아가 패전국이었음에도 불구하고 양질의 값싼 노동력을 풍부하게 지니고 있는 나라였다는 점을 들 수 있다. 비록 전쟁에서 패배하였지만 전쟁을 통해 무기의 생산과 연관 산업이 발달할 수 있었기 때문에 이러한 기술문화적 유산은 전후에도 평화적인 산업화를 위해 긴요하게 활용될 수 있었다. 두 번째로는 국가주도의 성장 자체가 미친 영향을 간과할 수 없다. 가령 철강산업의 경우 국가가 국영기업을 통해 생산하고, 이를 피아트와 같은 민간기업에게 저렴한 가격으로 공급함으로써 이탈리아의 가격경쟁력을 유지하는데 크게 기여하였음을 알 수 있다. 노동비용의 절감과 저렴한 원자재의 안정적인 공급은 이 시기의 고도성장을 가능케 한 양두마차였다고 평가할 수도 있다.

이러한 고도성장을 배경으로 이탈리아는 1960년 로마올림픽을 유치하게 된다. 올림픽의 유치는 이탈리아인들에게 자부심을 불어넣어 주었을 뿐 아니라 이탈리아의 패션산업을 비롯한 산업제품들이 세계적인 주목의 대상으로 부각하는데 중요한 기회로 작용하였다. 이탈리아인들은 이제 다양한 소비재와 자동차 등을 소유하게 되면서 대중소비의 단계로 접어들게 되었다. 당시의 풍요로운 사회상은 페데리코 펠리니 감독의 <달콤한 인생*La dolce vita*>에서 잘 묘사되고 있다.

그러나 1960년대는 성장의 풍요로움과 함께 위기의 서막을 알리는 시대이기도 했다. 노동자의 임금상승과 복지혜택의 증가는 기업들에게 부담으로 작용하였으며, 생산성의 증가속도를 추월하는 임금의 상승율은 장기적으로 이탈리아의 경쟁력을 잠식시키게 되었다. 그러나 당시 사회의 분위기는 산업사회비판론과 함께 여성운동, 학생운동, 노동운동 등이 빈발하여 극도의 혼란상을 노정하고 있었다. 1969년의 총파업으로 대변되는 '뜨거운 가을(l'autunno caldo)'은 통제불능의 상태로 이탈리아를 위기로 몰아가고 있었다.

설상가상으로 1970년대에 발생한 두 차례의 석유위기는 이탈리아의 중화학 공업에 치명타를 입혔으며, 대다수의 석유를 수입에 의존하고 있던 경제에 부정적인 영향을 미쳤다. 또한 이 시기는 사회정치적으로도 혼란기였기 때문에 이탈리아에 대한 국제신인도는 회복되기 어려울 정도로 악화일로를 걷고 있었다.

그러나 경제의 측면에서 보자면, 기업들은 나름대로 생존전략을 펼치게 되는데 대기업의 경우, 과도한 노동조합의 요구에 대응하기 위하여 분산화 전략을 채택하게 된다. 이 전략은 대규모의 공장을 중규모의 공장 여러 개로 나누어 분산시키는 방법으로 기본적으로는 노조의 세력을 약화시키려는 의도에서 시도되었다. 중소기업의 경우, 광범위한 지하경제(economia sommersa)를 활용하는 전략을 구사하였다. 즉 세금에 포착되지 않는 일자리의 창출 및 송장을 발부하지 않는 매출 등을 통해 세금의 부담을 줄임으로써 어려운 시기를 근근이 헤쳐 나가게 되었다.

1980년대에 들어와 세계경제는 1970년대의 위기를 극복하면서 재도약을 위한 움직임을 보이기 시작하였다. 국제적으로는 레이거노믹스, 대처리즘 등의 신자유주의 물결이 불어닥치면서 케인즈 경제이론에 대한 수정이 가해졌으며 과도한 노조의 요구와 복지혜택이 체계의 공멸에 직접적인 관련이 있다는 점을 수용하게 되었다. 1980년대 초반에 발생한 피아트사에서의 노동자 대량해고는 변화의 서막을 알리는 사건이었다. 중소기업의 경우, 국제적인 삼저현상으로 인해 수요가 진작되어 이탈리아가 자랑하는 제품들인 섬유, 가구, 구두, 기계, 가전 등이 세계적인 각광을 받는 호경기 시대를 맞이하게 되었다. 1980년대는 1950년대의 고성장에 필적하는 기간으로 경제적 붐의 시기로 기억되고 있다.

그러나 1990년대에 들어와 이탈리아의 경제는 구조적인 어려움을 겪고 있다. 우선 부패수사의 장기화로 인해 경제에 커다란 영향을 주었으며, 세계경제의 침체와 함께 성장률이 저하되는 현상을 경험하였다. 그러나 유럽통합에서 진행되는 통화통합과정에서 적극적인 노력을 기울인 결과 단일화폐인 유로화에 가입하였으며, 성장률도 다소 회복되고 있는 실정이다. 문제는 정보화와 세계화라는 장기, 거시적인 사회변화에 이탈리아 경제가 어떻게 적응하느냐 인데 그 추이가 주목된다.

5.2 이탈리아 경제의 위상과 특성

이상과 같은 1980년대의 성장을 발판으로 하여 이탈리아는 드디어 1987년 국민총생산 기준으로 영국의 경제를 제체고 세계 제5대 경제대국(il gran sorpasso)으로 발돋움하게 되었다. 이탈리아의 기업가들은 국제적으로 저명한 시사주간지의 커버스토리로 다루어졌으며, 이탈리아식 생산방식이라는 용어가 등장하기도 하였다.

특히 주목할 수 있는 것은 미국을 중심으로 이탈리아의 사례를 연구하는 집단들이 생성되었다는 사실이다. 가령 하바드대학의 퍼트남 교수는 이탈리아 중부지역의 성공사례가 전통적으로 민주적인 결사체들의 수평적인 사회조직에서 기인하고 있다는 장기연구 결과를 발표하여 주목을 받은 바 있다.[6] 또한 세개의 이탈리아론으로 대표되는 바냐스코의 설명은 이탈리아의 지역구분을 새롭게 하는데 기여한 바 있다.

무엇보다도 이탈리아에서 소기업위주의 경제성장이 가능하다는 사실을 보여준 것이 특이할 만하다.[7] 일반적으로 주류경제학에서는 자본주의의 발전과 더불어 중소기업은 대기업에 흡수되거나 경쟁에서 낙오하여 폐업할 수박에 없다고 보아왔으나 이탈리아의 사례에서는 그러한 이론이 적용될 수 없음이 드러났다. 이탈리아의 소기업집단은 동종산업에 종사하는 수많은 소기업들이 지역적으로 특화하여 대기업에 못지 않은 효율성과 경쟁력을 보이며 결과적으로 높은 부가가치를 창출하고 있다는 차원에서 미시자본주의(microcapitalismo)의 모델로 설명되어지기도 하였

다.[8)]

이탈리아 경제의 주요 특징은 다음과 같이 정리될 수 있다. 우선 다양한 형태의 이중구조가 존재한다는 사실이다. 지역적 이중구조는 상대적으로 낙후된 남부와 발전하는 중북부가 혼재하는 나라라는 점에서 지적되고 있으며, 산업적 이중구조는 전통산업 위주의 비공식부문과 첨단산업 분야의 공식부분으로 대별되는 경제를 유지하고 있다는 것이다. 이러한 이중구조는 그러나 1945년 이후의 경제발전과정에서 긍정적인 요인으로 작용하기도 하였다. 가령 1950년대에 이루어진 남부실업자들의 북부공업지대로의 국내적 이민현상은 저렴한 노동비용을 통한 산업화에 지대한 영향을 미친 것으로 평가받고 있다.

이탈리아 경제는 영미 위주의 사고와 철학으로는 적절히 설명할 수 없다는 차원에서 하나의 예외로 치부되기도 하지만 개발도상국의 입장에서 보면 하나의 좋은 발전모델로서 채택될 수 있다는 점에서 소홀히 취급되어서는 안 될 것이다. 상대적으로 척박한 토양과 많은 인구로 특징지워지는 이탈리아 경제는 한국에게 시사하는 바도 크다고 평가된다.

5.3 주요 산업

일반의 예상과는 달리 이탈리아의 주력산업은 관광업이 아니다. 관광업은 전체 국민총생산의 5% 미만의 수준에 머무르고 있다. 오히려 주력 산업은 기계 및 기계설비와 섬유산업이 차지하고 있다. 공작기계의 경우 이탈리아는 독일, 일본과 함께 세계적인 명성을 얻고 있다. 섬유산업은 이탈리아가 패션강국이라는 점에서 모두가 인지하고 있는 분야이다.

아르마니, 베르사체, 발렌티노 등은 이탈리아의 패션을 세계화하는 중요한 영향을 미친 디자이너들이며 패션의 메카가 파리로부터 밀라노로 이행하는데 결정적인 역할을 하였다. 이탈리아 섬유산업의 강점은 좋은 소재의 끊임없는 개발과 창의적인 패션디자인의 결합으로 타의 추종을 불허하고 있다는 점이다. 매년 새로운 실과 천의 개발, 그리고 이러한 천에다 색깔을 입히는 나염산업이 세계적인 수준이며 디자인에 관한 한 새로운 부언이 필요 없을 정도이다. 섬유산업은 전통산업이지만 부가가치의 창출을 통해 첨단화할 수 있다는 교훈을 보여주었다.

항공기계산업과 헬리콥터 생산에서도 이탈리아는 국제적인 명성을 갖고 있다. 또한 화학 및 약학분야에서도 나름대로의 위치를 점하고 있으며, 자동차 산업과 텔레커뮤니케이션도 전통적으로 유럽 내의 강자로 자리매김하고 있다. 이 밖에도 첨단화된 농산물의 생산을 통해 의식주의 기본에서 높은 사회적 질을 유지하고 있는 나라로서 평가받고 있다.

1) 김시홍. 이탈리아 사회연구 입문, 명지출판사, 1995, p. 54.

2) 김시홍, "마니풀리테 20년 1992-2012", 이탈리아어문학, 2012(35): 27-54

3) 김시홍, "이탈리아 실패연구", 주간조선, 2182호, 2011.11.21.

4) 김시홍, "2013년 이탈리아 총선과 레타정부", 유럽연구, 2013(31-2): 1-24.

5) 김시홍, "이탈리아 마테오 렌치 정부의 출범과 정치경제 개혁", EU Brief, 2014년 4월, 9-12.

6) 로버트 퍼트남 (안청시 외역), 사회적 자본과 민주주의, 박영사, 2000.

7) 김시홍, "제3의 이탈리아와 쁘띠부르주아: 소기업 위주의 산업화과정에 대한 연구", 국제지역학논총, 2001.

8) 김시홍, "지역경제의 세계화에 대한 연구: 이탈리아 프라토 사례연구", 외대논문집, 1997(30-2): 45-69.

제7장 이탈리아의 사회와 문화

by 김시홍

1. 가톨릭 문화

가톨릭(Cattolicesimo)은 2000년의 역사를 가지고 있는 보편교회이다. 종교로서의 가톨릭은 예수의 사후 사도들에 의해 로마에서 출범하였으며, 초대교황을 베드로(Pietro)로 삼는 것도 이상과 같은 이유에서였다. 초기에 가톨릭은 박해를 당하여 많은 희생자를 낳았으나 서기 313년 국가에 의해 공인된 이후 제도적 교회로서 발전하여왔다. 중세는 유럽에서 중앙집권화된 권력의 부재시기였기 때문에 교황은 정신적인 지주의 역할을 맡게 되었다. '철학은 신학의 시녀'라는 표현은 중세의 가톨릭이 지녔던 도덕적인 힘을 웅변해주고 있다.

가톨릭은 중세 후반기에 십자군전쟁을 주도함으로써 자신들의 세속적 권력을 유지하려 했으나 르네상스와 근대의 여명은 교황의 힘을 이탈리아 반도 내의 좁은 영토인 교황령(Papato)으로 유지하는데 그쳤다. 그러나 19세기 후반기에 이룩된 이탈리아의 통일은 가톨릭 교회의 입장에서 보자면 세속적인 권력의 상실로 이해될 수 있다. 특히 통일주체세력인 사르데냐왕국의 지배자들은 반성직자주의(anticlericalismo)에 심취되어 상황을 더욱 어렵게 만들었다. 이탈리아 통일의 주도 인물이었던 카부르 수상은 '자유로운 국가에서의 자유로운 교회'를 주장함으로써 이탈리아 사회 내에서 가톨릭교회의 배타적인 우위권을 인정하지 않아 교회와는 대립적인 위치에 서게 되었다.

가톨릭교회는 이러한 상황 하에서 당시의 교황 비오 9세가 자신을 바티칸의 포로(Prigioniero del Vaticano)라고 명명하면서 세속국가인 입헌군주제하의 이탈리아와 모든 공식적인 관계를 단절하는 입장을 취하였다. 또한 가톨릭신자들로 하여금 세속국가의 정치에 참여하지 말라는 윤리적 권고를 함으로써 그 적대감을 표명하여 '로마의 문제'는 심각성을 더해갔다.

이러한 국가와 교회의 갈등상황은 60년을 지속하였고 1920년대 후반에 와서야 전기를 맞이하게 되었다. 파시즘체제하의 이탈리아와 교황청은 여러 차례의 회합을 거쳐 1929년에 역사적인 라테라노협정(I Patti Lateranensi)을 체결하게 되었다. 협정은 조약과 종교협약 및 재정적 협의로 구성되어있는데 조약에서는 바티칸시국이 일정한 영토와 국민 및 주권을 가진 독립국가임을 인정하였으며 가톨릭을 국가의 종교 즉 국교로 인정하였다.

종교협약에서는 이탈리아사회에서의 가톨릭교회의 위치를 상세하게 규정하고 있는데 사제와 수사의 병역면제, 공립학교에서의 종교교육의 실시, 결혼에 대한 교회의 공인권부여 등이 주요한 내용이다. 재정적 타결에서는 국가가 통일과정에서 접수한 건물 등에 대하여 교회에 보상금을 지급하도록 하였다.

이탈리아인들은 태어날 때부터 죽음에 이르기까지 제도적 종교로서의 가톨릭과 밀접한 연관을 맺고 있다. 이탈리아에서는 인간(essere umano)이나 사람(uomo)이라는 표현보다는 기독교인(cristiano)이라는 표현이 보다 보편적인 용어로 사용되고 있다. 또한 개인의 생일보다 가톨릭식 세례명의 성인축일이 더욱 중요시되는 생활양식을 보인다. 가톨릭은 일상생활에서 강력한 윤리적 기초를 제공할 뿐 아니라 일탈자에 대한 압력으로 작용하기도 한다.

도시의 각종건물에는 가톨릭적 전통과 이름이 부여되어 자연스러운 전통으로 수용된다. 개인의 차원에서 본다면 이러한 가톨릭적 생활방식은 출생으로 인한 세례, 첫영성체, 혼인성사 및 장례미사로 대변될 수 있다. 즉 요람에서 무덤까지 가톨릭의 의식이 영향을 미친다는 사실이다.

세례성사(battesimo)는 물로 씻는 예식으로 이루어지는 세례로서 수세라고도 불리는 가톨릭교회의 성사(sacramento)이며 가견적 교회 즉, 그리스도를 믿는 신앙의 단체에 입적하는 입문성사 중에서도 최초로 받는 성사이다. 따라서 이 성세를 받아야만 비로소 교회의 기타성사들을 받을 자격을 갖추게 되는 기초적이며 기본적인 성사이다.

이 의식을 통해 영세한 자는 교회공동체의 일원으로서 권리와 의무를 수행할 수 있다. 가톨릭신자 부모는 자기 자식의 세례식에 참여하여 신앙을 고백하고 자녀의 장래 신앙교육의 책임을 진다.

따라서 유아세례의 경우 가능한 한 산모가 자기 자녀의 세례식에 참여할 수 있기 위하여 회복기간까지 세례를 연기할 수 있다.

세례를 받는 유아에게는 대부(padrino, godfather)와 대모(madrino)를 세워 부모와 함께 그의 장래 신앙생활을 돕게 한다. 유아세례는 우리 사회의 백일잔치와 유사한 사회적 기능을 지닌다. 성당에서 유아에게 세례를 줄 때는 친족들과 친지들이 함께 축하해주며 부모는 손님들에게 식사를 대접하는 것이 상례이다.

첫영성체(prima comunione)는 최초로 영성체하는 것을 말한다. 가톨릭교회에서는 영성체를 할 수 있는 성숙성이 요구되어 유아들의 영성체는 금지하고 있다. 첫영성체는 영성체에 대한 열망과 지식을 갖출 수 있는 나이인 9세~10세에 치루며 오순절을 선호하고 어린이들에게 적절한 교육이 주어진다. 이 의식을 통해 아이는 교리를 익히고 교회의 성사를 실천하며 무죄기간을 뒤로하고 죄의식을 갖는 인생을 맞이하게 된다. 이 의식에서 입는 하얀색의 옷은 혼인성사를 궁극적으로 지향하다는 의미를 가진다.

최근 이탈리아사회에서는 원래의 종교적 색채보다는 호화스러운 가정사로 환원되고 있는 현상을 발견할 수 있다. 즉 중산층으로서의 통과의례이거나 경제성장의 결실을 과시하는 일이라고 간주되는 경향이 있다. 친척들과 이웃들은 아이에게 보석을 포함한 선물을 주며, 미사 후에는 식당에서 손님들을 위한 연회를 베푼다. 성체의 수령에서부터 식당에서의 케이크 컷팅 등은 사진과 영상을 통해 화려한 이미지로 남는다.

혼인성사는 남편과 아내의 유일하고 영원한 관계를 성화하기 위하여 그리스도가 설정한 성사이다. 성당에서 치뤄지는 혼인성사에서 부부쌍방의 출석과 혼인동의의 표현은 혼인유대의 상징적 실재와 부부화합의 성사은총이라는 두 가지 효과를 낸다. 가톨릭은 이혼을 금지하고 있기 때문에 혼인을 통해 불가분의 관계가 설정되는 것이다. 이러한 교회의 결혼에 대한 통제는 1970년대 이후 심각한 갈등을 유발하였으며 급기야 국민투표를 통해 이혼법을 통과시킴으로써 가톨릭교회의 영향력이 감소되는 상황을 야기하였다. 1980년대 이후 이탈리아의 결혼은 경제성장과 함께 화려한 결혼식이 유행하고 있다. 성당전체를 꽃으로 도배한다든가 성당에서 연회장까지 롤스로이스와 같은 고급승용차를 대여하는 등 세속화된 모습을 보이고 있다.

장례미사는 레퀴엠(requiem)이라고 부르는데 장례미사에 사용되는 제의가 검은색이기 때문에 흑미사라고도 명명된다. 중세에는 죽은 사람을 위한 미사에도 여러 종류가 있었지만 현재는 4종류로 제한하고 있다. 즉 장례미사, 주년위령미사, 보통위령미사와 죽은 이를 위한 여러 가지 기도문의 4가지만 있다. 미사시에는 우선 시신을 운반하고 미사를 거행한다. 기쁨을 표현하는 영광송(gloria), 신경(credo) 등은 부르지 않으며 복음의 말씀을 읽을 때도 따로 촛불을 켜지 않는다.

이탈리아의 가톨릭은 경제성장과 함께 변화를 겪고 있다. 세속화(secularization) 현상이 바로 그것인데 세속적이란 말은 내세에, 천상에, 신에 속하는 것과 대조하여 현세에, 지상에, 인간에 속하는 것, 피조물, 눈에 보이는 것을 지칭한다. 세속은 상대적인 것, 인간의 이성으로 설명할 수 있는 것이며 때, 장소, 환경에 따라 변화하는 것을 가리킨다. 세속화라는 용어는 본래 교회 및 수도원

재산의 해방을 의미하는 말로서 사용되었으며, 이러한 의미의 세속화는 카롤링거 왕조시대, 종교개혁시대, 19세기의 비엔나 공의회 때 실시되었다.

그러나 현대에 들어와서는 세속을 하나의 비종교화 내지는 성스러운 것에 대한 대립개념으로 이해하여왔다. 따라서 세속화는 이혼의 합법화 그리고 낙태의 양성화 등으로 대변되는 현대사회의 일반적인 경향을 의미하는 것으로 파악할 수 있으며, 이러한 의미에서 교회의 공식 입장과는 양립불가능한 현상이다

2차대전 이후 가톨릭교회의 이탈리아사회에 대한 영향력은 지속적인 하락세로 설명될 수 있다. 과거에 결혼은 표준적이고 의심받지 않아왔으나, 이제는 선택사항으로 변모하였다. 가족의 문제에 관해서도 교회는 세속적인 변화에도 불구하고 타협하지 않은 채 기초적 교리만을 강조함으로써 현실성을 결여하고 있다는 비판을 받기도 하였다. 가령 성행위의 목적을 출산과 사회의 재생산을 위한 것이라고 주장하면서 피임과 동성애를 찬성하지 않음으로써 일반사회의 거센 저항을 받게 되었다. 가톨릭교회에 가장 큰 타격을 입힌 문제는 앞서 언급한 바 있는 이혼과 낙태였다.

이상의 모든 현실은 이탈리아의 사회와 문화영역에서 교회의 영향력이 모두 쇄진되었음을 의미하는 것일까? 반드시 그런 것 같지는 않다. 우선 문화적 의미에서 세대의 변화는 패션과는 달리 오랜 시간에 걸쳐 발생하므로 단기간의 추락을 기대하는 것은 무리이다. 또한 제2차 바티칸공의회의 영향으로 교회의 활력을 위해 발생하고 있는 새로운 운동들이 교회의 부활을 위해 적지 않은 기여를 하고 있다. 가장 강력한 재생운동은 1969년 밀라노에

서 출범한 성체와 해방운동(Comunione e Liberazione)이다. 이 조직은 북부와 도시 그리고 대학가에서 강력한 지지를 받고 있다. 특히 농촌지역의 고향을 떠나있는 청년들에게 강한 호소력을 보이고 있다. 따라서 1945년 이후의 이탈리아사에서 교회는 대체로 점진적인 영향력의 감소를 경험하고 있으나, 새로운 종교운동의 잠재력을 과소평가할 수는 없을 것이다.

간과할 수 없는 점은 가톨릭 교회의 본산이 로마에 위치하며 비록 바티칸시국이라는 독립국가를 표방하지만 이탈리아적인 요소를 배제할 수 없다는 사실이다. 추기경단의 상대적 다수가 이탈리아 출신이라는 사실도 중요하다. 전 세계 십억이 넘는 가톨릭 신자들에 대한 윤리적 영향력을 감안할 때 바티칸의 존재는 이탈리아의 종교문화는 물론이고 일반적인 사회현실을 분석하는 데에도 유용한 변수임을 잊어서는 안될 것이다. 소련과 동유럽의 체제변화에서 보여준 모습이나 1994년의 카이로 국제인구개발회의는 바티칸의 국제적 영향력을 가늠할 수 있는 좋은 사례들이다.

2. 이탈리아의 지역주의

이탈리아의 지역문제는 남부에 집중되어 왔다. 남부와 북부의 경제적 격차는 오랜 전통을 갖고 있다는 주장도 제기되었다. 중세후기인 11세기 이후 생성된 중세도시(comune)의 발달은 이탈리아 중북부에서 찾아볼 수 있으며 남부에서는 상대적으로 봉건적인 전통이 잔존하여 자본주의적 발전을 가져올 수 없었다는 설명이 있고, 16세기 이후의 외세침략기를 통해 북부에서는 유럽북부의 선진문화가 전입되어 시민문화가 싹틀 수 있었으나 남부 이탈리아에서는 스페인의 부르봉왕조가 전근대적인 봉건주의를 유지하여 사회구조적 차별성이 구조화되었다는 설명도 나온 바 있다. 따라서 남부문제(la questione meridionale)는 현대적인 문제일 뿐만 아니라 역사적인 차원의 성격을 띤다는 사실을 이해할 수 있다.[1)]

지역주의로서 남부문제에 대한 설명으로는 이중구조론과 내부식민지론이 대표적이다.[2)] 이중구조론에서는 남북부의 이질적 전통을 다음과 같이 주장한다. 첫째 이탈리아 남부의 불리한 자연조건이 주요인이라는 설명이다. 남부는 산악으로 구성되어 토양이 척박하며 강수량도 적은 편이어서 농업에 적합치 않은 환경으로 조성되어 있다. 두 번째로 지리적·지정학적 차원의 문제로서 북부는 선진화된 산업화 지역에 근접하여 자본주의적 성장을 도모할 수 있었으나 남부는 지중해권 영역으로 자본주의적 발전과는 상당한 거리가 있는 위치에 존재해왔다. 상업의 발달에 이은 산업의 성장은 자본주의의 정상적인 발전과정인데 남부에서는 이러한 경험을 할 수 없는 지정학적 여건에 처해 있었다는 점이 북부와의 격차를 크게 하였으며 반면에 북부에서는 상업과 산업의 발달로 시민계급이 성장하였으며 이들이 통일과정에서 주도적인 세력으로 부상하게 되었다는 설명이다. 세번째로는 이탈리아의 통일이 가져온 경제적 결과를 고려해야 한다. 북부주도의 통일운동은 통일이후에도 북부위주의 산업화를 주도하였으며 낙후된 남부는 대토지소유제에 의한 소작업이 주종을 이루는 경제활동에 머물렀다. 이러한 상황은 파시즘체제를 거치면서도 개선되지 못하였으며 2차세계대전이 끝난 이후에야 남부에 대한 국민적 관심이 나타나는 결과를 초래하였다.

이탈리아 통일운동을 전후하여 남부는 인구학적 차원에서 볼 때 사망율의 감소와 출생율의 높은 수준이 맞물리어 인구의 폭발적인 증가를 경험하였으며 맬더스의 인구론에서 주장하듯이 주어진 척박한 토양에서의 산출물이 늘어나는 남부의 인구를 부양할 수 없었기 때문에 대규모의 이민이 이루어졌다. 또한 통일이탈리아의 중앙정부는 부르봉왕가를 대체하는 피에몬테의 외부 침략자로 이해되어 국민적 통합을 이룩할 수 없었다. 이러한 결과는 1860년을 전후하여 남부에서 500만명이 넘는 사람들의 해외이주를 설명하여 줄 수 있다. 따라서 이탈리아의 통일은 남부의 입장에서 보면 지배자의 교체일 뿐 새로운 사회 변화를 야기한 것은 아니었다. 이는 1946년의 국민투표에서 남부에서는 왕정을 지지하는 표가 공화정보다 많이 나왔다는 결과에서도 이해될 수 있다.

한편 내부식민지론은 남부의 상황이 자체의 문제라기보다는 통일과정 그리고 통일 이후의 국가경영에서 철저히 배제된 결과이며 1945년 이후로는 북부의 이익을 위해 남부가 활용되었다는 의견을 개진한다. 남부인들이 갖고 있는 인식은 스페인 지배에서 토리노의 지배로 변경된 것에 불과하며 억압적 상황은 더욱 악화되었다는 측면이 간과되어서는 안될 것이다. 그리고 1950년대의 고속성장기에 북부자본은 남부의 저렴하면서도 양질의 노동력을 광범위하게 활용하면서 경제의 기적이 가능해졌다는 설명이다. 즉, 남부는 북부의 경제발전 플랜에 따라 내부적으로 식민지화하는 과정을 밟았다는 것이다. 따라서 북부동맹이 주장하듯이 남부가 이탈리아의 수치이며, 북부의 세금으로 남부를 먹여살리는 것을 중단해야 한다는 주장은 적절치 않다고 본다.

이중구조론과 내부식민지론은 일견 합리적 설명이지만 배타적이라고 보지 않는다. 문제는 이 두 설명의 발전적 수용이다. 오늘의 현실에서 남부는 북부에 비해 절반 수준의 소득을 보이고 있으므로 이의 해소를 위한 구체적인 정책마련이 중요할 것이다.

3. 이탈리아의 가족문화

가족주의는 인간주의와 지역주의와 함께 이탈리아 문화의 삼대 요소를 구성한다. 미국의 인류학자인 밴필드는 1950년대 이탈리아에 대한 현장연구를 통해 무도덕적 가족주의(amoral familism)라는 이론을 개진한 바 있다. 이에 의하면 부모와 자식들로 구성된 가족의 선을 배타적으로 추구하는 행위로 인해 공동선에 대한 만성적 문제를 야기하며 시민정신의 결핍이 발생하였다고 주장한다. 무도덕적 가족주의는 핵가족만으로 구성되는 사회형태로서 더 큰 단위의 사회구성을 어렵게 만들고 중앙집권화하면서 권위주의적이며 국가와 시민을 매개하는 제도의 발달을 저해하는 성향이 있다고 주장한다. 이 이론에서는 문제의 원인으로 가난, 사회관계의 권위주의, 귀속적 위계질서 등이 있으나 무엇보다도 조직능력, 집합적 의무감, 협동정신과 연대감을 형성하고 확산시키는 복합적 조직체의 부재가 주요 원인이라고 본다. 이러한 가족주의에서는 근대적 사회관계의 형성을 저해하는 요인이 되며, 투명

한 신뢰관계의 형성을 막고 결사체적 생활형태에 대한 저항감을 표출한다고 보았다.[3)]

반면 프랑스의 인구통계학자인 토드는 경험적 자료를 바탕으로 유럽의 가족형태를 네 가지로 분류하였는데 그는 가족체제가 한편으로 세대의 공동거주로 표현되는 부모와 자식간의 관계, 그리고 다른 한편으로는 상속관습으로 대표되는 형제간의 관계를 조직하는 근본가치들에 대한 분석으로부터 출발해야 한다고 보았다. 즉, 부모와 자식간의 관계를 조직하는 가치들은 자유로운 형태 또는 권위적인 형태일 수 있다. 그리고 형제간의 관계를 조직하는 가치들은 평등 또는 불평등할 수 있다. 자유주의 대 권위주의 및 평등주의 대 불평등주의라는 두 개의 이분법적 변수들의 결합은 서로 다른 네 개의 가족 유형학을 낳는다.

그 중에서도 공동체 가족의 개념이 이탈리아의 중부지역과 부합되면서 흥미로운 내용을 담고 있다. 공동체 가족은 부모와 자식간의 관계는 권위적인 반면 형제간의 관계는 평등한 가족체제이다. 다시 말해 자식이 혼인 이후에도 부모와 동거하거나 인근에 거주하는 성향이 높으며 부모의 유산 상속에서 아들간 그리고 아들과 딸 간에 차이를 두지 않는다는 특성을 가지고 있다. 이탈리아에서는 베네토 지방과 중부 지역에서 많이 발견되고 있다.

바냐스코의 세 개의 이탈리아론에서 제3의 이탈리아지역이 가족 중심의 중소기업이 발전한 곳이라는 설명과 토드의 공동체 가족을 묶어서 보면 이탈리아 중부에서 소기업 중심의 산업화가 지속적으로 발전되어온 현상을 적절하게 설명할 수 있게 된다. 사실 이탈리아 중부의 자치시적 전통은 11세기부터 생성되어 왔으며 길드라는 상인조합과 장인조합의 민주적 운영으로 경제적 번영이 가능했다는 사실이 중요하다. 이러한 전통이 천년을 지나오는 동안 고유한 지역문화로 정착되었으며 소기업 중심의 이탈리아식 자본주의의 근간을 이루고 있다.

이탈리아의 중소기업은 종업원 수가 열명 내외의 미세기업의 형태를 띠며 그 구성원은 아버지, 어머니, 삼촌, 형제자매의 혈연관계에 기초하고 있다. 문제는 이탈리아 중부에서 발견되는 가족의 패턴이 공동체 가족이며 이 가족은 부모와 자식간의 관계가 권위주의적인 반면 자식들간의 관계는 평등주의라는데 있다. 부자간의 관계가 권위주의적이라는 것은 자식들이 결혼한 후에도 일정 기간을 부모와 동거하는 형태를 말한다. 즉 부모세대가 장자부부와만 동거하는 것이 아니라 차남이나 혼인한 딸의 가족과도 함께 살 수 있다는 점이다. 이러한 가족문화는 가부장적이며 소규모의 기업을 가족이 공동으로 운영하는데 유리한 사회적 환경을 조성한다. 부모의 자식에 대한 통제권이 확고하며 상속문제에 있어 형제들간에 공평하게 배분된다는 사실에 의해 가족 구성원들간의 갈등 요인이 상대적으로 적게 된다. 이들 가족기업에서는 혼인을 통해 들어온 사위나 며느리도 기업활동에 참가하지만 이들에게는 핵심 역량이나 권한이 주어지지 않는다는 사실도 중요하다.

4. 이탈리아의 노동문화

이탈리아 헌법 1조는 이탈리아가 노동에 기초한 민주공화국임을 천명하고 있다. 헌법 제정 당시 좌파와 우파가 협력하여 만든 결과이다. 이로서 노동은 신성시되었으며 가장 중요한 가치의 하나로 자리매김해왔다. 그러나 경제 상황이 좋지 않던 1950년대에는 노동자의 권리가 강조되기 보다는 성장을 위해 그리고 미래시점의 복지를 위해 현재의 가치를 양보한다는 차원에서 노동운동이 본격화되지는 못하였다. 당시에는 적은 일자리에 비해 유휴노동력이 풍부했었다는 사실도 중요하게 작용하였다.

1960년대에 들어와 이탈리아의 노조는 서서히 조직화되고 자신들의 이익을 적극적으로 대변하는 입장을 취하기 시작하였다. 또한 1969년에는 '뜨거운 가을'로 명명된 연쇄적인 총파업으로 이탈리아 사회가 마비될 만큼 강력한 모습을 보여주었다. 그 결과 이탈리아 노조는 1970년 노동자 헌장(Statuto dei lavoratori)이라는 법의 마련을 통해 의미 있는 성과를 얻게 된다. 이 헌장의 18조는 노동자의 해고를 사실상 불가능하게 만드는 것이어서 이후 지속적으로 문제가 제기되었다.

1970년대는 석유위기로 이탈리아 경제에 심대한 악영향이 미쳤으나 노동자의 권익보호라는 미명아래 경영합리화나 구조조정이 거의 불가능했다. 일부 대기업의 경우 공장의 분산화를 통해 과도한 노조의 주장을 피하려했고, 중소기업들은 광범위한 지하경제의 활용으로 어려운 시기를 넘기게 된다.

1980년 토리노에서 발생한 '4만의 행진'은 이러한 악순환적인 노사관계를 지양하는 계기가 된다. 피아트사의 중간관리층이 주도한 이 행진을 통해 부분적인 구조조정이 가능할 수 있었고 이탈리아 경제는 성장의 모멘텀을 마련할 수 있었다. 또한 1974년에 시작된 물가상승분에 대한 임금의 자동적인 인상이라는 임금물가연동제(scala mobile)가 경제활성화를 저해하는 주범이라는 인식이 확산되면서 1980년대에 개혁이 시도되었고 1992년에는 완전히 폐지되게 된다.

노동과 연금제도의 개혁은 1990년대 이래 지속적으로 제기되어온 국가적 과제였지만 역대 정부는 미온적 태도 그리고 강한 노조의 저항으로 적절한 대응이 이루어지지 못하였다. 그 결과 정규직은 지나치게 보호되는 반면 신규로 노동시장에 진입하는 청년노동자들에게는 기회가 주어지지 못해 계약직에 내몰리거나 청년실업자로 남게 되는 부정적인 현상이 구조화되었다. 유연노동의 개념은 독일이나 북유럽국가들이 오래전부터 활용해온 방안이었지만 이탈리아는 강성노조 그리고 미약한 정치권의 태도가 결부되면서 개혁조치를 미루고 그 비용을 미래세대가 지게 하는 부정적인 방식으로 국가를 운용하였다. 그 결과, 정부재정적자가 국내총생산의 120%를 넘는 현상이 고착화되면서 경제의 활력이 지속적으로 잠식되었다.

2011년 베를루스코니에 이어 총리에 지명된 마리오 몬티는 긴축정책을 통한 재정건전성의 추구와 함께 노동개혁을 시도하였다.[4] 이탈리아에서 노동법 개혁 작업은 글로벌 경제 위기가 몰아쳤던 2012년 본격적으로 추진되는데 핵심 내용은 기업의 상황이 어려울시 해고를 가능하게 하는 방향으로의 노동자 헌장 18조의 개정이었다. 이탈리아에서 모든 법은 상·하원 모두를 통과해야 하고, 그 과정에서 법률안 문구 하나만 수정되어도 다시 의회 통과 과정을 거쳐야 한다. 따라서 개혁작업은 항상 더디고 충분한 수준에서 진행되지 못하였고 그 과정에서 노조와 사용자집단 모두로부터 비판받은 사례가 비일비재하였다. 결국 몬티의 노동개혁은 초기의 의도와는 달리 충분한 효과를 보지 못하면서 타협에 이르는 수준에 머무를 수밖에 없었다.

노동법은 논란 속에 후임 엔리코 레타를 거쳐 마테오 렌치 총리 집권 후에도 한동안 상·하원의 높은 벽을 넘지 못했다. 결국 렌치 총리가 의회에 노동법의 통과 여부가 자신에 대한 신임 투표라는 승부수를 던져 통과시키게 된다. 사실상 노동법 조항 하나를 수정하는 데 3명의 총리를 거치며 꼬박 3년이 걸린 셈이다.

렌치의 노동개혁은 혁신적인 것으로 받아들여지고 있는데 그의 개혁안인 노동법(Job Act)의 주요 내용은 다음과 같다.[5] 노동개혁의 요지는 부당해고자에 대한 복직 요건 제한, 기간 및 파견노동자 사용의 규제 완화, 객관적 사유에 의한 해고절차 간소화 그리고 정규직 신규채용 기업에 대한 세제 혜택의 도입 등이다. 그동안 이탈리아 고용주들은 지난 1970년에 제정된 노동자 헌장에 따라 종업원을 마음대로 해고하지 못했다. 해고하더라도 여건이 조성되면 재고용이 의무적이었다. 즉, 기업의 사정에 반하더라도 평생 고용을 해야 하는 경우가 많았다.

잡액트는 2015년부터 고용된 종업원에 대한 해고 요건을 완화했다. 그리고 고용주가 종업원을 재고용하는 대신 12-24개월치 월급을 지급하면 언제든 해고할 길도 열어놓았다. 노동자의 적격성 결여 등 객관적인 사유에 의한 해고도 사전 통보만 하면 노동법원 심리를 거치지 않도록 했다. 정규직 종업원을 고용하는 기업에는 세제혜택을 주고 기간·파견제 근로자 사용 요건도 완화됐다. 또한 구조조정 등을 할 경우 종업원들에게 새로운 일에 대해 직무교육을 하면 보수는 그대로 두고 일자리에 투입할 수 있게 했다.

그렇지만 종업원의 근무연수가 많아지면 그만큼 보호요건을 강화하고 출산휴가도 보장하도록 했다. 그리고 프리랜서라 하더라도 반복적으로 일하면 정규직 대우를 하도록 했다. 정부는 해고자들을 위한 고용지원 센터를 운용하고 펀드도 조성했다. 고용주로서는 과거와 달리 자유롭게 인력을 고용하거나 해고할 수 있게 됐고, 13%에 달하는 전체 실업자와 한 때 44.2%까지 기록했던 청년 실업자들에게는 새 일자리를 얻을 수 있는 환경이 조성된 셈이었다. 이러한 렌치 정부의 노동개혁은 경제여건을 긍정적으로 변모시키고 있을 뿐 아니라 이탈리아 경제에 대한 신인도의 향상 그리고 외국인 투자의 재개 등 새로운 시그널을 보이고 있다는 점에서 그 귀추가 주목된다.

5. 이탈리아의 교육제도

이탈리아의 교육제도는 유럽에서도 전통적인 방식을 고수하여 산업화의 수요에 적절히 대처하지 못해온 것으로 알려져 있다. 인문주의적 사고와 세계관에 충실하여 역사와 문학 그리고 철학 분야에서 기본적 소양교육이 원활하게 이루어진 반면, 실용적 학풍에서 유럽의 산업국가들에 비해 뒤처지는 모습을 보여왔다. 19세기 말 통일 이탈리아의 기본교육법이었던 카사티법(1959)은 중앙집권적 교육행정에 기초했으며, 당시 국민의 절대다수가 문맹인 상태여서 이를 해결하기 위해 초등교육의 보편화에 치중하였다. 20세기에 들어와 파시즘시기에 만들어진 젠틸레개혁법(1923)은 교육의 중앙화와 통제를 기반으로 자연과학과 수학을 경시하면서 역사와 철학에 비중을 두는 교과과정을 채택하였다.[6)]

젠틸레식 교육에 대한 변화는 1980년대에 들어와서야 시도되어 1990년대 말 중도좌파 정부에서 베를링케르 교육개혁(1997)을 통해 제도 전반에 대한 변화가 가능하게 되었다. 이어 정부를 맡게 된 우파정부에서는 모랏티 교육개혁(2003)을 도입하여 세계화와 신자유주의에 입각한 교육정책을 받아들였고, 중앙정부의 지원 중심에서 교육의 주자치를 선호하는 정책들을 도입하였다. 이 개혁은 그러나 교원신분의 불안정성을 가져와서 교사와 연구직 종사자들로부터 반발에 직면하는 등 사회적 갈등이 불거지게 되었다.

현행 이탈리아의 교육제도는 다음과 같다. 취학 전 교육으로 유아원(asilo nido)은 대체로 0~3세의 아이들이 다니는데 우리나라의 어린이집과 유사한 형태를 지닌다. 유치원(scuola materna)의 경우 3~6세의 아이들이 해당되는데 이탈리아의 유치원 교육은 몬테소리 학교나 에밀리아식 과정으로 세계적인 명성을 지니고 있다. 정부는 유치원 교육의 1년간의 과정을 지원함으로써 이 과정의 중요성을 강조하고 있다. 실제로 유치원의 명칭에서 학교라는 단어가 들어간다는 사실이 중요한데 그만큼 취학 전 아동의 교육이 중요하다고 보는 교육철학이 담겨져 있다고 볼 수 있다.

초중등 과정은 기본적으로 5-3-5제도를 따르고 있어 한국의 6-3-3제와는 상이하다. 초등교육은 5년제로 시민교육에 필요한 기본적 과정을 이수한다. 모랏티 개혁으로 도입된 새로운 교과과정은 중앙집권화된 획일적 내용에서 탈피하여 학생 개개인의 소질과 요구에 따라 교육내용이 변모하는 유연한 형태를 띠고 있다. 자연과학, 사회연구, 외국어, 음악교육 및 심리교육을 포함하는 초등 과정은 평가를 통해 그 내용이 수정되는 기제로 운영된다. 이탈리아에서는 두 학급당 세 명의 교사가 배치되어 있으며 필요에 따라 학교에서의 급식과 함께 오후 수업도 진행하고 있다. 최근에는 유럽연합 차원에서 소크라테스 프로그램을 통해 유럽의 타국가 학교들과 교류를 본격화하는 등 교과 이외의 과정도 장려하고 있다.

중학교는 3년의 교과과정으로 운영되며 마지막 해에는 종합시험을 치러야 한다. 선택과목이 운영되지 않아 사실상 모든 교과가 공통적으로 주어진다. 종교교육, 이탈리아어, 역사, 지리, 수학, 과학, 외국어, 기술, 음악, 미술 및 체육교육이 핵심 교과과정이다. 교육내용의 근간은 시민의 자유와 평등을 제한하는 사회경제적 장애물을 제거하며, 국가의 정치 경제 사회의 영역에서 인간의 완전한 참여가 가능하도록 하는 교육이 강조되고 있다. 중등과정까지가 공식적으로 이탈리아의 의무교육(scuola d'obbligo) 연한에 해당된다.

고등학교는 통상적으로 5년제로 운영되지만 일부 학교에서는 3년이나 4년제도 있다. 의무교육은 아니지만 90%가 넘는 중학교 졸업자들이 고등학교에 진학하고 있다. 이탈리아의 고등학교는 우리와 유사하게 인문계, 과학계, 외국어계. 기술계, 직업계 및 예술계로 나누어진다. 인문계 고등학교의 경우 처음 3년은 고등학교 교과과정을 이수하고 후반의 이년 과정은 한국 대학에서의 교양 과정에 해당되는 교과가 주어진다. 최근에는 고등학교 교과과정에 다양한 실험안이 마련되고 있는데 국제화에 특화하는 과정, 유럽통합의 정신을 고려하는 과정 등의 신설이 주목할 만한 것들이다. 고등학교 과정을 모두 마치면 마뚜리따(esame di maturità)라는 국가시험을 통해 졸업 자격에 대한 테스트를 받고 이는 동시에 대학입학 자격시험의 권리도 부여한다.

이탈리아에서 고등학교를 졸업한 학생들은 만 19세에 대학에 입학하게 되는데 이는 영국이나 프랑스에 비해 1년이 늦다. 주된 이유는 초중등 과정에 13년이 소요되기 때문이다. 그리고 이탈리아의 대학에서는 미국식의 교양교육이 없이 전공교과만이 제공된다. 이러한 이유로 과거 한국의 고등학교 졸업자가 이탈리아 대학에 바로 진학하지 못하는 사례가 있었다.

이탈리아의 대학은 오랜 역사를 지니고 있다. 9세기에 살레르노에서 의과대학이 설립된 바 있으며, 세계 최초의 종합대학으로 유명한 볼로냐대학은 1088년 설립되어 오늘에 이르고 있다. 이어서 파도바대 1222년, 나폴리대 1224년, 피렌체대 1308년에 개교하였으며 이후로 피사, 파비아, 토리노 등에서 대학설립이 계속되었다.

이탈리아 대학의 절대다수는 국립으로 운영된다. 그래서 등록금이 저렴한 편이다. 과거에는 1년 등록금이 십만원도 되지 않아 사실상 무상교육에 가까웠지만 최근 경제사정의 악화 등으로 인해 등록금이 인상되고 있는 실정이다. 통상적으로 주 단위의 중심 도시에 연구대학의 명칭으로 국립대학이 소재하고 있다. 사립대학은 극소수에 불과한데 로마의 루이스대학, 밀라노의 보꼬니대학 및 성심가톨릭대학이 유명하다.[7)]

1980년대까지만 해도 이탈리아의 대학학위는 단일제도로서 라우레아만이 존재해왔다. 대체로 영미대학에서의 석사학위에 해당된다고 볼 수 있는데 그간 다른 나라와의 학위제도 비교 및 전환에서 적지 않은 오해와 불편이 있었다. 이에 대한 개혁작업 그리고 대학교육의 유럽화라는 차원에서 1999년 이후 이탈리아의 대학학위가 세분화되어 우리나라의 학위제도와 크게 차이나지 않게 되었다. 대체로 1기 3년 과정이 학사학위 과정이고, 2기 2년 과정이 석사 그리고 3기 3년 과정이 박사학위에 해당된다.

6. 마피아

조직폭력집단으로서 마피아의 기원은 12세기 기원설, 18세기 스페인 지배하의 남부에서 생성되었다는 설 등이 다양하다.[8)] 그러나 가장 설득력 있는 기원설은 19세기 초로 알려지고 있으며 초기에는 범죄조직이라기 보다는 수 세기에 걸친 당국의 소홀함에 대한 지역적 차원의 대응에서 나온 자생적 조직이었다. 법과 질서를 위한 행동도 하였기에 경찰과 협조하여 통상의 범죄를 처리한 적도 있었으며 자신들은 범죄자라고 생각하지 않을 뿐만 아니라 오히려 주민들로부터 보호자로 간주되고자 한다. 마피아는 실제로 지역의 사회적 연결망으로 뿌리 박혀있다. 마피아는 농촌 사회의 산물인데 조직이 잘 붕괴되지 않았던 이유는 정보를 누출시키지 않는 불문율, 즉 침묵의 계율(omerta)에서 기인한다. '발설하는 자는 죽음을 면치 못하며 침묵하는 자는 살아날 수 있다'(Chi parla muore, che tace campa.)라는 문장은 이를 잘 나타내준다.[9)]

이탈리아의 마피아는 1945년 이전에는 지주계급에게 봉사하는 집단에 불과하였다. 그리고 1970년대까지 마피아는 기민당 중심의 정치계급의 대리인 역할을 해왔다. 그러나 테러리즘의 공포와 지속성은 전통적인 사회질서의 유지기능을 어렵게 만들었고 이러한 환경에서 마피아는 마침내 독립적인 경제세력으로 성장하고 심지어는 정치계급을 조정할 수 있는 힘까지도 갖게 되었다.

마피아의 주된 사업은 도매시장의 통제, 기업에 대한 보호유지, 국가사업의 입찰조작, 건설사업의 리베이트, 이자율 사기, 운동경기 운영, 사창가 사업, 담배 보석 및 무기 매매, 몸값 흥정을 위한 납치 등이었는데 근자에는 마약거래에 깊숙히 관여하고 있으며 세계적인 수준의 경제력을 갖춘 조직으로 변모하였다. 마피아의 수단은 협박, 갈취, 리베이트 등이며 살인은 권위를 유지하며 내분을 가라앉히기 위한 최후의 수단으로 사용된다. 수동적인 적에게는 별 관심이 없으며 협조를 거부하는 기업인이나 공무원, 기자, 노동운동가, 자신들의 행동에 간섭하는 정치인, 경찰, 법관 등에게는 가혹한 대응이 가해진다. 이때 살인은 자동적이며 다른 자들을 위한 본보기로 이용된다.

마피아의 상당수는 이탈리아의 해외이민 물결과 함께 파시즘체제하에서 무솔리니에 의해 억압받아 상당수가 미국으로 도피하였다. 이제 마피아는 농촌에 본거지를 두는 것이 아니라 도시로 옮기게 되었다. 부동산사업과 건설 분야에 진출하였으며 무역과 상업을 포함한 전 영역으로 자신들의 사업을 확장시켰다. 또한 마약에도 손을 대었고 불법무기밀매도 취급하였다.

20세기 후반에 들어와 이탈리아 마피아는 다음의 두 가지 방향으로 발전되어 왔다. 한편으로는 과거의 지리적 경계를 넘어섰다. 서부시칠리아에서 동부로 그리고 이탈리아 전역으로 퍼져나갔다. 이탈리아 북부로의 진출은 그곳에 노동이민을 간 남부출신노동자들에 의해 가능하였다. 다른 한편으로는 이들이 정당한 사업영역에도 진출하여 관광업, 식당, 건설회사, 운송회사 등을 설립함으로써 범죄조직으로부터 합법적인 사업가로 변신하게 되었다.

칼라브리아의 마피아인 은드랑게타('Ndrangheta)도 비슷한 길을 걸었다. 처음에는 시칠리아 마피아가 이 지역으로 손을 뻗었지만 이내 지역주민들이 사업을 맡았고 마침 남부개발을 위한 대규모의 자금과 사업들이 진출하자 이들은 고속도로 사업 등을 통해 엄청난 리베이트를 챙기면서 성장하였다. 특히 국가사업인 철강회사프로젝트에서 막대한 이익을 얻을 수 있었다. 이러한 마피아의 활동은 지역사회의 중소기업을 고갈시키는 부작용을 낳기도 하였다.

나폴리의 카모라(camorra)는 조직화되지 못한 단체였으나 점차 나폴리경제에서 가장 중요한 사업체로 변모하였다. 이들은 과일과 야채업을 장악하고 도시의 지하경제에서 중요한 부분을 차지한다. 장갑과 신발에 관한 한 세계에서 가장 큰 규모의 사업체이며 미국담배의 밀매 역시 수익을 올리는 사업인데 이후 코카인 사업으로 전환하게 된다.

마피아는 국가에 위협이 되는 존재라는 사실을 알 수 있다. 정상적인 기업활동을 불가능하게 함으로써 경제적인 손실 또한 막대하다. 마피아는 결국 법과 질서에 대한 무서운 위협인 것이다. 이들의 마약거래는 이탈리아뿐만 아니라 미국에 까지도 심각한 위협이 되고 있다. 문제는 정당들과 정부의 자세인데 이들은 마치 정치적 침묵을 행하는 것처럼 보인다. 즉 정부에 대한 마피아의 영향력이 의심되는 것이다. 마피아의 정치적 목표는 국가가 강력해지지 않으며 자신들의 사업에 관여할 수 없을 정도이면 충분한 것이다. 이들은 정치적으로 현상유지를 선호한다. 이들은 자신들의 이해를 유지하기 위해 모든 정당들과 관계를 맺는다고 볼 수도 있다.

이탈리아 정부는 1982년 시칠리아 공산당책임자였던 피오 라토레가 살해되자 이를 수사하고 해결하기 위해 헌병대 대장이었던 카를로 알베르토 달라 키에사를 파견하게 되지만 그 역시 부인과 함께 피살당하고 만다. 이에 의회는 드디어 마피아와 연루된 모든 사람은 불법이라는 결론을 내리고 의법화하게 되었다.

마피아에 대한 해석은 다양하게 전개되어 왔다. 한편으로 마피아는 남부적 신비성을 유지하는 특별한 조직이며 그러한 남부의 독특한 문화가 범죄조직을 양산하였다는 입장이다. 이에 의하면 마피아의 원래 형태는 가난한 사람들에 대한 도움을 베푸는 사회정의적 역할을 수행하였다는 점을 강조하고 있다. 사회과학자들과 역사학자들은 이상과 같은 신비주의나 전통에 의존하는 것이 아니라 19세기의 농업자본주의와 국가형성과정에서 비롯된 변형으로 이해한다. 즉 인종적·문화적 접근보다는 정치·사회·경제적 차원의 구조분석에 비중을 두는 입장이다. 세번째의 해석은 반마피아운동을 해온 자들에 의해 제기된 문화적 분석으로서 문제의 해결을 위해 현실에 대한 분석에서 그칠 것이 아니라 구체적인 방안이 마련되어야 하며 이를 교육과정에 접합함으로써 진정한 사회변화가 가능할 것이라는 입장이다. 마피아가 가부장제에 기초하는 것에 비해 새로운 반마피아운동은 여성운동과 맞물리면서 호응을 얻은바 있다.

마피아의 온상은 중앙정치의 계급과 지방의 범죄조직이 공생관계를 유지하면서 특정정당에 대한 지지와 그에 대한 반대급부로서 여러 혜택을 받는 후견제적 형태를 보여왔는데 이상의 사회운동은 이러한 부정적인 관행을 극복하여 정상적인 사회분위기를 창출하려는 의지로 이해될 수 있다. 이러한 의지는 교육을 통하여 실현될 수 있는데 마피아가 존속할 수 있는 문화는 상대방의 불행에 대하여 눈을 감고 자신의 현상만을 유지하여 결국 잘못된 개인주의를 낳게 되었다고 보면서 종교적 심성에 호소하는 방법을 사용하여 모두가 함께 잘사는 사회를 건설해야 한다는 당위성을 강조하고 있다.

이탈리아의 마피아는 분명 부정적 이미지를 가져다주는 존재임에 분명하다. 시민사회의 발전과 함께 척결되어야 했던 조직폭력체가 아직도 존재한다는 사실은 적지 않은 부담이 되고 있으며 이탈리아의 대외신인도에도 영향을 미치고 있다. 마피아는 부적절한 정치 그리고 건전한 일자리의 부족을 생태계로 삼아 생존한다고 볼 수 있다. 따라서 이의 극복은 정치계급의 변화 그리고 남부경제의 활성화를 통해서만 가능할 수 있을 것이다. 그런 점에서 마피아에 대한 환상과 이를 인정하는 자세야말로 지양되어야한다고 사료된다.

7. 이탈리아 사회와 문화의 전망

최근 유럽의 병자라는 구호로 이탈리아 사회현실을 진단한 주장들은 다양한 의견을 개진하여 왔다. 이탈리아가 부패수사에 의해 위기를 맞은 이후 보여준 정치를 쇠퇴와 위기 그리고 깊은 수렁에 빠진 것으로 설명하는 입장에서는 구조적 문제인 마피아와 조직범죄가 여전하고 가족중심의 중소기업은 침체상태에 있으며 성장동력이 떨어지면서 외국투자가 감소하고 있다. 정부재정적자는 지속적으로 경제 활성화를 저해하며 정치세력은 무기력하고 이탈리아 대학의 경쟁력은 유럽의 바닥 수준임을 지적한다. 즉 능력주의(meritocrazia)를 부정하고 연고주의(nepotismo)에 의해 사회운영이 되면서 침체에 빠지게 되었다는 설명이다. 언론과 공무원 그리고 대학교수직과 전문정치인 분야에서 연고주의의 광범위한 운영으로 사회가 병들고 있으며, 이탈리아의 우파는 이들 문제를 외국인 혐오주의로 환원하는 오류를 범하고 있다는 비판을 가하기도 한다.

이탈리아가 보여준 현실이 전환이 아니라 구태의 반복이라는 주장도 있다. 제도적 중첩이라는 개념으로 과거의 관행을 제거하지 않은 상태에서 새로운 정책이나 제도가 도입되면서 혼돈상태가 이어지고 있다는 것이다. 이탈리아 정치가 경로의존적이어서 과거의 관행에서 벗어나기 어려우며 복잡다기한 정파와 정당의 존재로 인해 비토권이 자주 통용되는 현실에서 기형적인 변화가 나타났다는 것이다. 심지어 개악조치들이 도입되면서 상황을 더욱 어려운 방향으로 내몬 현실들이 지적되었다. 대표적으로 부패수사와 관련된 면책권, 언론규제에 관한 법률 그리고 정치적 사면 등의 예가 있다.

부패혐의로 수사를 받는 자들의 수치가 1992년 이전에 비해 세 배로 증가한 통계를 제시하는 입장에서는 베를루스코니의 이해상충문제를 무마시키는 규범들이 만들어져 면책특권을 얻게 되었다는 분석을 제시하였다. 이로서 검사들의 혁명으로 시작된 부패수사가 정치계급의 반혁명적 조치로 훼손되는 결과를 초래하게 되었다는 것이다. 오늘날의 부패는 더욱 파악하기 어려운 측면을 노정하고 있으며 극단적인 경우 부패유발자와 수혜자가 동일시되어 과거와는 차별되는 모습이다.[10)]

따라서 이상의 문제를 근본적으로 해결하지 않는다면 이탈리아의 긍정적 미래와 지속가능성을 담보하지 못할 것이라는 주장이 제기되었다. 즉 이탈리아는 현재 전환기에 처해있으며 필요한 개혁에 성공할 경우 경쟁력을 다시 회복하고 미래로 나아갈 수 있겠지만 만일 그렇지 못할 경우 저성장의 늪에 빠지는 유럽의 문제아로 남게 될 것이라는 설명이다. 개혁을 위해 필요한 것은 유럽 내에서 성공적 사례인 독일이나 스칸디나비아 국가들을 벤치마킹하여 이탈리아에 적용하는 노력이 관건이라고 보았다. 렌치 정부의 개혁에 기대가 큰 것은 이상과 같은 문제점을 일소에 제거하지는 못하더라도 필요한 조치를 하나하나 해나감으로써 사회발전의 모멘텀을 마련할 수 있으리라는 기대 때문이다.

문화적 측면에서 볼 때 정체성의 문제는 심도 있게 고민해야 할 과제이다. 한편으로 통일 150년이 지난 시점에서도 남과 북이 균등하게 발전하지 못하였다는 지적은 뼈아픈 것이나 오늘의 시점에서 즉, 세계화와 유럽통합이라는 변화 속에서 단일국가의 정체성만으로는 충분치 않다는 인식에서 새로운 시각이 요구된다. 즉 지방적 정체성과 이탈리아적 정체성 그리고 유럽적 정체성은 서로 보완적이며 상보적으로 수용될 때 변화의 실마리를 찾을 수 있다고 본다. 여전히 중앙정부의 역할과 노력이 필요하지만 남부 역시 이러한 변화와 함께 자구책을 마련할 수 있어야 할 것이다. 이에는 비전을 가진 새로운 정치적 리더십의 등장이 요구된다.

인간주의의 경우 부정적 의미에서 시민공동체의 발전에 저해되는 요인으로 지적되어 왔다. 업적주의가 아닌 연고주의나 개인간의 친소관계로 일을 처리하는 방식이 비판을 받기도 했다. 그러나 이탈리아의 인간주의를 부정적으로만 간주할 필요는 없다고 본다. 이탈리아가 자랑하는 대중문화의 하나인 영화 매체를 통해본 이탈리아의 모습은 전 세계적으로 반향을 일으킨 바 있으며 기계화되고 원자화된 오늘의 세계에서 보존되어야 할 중요한 가치의 하나라고 보기 때문이다. 테러와 난민의 유입으로 유럽의 다문화가 비판받고 있는 이때에 인간주의적 전망이야말로 발전적으로 승화시켜 계승해야할 자산이 되어야 한다.

이탈리아의 가족주의에 대해서도 다양한 단상이 떠오른다. 가족주의의 폐해를 지적하면서 근대화에 저해되는 요인이라는 지적은 과한 것이었다. 가족 중심의 중소기업이 발전한 이탈리아 사회에서 가족은 알파요 오메가이기 때문이다. 그렇다면 가족주의의 부정적 단면보다는 긍정적 차원을 부각시키는 노력이 중요할 것이다. 이탈리아의 인구구조를 감안해볼 때 20%가 넘는 65세 이상 인구로 인한 초고령사회의 진입 그리고 저출산으로 인한 지속가능성의 문제 등이 모두 가족주의와 연계되는 중요한 데이터라고 보기 때문이다. 성평등의 경우 상당히 개선되었지만 여성고용율이 유럽에서도 가장 낮은 수치를 보이는 점을 간과할 수 없는 현실이다.

지역주의는 이중구조론과 내부식민지론 모두 일견 타당한 설명을 하고 있는 만큼 양자의 발전적 면모를 정반합적으로 종합화하는 노력이 필요하다. 주지하다시피 남부 문제는 스스로의 노력과 대안제시 없이는 해결 가능성이 높지 않기 때문이다. 남부에서 자생적으로 생성되는 기업정신의 발견 그리고 해외자본을 유치할 수 있는 노동환경의 조성 등을 통해서만이 부정적 면모를 극복하고 새로운 전기를 맞이할 수 있을 것이다. 여기에서도 렌치 정부의 개혁작업의 성공여부가 적지 않은 영향을 미칠 것으로 전망된다.

그럼에도 불구하고 이탈리아 문화는 매력적인 측면을 지니고 있다. 삶의 질 그리고 느린 문화로 대변되는 생활양식은 아무리 강조하여도 지나침이 없다. 재료의 신선성과 요리의 단순함에 기반한 음식문화는 많은 세계인들에게 사랑을 받고 있다는 점에서 차별적이라고 본다. 역사와 문화의 대국은 하루아침에 만들어진 것이 아니므로 그리고 이탈리아에서 과거와 현재 그리고 미래는 분리되어 생각할 수 없으므로 여전히 보편적 성격을 지니고 있다고 본다.

1) 김시홍, 이탈리아 사회연구 입문, 명지출판사, 1995, p. 228.

2) 김시홍, "이탈리아 지역주의의 사회적 기원", 유럽연구, 2003(17): 170-172.

3) 김시홍, "이탈리아의 가족문화", 국제지역연구, 2000(4): 150.

4) 김선우, "이탈리아 노동법 개정 내용과 시사점", 2012 KERI Brief 12-11.

5) https://it.wikipedia.org/wiki/Jobs_Act 2016년 2월 3일 검색.

6) 김시홍,"EU 교육법제에 관한 연구: 이탈리아", 한국법제연구원 2007, pp. 13-19.

7) 김시홍,"볼로냐 프로세스와 이탈리아 교육의 유럽화", EU연구, 2007(21): 59-60.

8) https://it.wikipedia.org/wiki/Mafia 2016년 1월 25일 검색.

9) 김시홍, 이탈리아 사회연구 입문, p. 250.

10) 김시홍,"마니풀리테 20년 1992-2012", 이탈리아어문학, 2012(35): 41.